吳墉祥戰後日記

（1947）

The Post-War Diaries of Wu Yung-hsiang, 1947

民國日記｜總序

呂芳上
民國歷史文化學社社長

人是歷史的主體，人性是歷史的內涵。「人事有代
謝，往來成古今」（孟浩然），瞭解活生生的「人」，才
較能掌握歷史的真相；愈是貼近「人性」的思考，才愈能
體會歷史的本質。近代歷史的特色之一是資料閎富而駁
雜，由當事人主導、製作而形成的資料，以自傳、回憶
錄、口述訪問、函札及日記最為重要，其中日記的完成
最即時，描述較能顯現內在的幽微，最受史家重視。

日記本是個人記述每天所見聞、所感思、所作為有
選擇的紀錄，雖不必能反映史事整體或各個部分的所有細
節，但可以掌握史實發展的一定脈絡。尤其個人日記一方
面透露個人單獨親歷之事，補足歷史原貌的闕漏；一方面
個人隨時勢變化呈現出不同的心路歷程，對同一史事發為
不同的看法和感受，往往會豐富了歷史內容。

中國從宋代以後，開始有更多的讀書人有寫日記的
習慣，到近代更是蔚然成風，於是利用日記史料作歷史

研究成了近代史學的一大特色。本來不同的史料，各有不同的性質，日記記述形式不一，有的像流水帳，有的生動引人。日記的共同主要特質是自我（self）與私密（privacy），史家是史事的「局外人」，不只注意史實的追尋，更有興趣瞭解歷史如何被體驗和講述，這時對「局內人」所思、所行的掌握和體會，日記便成了十分關鍵的材料。傾聽歷史的聲音，重要的是能聽到「原音」，而非「變音」，日記應屬原音，故價值高。1970 年代，在後現代理論影響下，檢驗史料的潛在偏見，成為時尚。論者以為即使親筆日記、函札，亦不必全屬真實。實者，日記記錄可能有偏差，一來自時代政治與社會的制約和氛圍，有清一代文網太密，使讀書人有口難言，或心中自我約束太過。顏李學派李塨死前日記每月後書寫「小心翼翼，俱以終始」八字，心所謂為危，這樣的日記記錄，難暢所欲言，可以想見。二來自人性的弱點，除了「記主」可能自我「美化拔高」之外，主觀、偏私、急功好利、現實等，有意無心的記述或失實、或迴避，例如「胡適日記」於關鍵時刻，不無避實就虛，語焉不詳之處；「閻錫山日記」滿口禮義道德，使用價值略幾近於零，難免令人失望。三來自旁人過度用心的整理、剪裁、甚至「消音」，如「陳誠日記」、「胡宗南日記」，均不免有斧鑿痕跡，不論立意多麼良善，都會是史學研究上難以彌補的損失。史料之於歷史研究，一如「盡信書不如無書」的話語，對證、勘比是個基本功。或謂使用材料多方查證，有如老吏斷獄、

法官斷案，取證求其多，追根究柢求其細，庶幾還原案貌，以證據下法理註腳，盡力讓歷史真相水落可石出。是故不同史料對同一史事，記述會有異同，同者互證，異者互勘，於是能逼近史實。而勘比、互證之中，以日記比證日記，或以他人日記，證人物所思所行，亦不失為一良法。

從日記的內容、特質看，研究日記的學者鄒振環，曾將日記概分為記事備忘、工作、學術考據、宗教人生、游歷探險、使行、志感抒情、文藝、戰難、科學、家庭婦女、學生、囚亡、外人在華日記等十四種。事實上，多半的日記是複合型的，柳貽徵說：「國史有日歷，私家有日記，一也。日歷詳一國之事，舉其大而略其細；日記則洪纖必包，無定格，而一身、一家、一地、一國之真史具焉，讀之視日歷有味，且有補於史學。」近代人物如胡適、吳宓、顧頡剛的大部頭日記，大約可被歸為「學人日記」，余英時翻讀《顧頡剛日記》後說，藉日記以窺測顧的內心世界，發現其事業心竟在求知慾上，1930年代後，顧更接近的是流轉於學、政、商三界的「社會活動家」，在謹厚恂恂君子後邊，還擁有激盪以至浪漫的情感世界。於是活生生多面向的人，因此呈現出來，日記的作用可見。

晚清民國，相對於昔時，是日記留存、出版較多的時期，這可能與識字率提升、媒體、出版事業發達相關。過去日記的面世，撰著人多半是時代舞台上的要角，他們

的言行、舉動，動見觀瞻，當然不容小覷。但，相對的芸
芸眾生，識字或不識字的「小人物」們，在正史中往往是
無名英雄，甚至於是「失蹤者」，他們如何參與近代國家
的構建，如何共同締造新社會，不應該被埋沒、被忽略。
近代中國中西交會、內外戰事頻仍，傳統走向現代，社會
矛盾叢生，如何豐富歷史內涵，需要傾聽社會各階層的
「原聲」來補足，更寬闊的歷史視野，需要眾人的紀錄來
拓展。開放檔案，公布公家、私人資料，這是近代史學界
的迫切期待，也是「民國歷史文化學社」大力倡議出版日
記叢書的緣由。

導言

馬國安、林弘毅

一

　　中國近代歷史讀物，時代雖近，卻往往仍予人一股難以親近的距離感。現代讀者大多無法想像，在巨變頻生、戰亂進逼的時空環境，身為一個「人」的個體，究竟是如何去面對、看待，又如何真正生活其中。

　　戰爭的爆發，哪股勢力推進到哪裡，只是一段記載；物價的漲跌，這個月米的價格多少，只是一個統計數據；交通線的推展，哪條鐵路銜接哪個港口，只是地圖上的一條線……。

　　這些與那些，是如何伴隨我們的曾祖父母輩、祖父母輩，甚或是父母輩的人生？在政府檔案裡找不到的解答，日記則提供了另一種更有「人味」的指引視角。

　　民國歷史文化學社出版一系列的民國日記，包括本次的吳墉祥戰後日記，就是為了要讓逝去的時代影像鮮活起來。為家屬留紀念，也為歷史留痕跡。

二

　　吳墉祥（1909 年 4 月 19 日—2000 年 11 月 18 日），字茂如，生於山東省棲霞縣第五區吳家村。曾祖父吳亞元，祖父吳愷運，父親吳庚吉。1914 年入私塾，後因吳家村新式小學成立，轉入就讀，其後再升煙台模範高等小學、私立先志中學。

　　1924 年，在于洪起（前國會議員、先志中學校長）與崔唯吾（國民黨膠東黨部特派員、先志中學教師）的介紹下，於該年 10 月加入國民黨。惟因北伐期間，各地軍閥頑抗，又適寧漢分裂，國民革命軍不知何時可以攻克山東，遂毅然決定南下，投考中央黨務學校，並獲派赴北伐前線與山東省黨部工作。俟大局底定，中央政治學校（國立政治大學前身）成立，復申請回校，畢業報告為與姜啟炎、許餞儂、楊書家等三位同學合編的「安徽財政」（其負責第一冊，洋洋灑灑三百餘頁），為 1933 年第二期財政系第一名畢業，也埋下日後前往安徽服務的伏筆。

　　畢業後以優秀成績留校擔任會計助教，1936 年起轉赴安徽地方銀行任職，先自安慶分行副理、經理做起（一年），再任總行總稽核（四年），繼任副總經理（四年），時值對日抗戰，安徽淪為各方勢力角逐之地（國、共、日汪），地方銀行身處敵後，調劑地方金融，業務繁重，對穩定地方與戰區，功勞不小。總統府人事調查表中並記載，其「自 26 年至 34 年，始終在皖省從事敵後金融

工作，參加大小戰役九十餘次」。

雖即如此，身為山東籍人士，仍隔閡於桂系所掌握的核心之外。適逢山東省主席何思源有意重建省銀行，便於1945年前往投效，任常務董事兼總經理，復受邀至齊魯公司擔任常務董事兼董事會秘書長，在國共兩軍爭奪戰後山東控制權的複雜情況下，致力為山東服務，且因在共軍圍攻濟南期間，維持市面金融得力，獲得省府嘉獎，連晉兩級。其間，並取得高考會計師合格證明，於日後得以會計師專業執業。也曾參選棲霞區第一屆國民大會代表，名列第二，而為國民大會列席代表。

山東陷共後，於南京、上海、廣州等地處理齊魯公司業務。1949年7月以國民大會代表證件獲得赴臺許可，舉家遷移臺灣臺北。於煙台聯中案時，多方聯繫山東籍人士，為營救張敏之校長而努力。之後齊魯公司職務解除，其便以會計師執照維生。1956年應美國國際合作總署（International Cooperation Administration）駐華安全分署之聘任，為高級稽核，跑遍全臺灣，查核受援單位之會計收支。1965年美援結束，改任中美合營之台達化學工業公司財務長，1976年退休。其後活動多為列席國民大會，於大法官釋字第261號解釋公布後，1991年退職。在動盪時局中，仍嚴謹持家，與妻子共同撫育六名子女長大成人，都各有所成，為其晚年生活最感快慰之處。

其一生戮力於財政、金融、會計之研究與工作，在中央政治學校就學時即發表期刊論述多篇，畢業後出版

《中國貨幣問題論叢》一書，抗戰時仍筆耕不輟，來台後在《臺灣合作金融》、《國民大會憲政研討委員會年刊》、《稅務旬刊》等發表文章數十篇，皆有關於財金問題者。

三

　　吳墉祥自 1927 年赴南京考取中央黨務學校起，便有記載日記的習慣，可惜於戰亂過程中，1944 年以前日記亡佚不可得。本次出版雖取名為戰後日記，實則起自 1945 年 1 月 1 日，終於 1950 年 12 月 31 日，以戰後復員為核心，至來臺灣後稍微安定時止。

　　其內容包含抗戰末期敵後第十戰區情形、戰後重慶、復員、接收、抗共被圍於濟南、競選國民大會代表、濟南淪陷、遷徙臺灣、澎湖煙台聯中案等，按日記載，逐日不斷。但因戰爭或工作繁忙的關係，或有隔數日後補記日記，致日期有所錯置，也屬時人撰寫日記的正常情形。

　　在這六年的日記中，我們可以看到一個忠黨、愛鄉、為國的知識分子，在 1945 年 8 月如何欣喜於戰勝日本，「晚八時街市鞭炮聲大作，聞係日本投降，至半夜有報紙號外發行，報僅索值一百元，實則僅數十字，為日本已提出接受波茨坦宣告，無條件投降，八年抗戰，至此已與盟國共獲大勝。」又在 1946 年如何慨歎於剿共之不得

人心，「中心工作為與共產黨在收復區內爭取人心，其中
最重要者為不報復，不得因自己為地主，阻礙耕者有其田
之實行，但執政者多為地主階級，含有內在矛盾，如何貫
澈，非無問題，此舉實為國民黨存立與失敗之關鍵，以目
前人心之絕對自私，恐非有強有力之克服工作，實未能使
一切新政令不為之變質。」「政府能否掌握民心，此不失
為重要關鍵，聞益都縣府進城後屠殺附共青年甚多，與政
府大政方針相背。」

　　另一方面，也因為他的財金專業與工作，日記中也
大量記錄了職務上的各種事項，包含安徽地方銀行與山
東省銀行的營運等問題，可望有助於戰後初期的金融史
研究。

　　至於1949年的山東煙台聯中案，因校長張敏之與吳
埇祥本為先志中學同學，且一同加入國民黨，抗戰與戰
後復員時期亦多有聯繫。在煙台聯中案發生後，其與山
東各界在臺有力人士多方營救的過程，於日記中鉅細靡
遺，則是當事人口述歷史與政府檔案之外，相當重要的
側面資料。

四

關於這份日記，編輯的方式依照年、月、日的順序編排，
原先日記中所分類的小標題，如「師友」、「職務」、
「娛樂」、「體質」、「家事」、「看書」等，皆有所保

留，便於讀者閱讀。至於部分記載有僅止涉及親人的私密內容，則予以刪除，容我們為家屬保留一點隱私。

最終仍是希望，這份日記能為戰後的歷史留下一點痕跡，一天一天的記錄，像是一則一則的故事，呈現的不只是吳墉祥一個人的人生，而是一個時代裡的芸芸眾生。

編輯凡例

一、吳墉祥日記現存自1945年至2000年，本次出版為
　　1945年至1950年部分。

二、古字、罕用字、簡字、通同字，在不影響文意下，
　　改以現行字標示。

三、難以辨識字體，以■表示。

四、部分內容涉及家屬隱私，略予刪節，恕不一一
　　標注。

附圖

1947 年相關城市鐵路位置圖

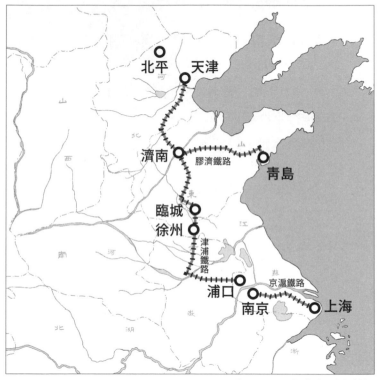

（溫心忻、盤惠秦／繪製）

日記原稿選錄

自由日記

一九四七年小引

去年為我國多難之秋，於生之年，自身之責任與國事倍於往昔，而余個人從事之於一年雖之可貴。

六七以武由今年開始，居恆隱於社會地方計之之重，而深虞弗勝也。回顧此一年中，立全國接收混亂，官守不振，善籌莅苔迥地，朝之保文之環境下，本余平素之抱負與衛養，當剖此立全國接收，由是嘆惜。

之事書發是基進，世俗致譽，皆未免時動，由是國破彌固之慨然下，此未嘗有為矣。

之餘，皆自認分以抒懷而知勉於亦愧志也。

以論個人也能修身之字，則於天年，而特更迴，年來書最大之欠缺為勤於志隆之久之不足。

甚至業之於何好時逆矣。由前言之，使個人感務上漲加著于陋力，事必補苴，扼寇心血，常以前時也。

當務勤奮募鑽誉混出一讀，實為大誤，善為人之格雖世而孤立失好要之至也之夫為多步也。由此言。

之，審於書持分將零零幼用於右根興趺棧者機，於右若干益讀之書，善生平最右興趣之書。

行，為學還行幾，根究其病根，為左術速事因循，俗加就俞他乱不休，實則子犯之者，俗為大累。

隨此歲首，孟宜懲此搆的以自勗也。

自由日記

一月一日　星期三　晴

元旦，晨，與徐讀辰司令部祝壽佈致之通電話，渠此刻在司令部向之慶賀年，余即前往，巧到前任，即留片而去，巧大學開院，訪辈辰偕大夫周游壯撫英女士，十時到呈亭，參加年慶慶祝南同世界紀念大會，由主辦許主持，首先周身，健卿周會，演說甚有四立人。十二時散會，余即退行，館導全行同人回舍，余即療疾返詞，筆徐事過去一年主宅之基礎，認識奉行法事甚盛，學務之双事使命，向其同月經前遊，遊遍中房孫之方行多。

臨時之古所古入歇見任欠智之妥，兩鶴的學二，猶有之较與臨舘乳去，舉畢攝影，眾餐，好俟更供與部漢唱平劇，到三時散會。晚，應王司令官舞之席之邀，巧俟諸辰參加度祝宴會，到外賓演說赴友教人，務畢歡臨，飯俟有圖術及願衛畏灣，颂於新未，右騎狈騎腳踏車者，右歸角坊，右鉄木岑，的蜥何好評，敬喜侭見巧古政商參加擥愕，如許綠英罢新用刀式禮合愕之紅豐至馬，試家墘起去登愕止，其中學臺一般完全唱之，許偉灣此作青年戲，觀來甚多，出手觀眾預計之外，九時好散。

自由日記

一月一日 星期四 晴

應酬－上午，同仁多及僑商錦雄助女到寓彰攝影，凡四幀，一全身半身，今為雄女之三週歲生日。

交際－中午，在僑團宴迎畜財政名尹之作父議，及新近來者之回子揚�’德鴻威之鼎延熒之……

揚晦等，是方為余與郡兆岐孫化鵬潘人梁寅泡醉劍鏡洲夏聖由亮蕭董等作治酒者年為……

齊及劉明順助余夫。凡就席，盡歡而散。晚，中國實業銀行來便祝楠公誌慶，凡三席。

師友－傍晚，與記者訪年為僑又之夫人與夫人。下午，訪省務印書俊張劉理嚴疥由東方劉振初。

一月二日 星期五 晴

職務－上午，同和劉伍伸理光字謂兒主主席據訊一為賀年，二為振荒言年嘗業信来。因府13

批閱條，立復益借出廠路投行到及善畫事引具酬答金，為寓海壹餘五田信必上，兩好

函則信一億快，尚之氏詢其他今引惟刑，茲以謝多處信遑此救，又議改為迎室者分引

以補助財政之不足事，令書私多引餘，但語等之機開之容金，復不妨建用乃。

交際－上午，訪陵區落之作為之與無論之劉愿拾恩，答拍新年。辛晚拓拘印新歲之宴。

自由日記

一月四日　星期六　陰

師友－上午李書院同人奉祝，讀書並作文口到決，之後作持原則之話及論記件款等續取回行作事，未竟

黃君作律師務向詩伯研究。訪學至此夜作研讀氏生不再等仍未可言事前遺，七彦或冥易故至冇付点。

職務－訪錢率至某事勤讀引務，本如日中解間等等等，又某之等事長，却万言言二百二四行致。

但早晚長此故之西字務等等事猶受言。於人事因題之科志若到用案外來時向崇詩物初從

件認言之此情之事會初職之快，此君持本事此四光岁岁岁寿来，查或人持祉念之作仇也。

一月五日　星期日　晴

交際－上午，到后寧門街訪雷子厚，不晤。

晚，春加津浦在銓好及晤写係全程遇享興體，先登

名，後寒散列車，況晚裝求加禮堂，復次裁劇求大體堂，劇目為王農青朋菊庵之红

蒙到馬，濱唱颇佳，客人西人媀送记發钱低吾日曆筆，又好口告況車鬧引招待班览宣同

幕安率趙青，同时四分浚春加俊话引证写誠，弦之音南向隊启孝许誦，其他高猪寺点少云。

師友－下午郭屺瞻兄來訪，同乐問還未確実，诗集並果夫先生介绍合作率度一篇印並寫。

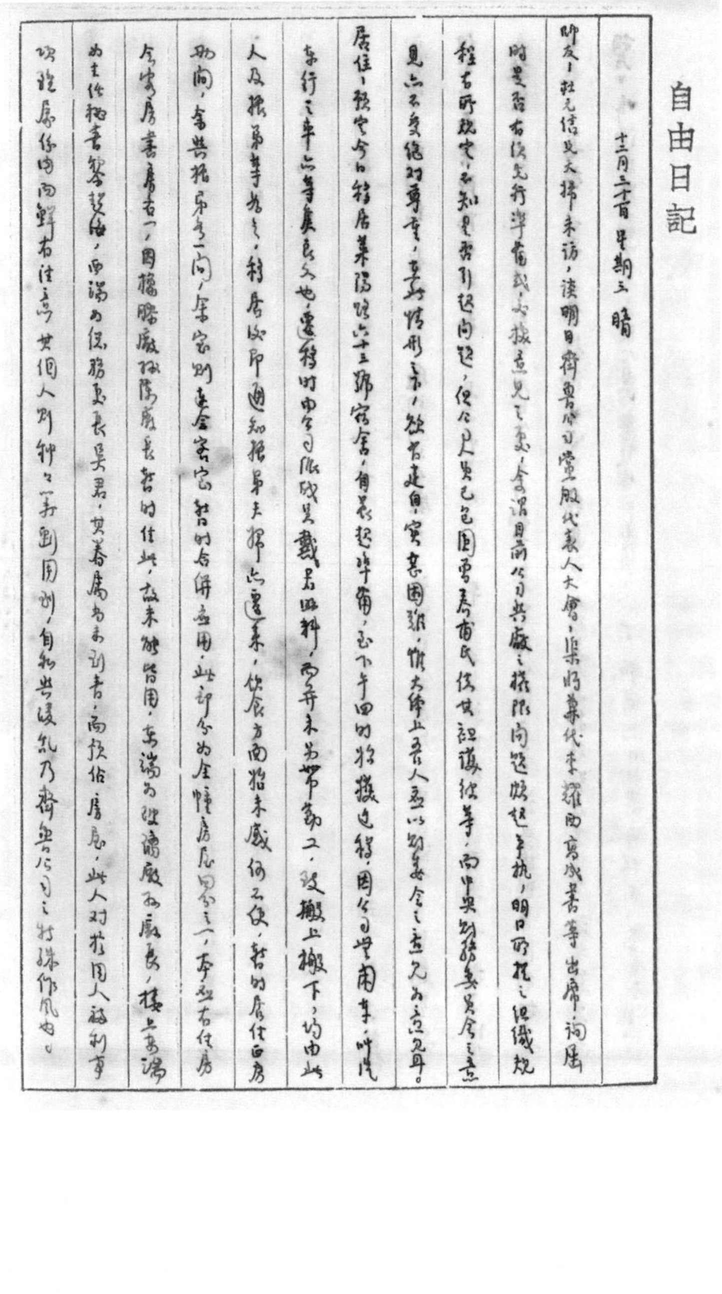

自由日記

十二月二□ 星期三 晴

（以下為手稿日記內容，字跡潦草，難以全部辨識）

發信表

日期	人名	地址	事由	備考
二月十二日	葉叔眉	南京	青州煤率後圖	
二月十三日	在先館	南京圖書館	托書院借寄書己處表	
二月廿日	挑羽弟	青島	15物心圖云必趣多	
二月廿日	張挑弟	青島	此後又歡以挑弟力眠	
二月廿日	高啟壽	青島	如弟生平若守多	
二月廿日	父親	青島	牲迎張氏短香	
二月七日	父親	青島	張氏寄言提挑状	
三月古日	張德善	青島	舊人筆容探代	
三月古日	明少華	南京	易君事的若回首	
三月西日	劉德善	南京	北罘漳代圖帖	
三月西日	林鐵祥	北平	通廣	
三月西日	吳鶯	青羽祥	男女往人事寄以人如訓了	
三月大日	馬右在	南京	詢二家詳手況況	
三月大日	張敏之	臨泉	囑集武言接之近人向題	
三月廿日	張羽平	青島	請告記人	
三月二十日	張振玉	青島		

目　錄

1947 年（39 歲）

1947 年小引

　　去年為我國家民族新生之年，自身之責任亦因而倍於往昔，在余個人從事主持一單獨之局面，亦正式由今年開始，居恆懍於社會地方付託之重，而深虞弗勝也。回顧此一年中，在全國接收混亂，官常不振，魯省藋苟遍地，朝不保夕之環境下，本余平素之抱負與修養，尚能屹立不拔，為桑梓之事業建立基礎，世俗毀譽，大吏威脅，皆未為所動，而在圍城艱困之狀態下，亦未嘗存苟免之念，皆自認可以持續而勉勵於永恆者也。

　　以論個人進德修業之事，則百尺竿頭，有待更進，年來余最大之欠缺仍為對外交際工夫之不足，與學業之不能及時進步。由前言之，使個人職務上增加若干阻力，事後補苴，枉費心血，余以前將正當活動與奔競鑽營混為一談，實為大誤，蓋為人不能遺世而孤立，必要之處世工夫為不可少也。由後言之，余於業餘往往將零星時間用於看報與聽收音機，雖有若干應讀之書，與生平最有興趣之書法，亦無從鑽研，根究其病根，乃在於遇事因循，終日貌似忙亂不休，實則支配不當，終為大累。際此歲首，亟宜懸此標的以自勗也。

1月1日　星期三　晴

元旦

　　晨，與綏靖區司令部龍主任放之通電話，謂此刻各機關首長均在司令部向王主席賀年，余即前往，至則甫經散去，即留片而出，至大華醫院訪華子修大夫閒談杜振英女士丁憂事。十時到皇亭參加各界慶祝開國卅六年紀念大會，由主席王耀武主持，首先閱兵，繼即開會，演說者有四、五人，十二時散會，余即回行，領導全行同人團拜，余即席致詞，望珍重過去一年立定之基礎，認識奉行政策與發展業務之雙重使命，向共同目標前進，在過程中所採之方法步驟，縱可有所出入或見仁見智之處，而鵠的無二，始可不至步驟錯亂云云。辭畢攝影、聚餐，飯後由俱樂部演唱平劇，至三時散會。晚，應王司令官兼主席之邀至綏靖區參加慶祝宴會，到外賓及各機關首長七、八十人，外賓演說者有數人，極盡歡洽，飯後有國術及魔術表演，頗為精彩，有騎獨輪腳踏車者，有摔角者，有吃火者，均頗得好評。散會後又至省政府參加堂會，為許翰英與新角刁元禮合演之紅鬃烈馬，武家坡起至登殿止，其中登殿一段完全唱工，許伶演此純青衣戲，精彩甚多，出乎觀眾預計之外，九時餘散。

1月2日　星期四　晴

照相

　　上午，同德芳及紹南、紹雄兩女到容彰攝影，凡兩

幀，一全身一半身，今日為雄女之三週歲生日。

交際

　　中午，在濟同學歡迎前財政系尹主任文敬及新近來省之同學楊紹億、張敏之、韓延爽、王格明等，主方為余與韓兆岐、孫化鵬、湯人絜、宓汝祥、劉鏡洲、高登海、高蘭薰等，作陪者有牟尚齋及劉明順兩太太，凡兩席，盡歡而散。晚，中國實業銀行李經理楠公請客，凡三席。

師友

　　傍晚，與德芳訪牟尚齋兄之太夫人與夫人。下午，訪商務印書館張副理蔚岑與東方劉振初。

1月3日　星期五　晴

職務

　　上午，同孫副總經理光宇謁王主席耀武，一為賀年，二為報告去年營業結果，因所得稅關係，在純益結出前預提紅利及董監事行員酬勞金，故實際盈餘在四億以上，而帳面則僅結一億餘。嗣王氏詢其他各行情形，告以最多者亦僅達此數，又談及辦理企業公司以補助財政之不足事，余意非不可能，但須集各機關之資金，使不得私自運用云。

交際

　　上午，訪綏靖區龍主任放之與兵站王副監哲恩，答拜新年。午赴植物油料廠之宴。

1月4日　星期六　陰

師友

　　上午李書忱氏來訪，談其上訴不日判決，不致維持原判，又談及鴻記借款與債權團糾紛事，本行當由法律顧問詳細研究。訪畢天德總經理談民生企業公司之前途，生產或貿易孰重，大可注意。

職務

　　訪趙董事長季勳談行務，希望月中能開董事會，又渠之董事長，部方意旨不必辭職，但尹文敬廳長應為常務董事始妥云。為人事問題，各科長有利用余外出時間蒙請孫副總經理賣弄人情之事，余極感不快，此君根本無政治眼光與素養，舊式人情社會之作風也。

1月5日　星期日　晴

交際

　　上午，到后宰門街弔李子厚之妻喪。晚，參加津浦區鐵路局膠濟線全程通車典禮，先簽名，後參觀列車，次晚餐於小禮堂，復次觀劇於大禮堂，劇目為王麗青、朋菊庵之紅鬃烈馬，演唱頗佳，客人每人贈送紀念鎮紙與日曆等，又明日首次車開行招待游覽，余因無要事赴青，同時八日須參加綏靖行政會議，故已當面向陳局長辭謝，其他前往者亦少云。

師友

　　下午韓延爽兄來訪，因工作問題未確定，請余函果

夫先生介紹合作金庫，當即照寫。

1月6日　星期一　晴

交際

　　上午，泰昶銀號復業，前往致賀。交通銀行車站辦事處開幕，前往致賀，見營業甚好。

師友

　　中央合作金庫陳以靜兄到濟，上午來行未遇，余往答訪亦未遇，下午復來，談借用董事會房屋為籌備處，余允但須得董事會之同意，亦可使中央信託局不致因受謝絕而生誤解。

家事

　　上午，赴青行出差回濟之俞主任慰萱告謂，父親定今日乘青濟直達車來濟，下午八時廿分赴車站迎候，屆時果至，同來者有衍訓，即居於此屋之樓上，父親身體甚健，路中微感風寒。

1月7日　星期二　晴

師友

　　張敏之兄來訪，堅欲介紹一練習生來行，經以介紹至他處為條件，始獲結果。晚，約宴陳以靜主任及合作金庫省分庫之姚閏祿、孫組長等。在皖山東人張德威冒昧來濟謀事，且欲到行，余拒之。

職務

　　合作金庫借屋事，欲拒不能，但因曾拒絕中央信託局於先，無法轉圜，因其所欲借者為支配於董監會之辦公室，故洽定以趙董事長之意向為意向，後經其當面與趙氏商定照辦，趙氏復徵詢余之意見，余告以事實上困難不多，只須董事長臨時移至總經理室辦公即可云。

1月8日　星期三　晴
職務

　　赴省府出席綏靖政務會議，竟日舉行，此為第一日，上午行開幕式，王主席訓詞當前要著不在空言討論批評，而在解決問題，能解決一問題，勝於發為萬言，至為中肯。下午分組審查提案，余在財政金融田糧組，主要議案為地方攤派統籌事，討論二小時餘，他案較簡單，五時散會。政務會議之準備工作頗為充分，如議席上之文具紙張名牌，會員手冊之編製，乃至膳食，會場通行標誌等，均策劃無微不至，與會者感覺極大之便利。今日開會後晚間辦公，甚為疲勞。

1月9日　星期四　陰
職務

　　今日終日參加政務會議，討論提案，以普通行政類之鄉保重新編組為主，討論需時頗長，而與會之專員、縣長亦均盡情發言，而王主席談及訓練問題時有「練身不如

練心，口教不若身教」之名言，至足發人深省。晚應綏區
政治部之宴會，會後並有餘興清唱、大鼓、相聲、武術
等，八時散。營業科長韓仲鑒、儲信部主任洪岳因交接細
故發生意見，爭吵滋鬧，貽笑大方，余昨日批斥，著自行
解決，並留函規勸，今日知仍未解決，甚至拍案相爭於副
總經理室，真醜事也。

1 月 10 日　星期五　雪

職務

終日出席綏靖政務會議，上午討論財政金融案，以
鄉保經費統籌案為主，下午討論經建合作案，其中有涉及
農民銀行之小本貸款者，余因發言會員有所隔閡，曾起立
解釋該案內容及類似此等事項之本行措施情形，提案討論
完畢已三時，僅餘土地類，未加討論逕交省府執行。繼舉
行閉幕，王主席致詞認為此次會議之中心問題為統一攤
派、改組鄉保與土地改革，並望行政人員多參觀、多眼光
向下云。晚舉行游藝會，有大鼓、相聲及京戲，大鼓有將
成絕響之梨花大鼓，由八年未出演之鹿巧玲演唱，凡兩
段，一為昭君出塞，二為黑驢段，確有特色；最後為京
戲，有省府票友之六月雪，王麗青之汾河灣，許翰英、朋
菊庵之全本法門寺，演至劉瑾唱四句後余即退出，因已至
十一時，精神疲勞不堪也。營、儲兩科部人士糾紛已經會
計科調處解決，暫可相安。

交際

晚在大會餐廳應參議會、省黨部與青年團之宴。晚在百花村應新聞界同人之宴。

1月11日　星期六　晴

職務

下午，財政廳季科長來訪，談及財廳經費不足，專款運用生息事，余原則上已允予設法，又謂行內董事會改組在即，余問之尚未前知其事也。集成里房屋據中國銀行來函已經敵偽產業處理局通過發還該行，該行來函限一月遷讓，其實本行尚未見正式公文，該行此類態度極不友善。民生銀行清理委員會張少鶚來訪，談在青島接洽收回房產事不甚順利，但成功之前提條件已具備云。史紹周主任來濟談調整濰處人事與請求改善其本人待遇事。

1月12日　星期日　晴

職務

上午，訪尹文敬廳長，談董事會即將改組，更動四人，省府公文即發，並開名單交余，預定下星期四開非正式之會議，以宴客方式出之。行務動盪期中又值家事多糾紛，精神極為不振，睡眠亦不足。

家事

余向父親聲明，政局動盪不定，將來如何尚在未定之天，此刻如蓄意將家中婦女移向青島而又無計謀生，

且事事與青島分行增加困難，使余無以馭下，此事絕不可行也。

交際

　　中午，林建五兄請客，陳雪南氏為首座，飯後有陳氏清唱與鹿巧玲殞玉探病兩段，極精彩。

1 月 13 日　星期一　晴

職務

　　中午，民生企業公司畢總經理來訪，將該公司所提代中國紡織建設公司收購棉花之草約對案面交，俟研討後即候該公司青島分公司范經理來濟後面商，又談向本行借款事，余允借信用二千萬元。下午，在中國農民銀行舉行會議討論四聯總處核定中、交、農三行之五億小本貸款事，決定原則為濟南二億元、濰縣一億元、張店、周村各五千萬元，餘一億元備放完後再補充，利息二分，本行代辦，印刷費按實支數轉回該三行負擔，放款對象以小本經營之農工商業為限，每戶五萬元至十萬元，又在此項放款尚未決定以前，營業科為充分準備計，曾製發表格交各同鄉會填報，作為參考對照，當時每縣同鄉會多領五張，每張各為十戶，於是有每戶十萬、每縣難民五百萬元之謠傳，實係揣測之詞也。趙董事長季勳來行辦公，談及董事會改組事，趙兄準備辭職，對於尹廳長所擬以請客方式會商公務事亦表贊同，邀請人即由趙、尹二人及余為之云。

1月14日　星期二　晴
職務

各報館仿京滬辦法向四行申請貸款，四行因未接到命令，僅允俟核定再辦，今日向本行商量先借一部分，待中央款貸到再還，余已原則同意，趙董事長亦在座無異議，但余意須以機器為擔保品，且不問中央款能否貸到，均須到期償還云。與趙季勳兄訪今日回濟之龐鏡塘主任委員，此公動搖已久，但又歸來，想無事歟？孫副總經理謂主席對於畢天德主持之企業公司頗有微詞，謂有低利借款轉放高利之嫌，又股本之募集當時係出於攤派，事實上商會有攤繳之事，但並非公司當局所為也，然由此可見公司前途暗礁甚不在少也云。

1月15日　星期三　晴
職務

財政廳尹廳長來電話，謂徐州、臨城一帶設行事，經與彭委員國棟再度洽商，俟去赴徐州、臨城一帶觀察實地情形後再行來信商辦。報館昨日接洽之借款，今日尹廳長電話云，經王主席批為三千萬元，昨日本假定為四千萬元，故數目又須重新支配矣。加緊準備明日即將舉行之董監事臨時談話會，其中有趕辦者為業務計劃書，昨日業、信兩部分草就今日余加以刪改付打繕，文字責任本應有人分心，但結果均照轉余處，辦事鉅細靡遺，真苦況也。

交際

上午，同孫副總經理到小緯北路弔唁劉委員玉田之父喪，又至中央銀行弔唁劉健夫經理母喪。

1月16日 星期四 陰

職務

中午，趙季勳、尹文敬兩財政廳長先後到行，即會同研討今晚召集董監事餐敘事，行內本備有議程，因三月來積壓有三十餘案之多，時間不許，同時今日所召集者並非正式會議，故決定均候至正式會議再行提出，今日先擇急要者三案加以交換意見，一為尹文敬將繼趙季勳為董事長，已推請財政部派任，為啣接便利計，趙氏提出即行移交；二為董監事交通費問題；三為總行去年業務報告之提出。至晚五時先後齊集，而尹獨不至，後有電話係因街上臨時戒嚴，不能通過，結果僅由趙氏主持，決定立即移交，並董監事交通費決定為十五萬元，一律不分職務。飯後由余作業務報告，內容為年底資產負債及盈餘情形、盈餘決算前各項提存情形，均無異議，對於提存中之省府六成作為利息支付，而酬勞金兩成則仿照各行作為開支支付之例辦理，所得稅雖因而減少，但以上兩項提存非無理由，至呆帳準備金則更屬必要云云。以上三事決定後即登入非正式之會議記錄，以待召開正式董監會時再行追認。今日之會係由趙、尹及余三人召集，以請柬方式約來者，到者十餘人，於所提之各件均能予以同情討論，會後余即

交科照辦云。

1月17日　星期五　陰

職務

　　上午，舉行行務會報，討論年終行員獎勵金分配辦法，前次會報本決定按本俸計算，使負較重責任者可以多得，但實際獎金數每薪一元為五百一十五元，則練習生乃至助理員所得過少，營業科曾提一獎金基本數案，因未有根據，不予討論，僅就上次決議加以補充，其方法為將行役所得之數，仿生活補助費例照六折計算，所餘者補入低級助理員與練習生之所得數內，此外又因助理員所得仍覺太少，決定每元獎金將數訂為五百元正，以所餘十五元作為助理員之特別酬勞金，按勞績支配，不普遍分配，亦不分給所得較多之辦事員與在學習時期之練習生，照此決定計算後即先將按每元五百元之切數准行員預借，同時又將董監事所得部分共計六百六十餘萬元按二十人均分，每人分送卅三萬元，連同去年九至十二月份交通費每月十五萬元一併送發。

師友

　　牟尚齋兄昨晚由京經青島回濟，據談仍決定出國，以半年為期，又據談此間省黨部恐仍將調整人事，龐主任委員鏡塘在中央已失卻信任，徒因逐鹿者多，相持不下，遂懸而未決云。將兩三月來代牟尚齋經領與經還省庫款等帳目抄交，並將省開收據檢還。

1月18日　星期六　晴、昨夜雪

職務

上午，到省政府參加民糧籌購審議委員會，決定將所購存之糧食變價一部分償去年十二月七日止之利息及因本行墊付該項利息月餘來所增加之利息。在財政廳與尹文敬廳長談前日之董監談話會結果，渠對於董監事一律支交通費按月十五萬元一節認為不甚相宜，並謂董監事所得太多易啟爭奪糾纏之漸，至董事長之交接正由本行代為辦理清冊咨文等件云。

交際

上午，到文化會堂弔奠劉委員玉田之父喪。敵偽產業處理局趙主任俊秀子結婚，因事先未發請柬，僅登報而未載明地點，故僅送禮，後接補來請柬，為時已宴，故未往參加。

師友

李子駿兄晚來訪，談衍訓入學事已與黎明中學方面談妥，下星期可以收容云。

1月19日　星期日　陰

職務

今日終日未外出，亦無客來，僅有友人中之年終送禮者派人前來而已，但至晚間，竟又有煩神之事，即譚慶儒科長來談歷來總務科長李琴軒策動寫匿名信與企圖排擠異己，又該科王懷仁待遇特低，是否李科長別有用意，均

不得知云云，言語閃爍。李雖不無小智小術，但決不如譚所估計之高，因其本身之人事條件、系統條件，乃至工作條件，均離標準太遠，縱其有此主觀，亦不能有此力量，故如譚君之所提，亦患得患失之觀念作祟也。

1月20日　星期一　雪

職務

舉目盡係枉費精神事倍功半之事，民生企業公司代中紡公司與本行代中紡同時收購棉花，尚未成約，中紡提出條件，該公司辦理此事須本行擔保，如此又何必多該公司作為受託者之一，今日商量結果仍無定局，因民生公司有意利用中紡資本非僅收棉而已，本行又何能擔保乎，今日又有赴滬採辦教科書要求本行借款者，更有以麵粉為抵押向本行商洽借款已經得到局部允准，其實與政府政策相違者，又有因人事有欠健全之部門來商量調整者，枉費口舌，終日為之形神疲憊，絕無代價，益以家事日趨複雜，恐最後結果非離去崗位無以安生矣。

1月21日　星期二　雪

職務

人生不如意事恆居八九，凋年急景，所歷所聞，更不外此，晨間接李書忱氏電話，謂有銀行向麵粉廠買麵甚急，頗為聳動，余亦覺其事甚怪，查詢後知係本行孫副總經理光宇、韓科長仲鑒與大陸銀行一部人員勾結買麵向本

行借押款囤積待沽，因現在麵粉廠無貨，外間零售較廠價高出數千，此輩看漲做多，乃有此舉，其實依其圓額千袋計算，所盈不過數百萬元，除付利息外，每人能分幾何，人之貪婪一至於此，聞孫、韓等人與外間一部分同道者狎妓徵逐，結納自肥，如此作風，全賴孫之有所奧援，聞之令人氣短也。又申請放款者仍接踵，到期者則申請轉期，而代理省庫財廳所提之約又較國庫為苛刻，一再折衝稍有改善，行內人員又復意見紛歧，用於勾心鬥角者為多，諸如此類，竟使人無片刻寧貼。今日晤農行顧副理，渠善相法，謂余又有高昇之氣色，依數月來之種種遭遇以觀，恐結果終不能久於其位，余近來復動興雞肋之感，非無因也。又余臨事以來，皆以執簡馭繁為旨，惜各主管部分不能善體斯意，有時對文稿或傳票稍加注意輒有訛舛，而應辦之事稍一大意即有漏誤，中心時常懸繫，神經不免為之受損，今日見開支內有修理水管、付給電費及增買燈泡等項，皆有浪費情形，分頭飭主管注意，雖有類雞零狗碎，但既有發現，即不能置之不問，亦苦況之一端也。

交際

　　晚，應慰勞總會之約在省黨部舉行舊曆除夕宴會，余未入席即辭返。晚，除夕餐，約鍾建奇、孫光宇兩兄來參加，此外有昨日隨父親來濟之四弟銘祥及族弟典祥、陳相魯君等。

1月22日　星期三　雪

家事

今日為廢曆元旦，但心緒殊劣，了無高興。晨起後因父親在此，循舊俗供祖先位禮拜如儀，但今年恐為最不易度過之年，因家人為八路軍逼迫而出，有排山倒海而來之勢，無法可以照應也。

交際

今日放假一日，無人不忙於拜年，以本行同人與往來較繁之友人居多數，早飯後到省黨部訪高注東兄，連帶為龐鏡塘主任委員拜年，但不在家，余與高兄先後到綏靖區司令部為王耀武主席、羅幸理參謀長、龍放之主任等拜年，又同至劉道元兄處為其太夫人拜年，到牟尚齋兄處為其太夫人拜年，又到韓兆岐兄處為其太夫人拜年，並至李副司令官仙洲處拜年。

1月23日　星期四　晴

交際

今日照規定應照常營業，但市面未復，事務極少，故僅每科留二人照料，其餘可以外出，余上午同德芳出發拜年，計到牟尚齋兄處、林建五兄處、馬淑貞女士處、于樂亭先生處、張戟門兄處、謝松雪兄處、韓世元兄處、林鳴九兄處。晚，劉道元秘書長在寓請客，係請春酒，到者十餘人，余由鳴九兄處同往，余今晚最不舒暢，因中午在牟尚齋兄處飲白蘭地半瓶，初尚不覺有異，及晚始有酒

意，且周身發奇冷，頭痛如裂，九時半歸急就寢。

1 月 24 日　星期五　晴
交際

今日仍無甚業務，上午出外回拜陰曆年，計到之處為：防守司令部吳司令乘雲、董副司令煜（僅遇董兄），東萊銀行曹經理、趙、劉兩副理，鍾建奇兄。下午同德芳出外拜年計到者為津浦鐵路機廠朱廠長夫婦、農林處閻若珉夫婦、寶豐公司李公藩夫婦、大華醫院華子修李淑英夫婦、中興商行張卓然夫婦等處。又由余單去者為通裕銀號鄭華村、趙少言，洪泰火柴廠王渭川兄，同鄉于紹奎、于笑山兩兄，恆祥銀號等。回拜徐軼千及龍易華太太。

1 月 25 日　星期六　晴
交際

繼續出外答拜廢年，計到民生企業公司李協理致和、市黨部于委員佐舟、泰昶銀號譚訏民、中國文化服務社梁醒黃、兵站總監部王哲恩、青年團支團部臧元駿、中國農民銀行顧聿頤等處。中央信託局吳松生、中央合作金庫陳以靜、中國銀行王鳳山等兄先後來拜年。

體質

十數日來心緒惡劣不堪，前日飲酒逾量，兩日來週身不適，飲食不甘，今晚在李書忱家吃飯，飲食仍極度慎重，凡油葷及難消化者皆不敢攝取，余腸胃向不如此脆

弱，思之喟然。

1月26日　星期日　晴
交際

　　廢曆年後仍有必須前往拜年或回拜之處，即利用今日星期之暇分別前往，計到省政府辦公廳吳主任筱園處、研究室杜顧問若君處、商務印書館張副理蔚岑處，並約張兄同至沈老先生炯齋處，但因沈氏年老多病，恐尚未起床，且其本人憚於見客，故未果往，僅託張兄轉送名片一張，又至中央信託局吳主任松生處、中央合作金庫陳主任以靜處，又谷蘭谿兄處，最後至杜局長仁山兄處，並訪振業火柴公司叢經理夫婦，取來一品紅、漢山七等花三盆。

1月27日　星期一　晴
職務

　　廢曆年節已過，業務逐漸恢復，今日將人事稍事調整，總務科庶務股主任楊其昌辭職，調會計科第二股主任程持中接充，程本不長於會計，所遺職務調稽核崔藩五兼辦，如此可適合事實需要，又灤處會計員李得義、張處會計員胡荊林均不能稱職，調青行辦事員郭廣堯與李漢秋分別接充，李、胡兩員仍為辦事員調青行服務，如此調動亦較為適宜焉。

體質

　　腹內連日已不痛，但飲食仍消納不佳，飢時不能稍

延，略食即覺飽漲，精神亦感不足。

1 月 28 日　星期二　晴
職務
　　大陸銀行曹經理來談銀行公會所購現在牟尚齋兄所住之房屋事，因牟兄不久移居，故於交接時必須使無意外損壞，又水汀與自來水管損壞，公會當提前修理云。下午到財政廳出席財廳委託本行代庫合約之審查會，除尹廳長外即為張會計長，因此件已經雙方數度商洽，故無大修改。在財廳又出席民生銀行清理委員會，決定因民生銀行復業可能性甚大，故清理工作暫時告一段落，但因無機構可以交替，故保管留待合法之移交云。

1 月 29 日　星期三　晴
職務
　　行內事外人不乏借箸代籌者，聞之不快，如省府有辦公廳主任吳小園君，主席將派其赴滬辦理個人事務，待遇太低，有意在本行兼差，孫副總經理詢余能否兼本行總務處長，余以本行縱使設處，亦決不能以處長駐外，最多只能派為業務專員，此事尚無結果；又如銀行公會所買房屋為省府王主席所注意，必欲買為省府招待所，王市長商余與交通行，不能決定，皆此類也。
交際
　　晚，中央信託局吳主任松生在上海銀行請客，主要

者為兵站總監部，予則為陪客之一。

1月30日　星期四　晴

交際

　　晚，山東區直接稅局請客，首席為財政部國庫署張稽核，余因體力不足，勉強應酬至席終。

1月31日　星期五　晴

職務

　　本行因人事未臻健全，而孤城危局，汲引調整有所未能，從而各科部糾紛摩擦日見其多，今日營業科、儲信部又因押品作價問題、對於進倉與否發生爭執，其實在心平氣和者均屬瑣屑易辦之事，但兩方已有成見者均另有揣摩，相持不下；又今晚崔稽核藩五來談該科科長譚慶儒對事不能掌握中心，昨日甫與總務科會訂之限制開支辦法，經會計、營業、出納三科之反對，即不顧余已批准之威信，意欲變通，甚至謂開支傳票竟有預行蓋章之空白一本交庶務股，似乎有勾結分肥之嫌，凡此所談均屬奇特不可思議者。趙前董事長季勳來訪，談不久赴青就警備副司令職。尹董事長文敬來訪，偕其所任兼董會金秘書接洽該會開始工作及應報部等事。

2月1日　星期六　晴

職務

　　晨，到中央信託局賀其開幕，並同中央銀行劉經理同來本行閒談，贈聖詠譯義初稿一本。下午，大陸銀行曹經理敏士來談銀行公會房屋省府必須買去事，遂召集各行經理來會商，決定不與省府相爭，即由曹君通知房主退款及一切費用，由余通知省府方面，散會後余適接林鳴九兄來電話相詢，即託其轉達一切。洪岳主任來談行內人事，據稱韓仲鑒人緣不佳，決不能再任營業科，並建議調整辦法為調青行經理張振玉接充，洪君自願任張事，而以韓君為儲信部，余認為並不適當，根本辦法則在添設各處，以強有力之處長控制之，又洪君謂孫副總經理光宇之來為王主席自認為極欠考慮之事，頗為後悔，故孫本人情緒不佳，有意他任，不知有無其事云。

家事

　　晨，送父親乘車去青島。

交際

　　晚，合作金庫陳以靜兄宴本行高級人員。劉玉德兄來訪不遇，及往答訪，亦未遇。

2月2日　星期日　晴

師友

　　晨，到東華街訪江肇琨局長不遇，到趙季勳兄處約同至閣子後街應汪聖農台長之約午飯，到者有牟尚齋、劉

幼亭、宋正軒諸兄，余因腹疾，飲食儘量減少，但仍覺脹
悶。下午，訪張景文兄，承贈臨淄所產之年食數種。下
午，李淑英女士來訪，留晚飯，並於飯後同德芳至大觀電
影院觀影，去時已遲，片名夜奔，演員為誰，全不能知，
僅發音尚覺清晰可聽耳。

體質

　　昨今兩日服藿香正氣丸、六合定中丸各兩丸，但仍
覺腹內不甚正常，或係飲食未全合理之故。

2月3日　星期一　晴

師友

　　上午，韓世元兄來訪，因牟尚齋兄即將赴平一行，
轉道出國，發起全體棲霞同鄉設宴歡餞，余極為贊成，即
託韓兄負責與各方聯絡。下午，訪牟尚齋兄於其寓，據談
將準備於後日乘機赴平，回濟後即赴閩安眷，再轉京滬準
備出國，但出國成分只佔大半，因中央頗有意派其接充山
東省黨部主任委員，而固有委員恩怨太顯，恐不能十分協
和，同時復不願放棄此出國機會，二者之間頗難去取也。
牟兄赴平余託其代劉超然兄謀事。

2月4日　星期二　雪

交際

　　晚，錢業公會全體會員在洪興源銀號宴請全體銀行
經、副、襄理，主方有六十三家，客方有十一家，凡九

席，頗極一時之盛，席間並有花界三人侑酒唱戲，銀號經理亦有兩人清唱，並有說相聲者數起，其中以打牌論一段描寫打牌者之形色最為逼真，但此類穿插在正式宴會未盡適合耳。

體質

腹疾仍如數日前，不食感飢，稍食即脹無已，僅食微量之饅饅，佐以醬菜米粥，消化稍易，排泄方面則有時乾結，有時洩泄，且近來痔瘡流血又多，夜間入睡多夢囈。

2月5日　星期三　晴

師友

晨，送牟尚齋兄赴北平，在空軍站候飛機半日，因空軍本身候行人員太多，終無機會，廢然而返，至牟寓午飯，飯後隋玠夫兄至，由青島甫來，談有頃至省立醫院訪王寶楹院長。

職務

下午，到中國銀行出席儲才小學校董會，余到時已遲，知已議決今學期各校負擔經費辦法，收取學費辦法，及准校長姚智千辭職，以德芳充任，並為有給職，但可捐充獎學金之類，余對此事未表示意見，因德芳出任校長，於私無益，於公有不能堅拒之苦，事實所趨，無可如何也。

2月6日 星期四 晴

師友

　　晨，因尚齋兄赴飛機場交涉飛機，昨日未能成行，各同鄉籌備為之餞行，乃於今晚在牟寓舉行，凡兩席，被請者尚有林鳴九兄，余數日未飲酒，因不可卻，亦飲十餘盅。晚，到中西旅館答訪劉玉德兄，並晤晁特派員廣順，二人均因禁煙事宜來濟者，又到勝利大廈答訪隋玠夫兄不遇。

職務

　　民生企業公司畢總經理來訪談增資事，晚商股董事吃飯商量，余往時已遲，均散去矣。

體質

　　午就診腹疾於華子修兄，取來白色藥粉六包，今日已服二包，飲食方面仍極力節制。

2月7日 星期五 雪

師友

　　上午，到飛機場送牟尚齋兄赴平，今日由京來濟之班機僅一架，可下幾人並不前知，而等候數日仍未成行，復因民航機停航，必須候此一途之人太多，余等到時已有五人為批准提前准搭者，經與趙站長振詢幾度交涉始行排入，幸到濟空出人位有八、九人，始得搭入，待起飛已下午一時矣。

職務

　　下午，同業聚餐在中央銀行舉行，余往參加，而中國銀行周經理同時請客，余謝未往。

體質

　　腹疾已稍舒，飲食方面仍極力節制，不使過量，且不進油葷，續服藥粉三次。

2月8日　星期六　晴

職務

　　本行庶務股主任辭職，迄今半月餘，而交接手續未能辦竣，同時未辦結之事件亦均懸而未了，今晨據新任報告，立即飭總務科長督飭辦理，此等事皆主管科鬆弛之所致，行內煩神事往往如此。有裕興銀號者係大陸銀行經理等所辦，本行孫副總經理於其今晨開業曾允送款堆花，而事先未向余言明，余見營業科送空白印鑑請余簽章時始知之，乃告孫及韓營業科長此事絕不可行，因本行存款以國家銀行為原則，堆花亦僅限於銀行同業，平時往來以收解票據為限也，後經孫君力請，並聲明後日即當提回，余勉從之，此類事均屬匪夷所思，而又無可如何。

師友

　　叢芳山兄由青島來，今來訪，係為企業公司開董監會而來。高注東兄來訪，同至東關訪劉孝先兄，談有頃辭返。陳鏡人兄來訪，談此間銀行業之作風問題，及該合作金庫之裝修問題。

交際

晨，到中國銀行為王襄理鳳山拜五十壽，不遇，晚
至其家吃飯，有賭數場，余飯後即返。

家事

與銘弟談家事至深夜。

2月9日　星期日　晴

職務

上午，出席企業公司董監會，畢總經理報告至一月
底止之業務情形，繼討論增資問題，因此事涉及官商股間
之不同立場與意見，董事長丁基實主張先行休會，日內再
先行交換意見後，再繼續舉行，得多數通過。午，舉行達
信會計補習學校校董會，討論學校之地位問題，因主計處
不願承認此等資格，故從政顯有困難，但事業界則可盡量
參加，故仍決定續辦。

交際

晚，恆祥銀號在該號請春酒，到者有大陸銀行曹、
朱兩經副理及韓世元、林建五諸兄等。

2月10日　星期一　陰

師友

空軍第二軍區司令部傅處長瑞璦到濟，日昨來訪，
余外出未值，渠今日回平，余往送行，同時昨晚林毓祥兄
託余設法搭乘軍用飛機赴北平開會，余即陪同至飛機場託

傅兄以其家屬名義代為購票，當即應允，立即成行，此外等候有達一週以上者，甚至並有空軍內部人員亦未能搭乘，具見凡事全憑關係與機會，此比之上次尚齋兄之行動即較易矣。

職務

下午同孫副總經理光宇外出至郵政管理局答訪李幫辦，儲匯局答訪沈、徐二副理。

2 月 11 日　星期二　晴

職務

南京人事今日做最後決定，除經、副理及文書、會計、營業三股主任外，已有辦事員一人，今日派助理員四人，惜均無具有銀行經驗者，因南京行與他處不同，人事關係不能不特加注意，故所任人員除其中一人為經理所用，其餘三人皆為財政部方面人士所介紹，官辦事業此等苦況最為痛切，明知不合理，而又必須為之，真無可如何也。緯六路倉庫為兵站所佔用，本行所用之一部分進出較繁，駐守兵起而干涉，今日由孫副總經理約同省府辦公廳主任吳小園前往交涉，規定手續，今後或可相安。

2 月 12 日　星期三　晴

交際

中午宴客，到者有近由青島來濟之叢專員芳山、晁特派員廣順、劉專員玉德，在此者有李參議員書忱、李經

理公藩、林顧問鳴九、畢總經理天德、李協理致和、劉委員方橋，未到者有趙副司令季勳，因已赴京。晚，企業公司總、副理畢天德、李致和在百花村請客，首座為叢芳山兄。晚，青年會董事長徐慶譽及總幹事郭金南請客，意在組織徵友隊，決定由徐慶譽及王崇五二人分任總隊長，以下各設八隊，每隊再自行邀集隊友若干人分頭徵集，余任一隊。

2月13日　星期四　晴
職務

下午，出席民生企業公司理監事會議，討論增資與今後業務等問題，增資問題因事先官股方面秉承王主席意旨，表示如商股不欲減少比例而又無力增資，官股方面絕不勉強，故決定將未收資本收足，再作第二步打算。關於業務方面在座董監事頗多質詢，亦有對於未能隨時召集會議一節責問公司當局者，其實此乃董事長之責，特因丁基實董事長對各董監事較為圓通，而畢天德總經理遂成眾矢之的矣。余冷眼觀察，公司而又為官商合辦者最為難於經營，因見解未必一致，而應付內部人事頗費周章也。本行為純官辦之事業，上層秉承雖比較單純，但又有政治意味太重之弊，今日接南京友人來信數件，均提及此次山東財政廳長尹文敬赴京曾對人表示本行人事有異動，此人甚有政客意味，渠到濟之初即先告余王主席對余不無異辭，其意即故作多情，同時暗示余作消極準備，其實王氏並無何

等成見，縱屬有之，恐亦多屬尹氏之所建議，政治舞台，把戲繁多，此君即熱中者輩，無怪其然也。

交際

　　晚，在交通銀行與中央、中國、交通合請中央合作金庫與儲匯局、中信局及中國農民銀行等。

2 月 14 日　星期五　晴

師友

　　上午，到東關訪劉化庭參議員及魏春圃老先生。同德芳至第四兵站總監部訪德光之內兄倪耀中君，又訪葉劍華女士於省立醫院。中央行劉健夫經理來訪，談及其本人將在南京置房自居，但無款可用，希望能以變通方式代為洽做押款，余允至時可以量力為之，詳細辦法再行核議。

交際

　　上午，到東關弔劉兆祥參議員之喪。晚，同業聚餐在中國銀行舉行，目前參加聚餐之行已有中央、中國、交通、農民、上海、大陸、東萊、中央合作金庫、中央信託局及本行等十家，聞儲匯局尚未參加。

2 月 15 日　星期六　晴

師友

　　山東青島臨中王校長秋圃來訪，余為衍訓事特向致謝並託辦轉學證書。棲霞縣黨部書記長于永之來訪，談及本縣縣長問題，頗主仍維持邵渭清，但其刑事案件至今尚

未了結云。

家事

　　振祥弟由青島來信，謂送寨里張氏回煙台，父親主張贍養費一千萬元，渠主張最多半數。

2月16日　星期日　晴

師友

　　下午，楊孝儒兄約同至經九路看房一所，甚精緻，惜略小耳。又同至林建五兄處閒談，詢悉牟尚齋兄已返濟，乃同往訪，牟兄在平順便與何前主席談本行與趙翔林君主持之北平市銀行前後比較，現市銀行每月補助市府五百萬，何氏在魯時以未得本行任何解款為不滿，其實年終時本行對省府已有一億餘元提出解庫，其方式合理合法，非如何氏之不顧手續，一想情願而已。遇張景文兄，余以前數日所聞尹伯端廳長在京放出空氣謂本行人事將有更動一節相告，張兄謂王主席前數日曾約其閒談各種事務，謂對企業公司之不能有助於省府大感失望，繼詢省銀行事，謂龐鏡塘曾向王氏舉薦一某君，足見龐對余有中傷破壞之處，王氏詢余之底細，並無成見，足見此事之來源尚係由於龐之陰謀，其目的在將余排擠，失所憑藉，即可連帶不負財務責任，除其眼中之釘也。下午，孫化鵬、仲韓棠來訪，仲君已被省府裁撤，一再託余設法謀事。

娛樂

　　晚，濟南防守司令部吳斌司令為該部一週年紀念舉

行游藝會，前往參加，計有清唱、大鼓、相聲及京戲三岔
口與全部雙姣奇緣等，余因為時過晏，拾玉鐲終場即返。

2 月 17 日　星期一　晴

職務

　　與孫副總經理談此次民生企業公司增資未成事實，
恐王主席為補足財政不足必將另有打算，吾人似應有所建
白，孫君亦頗同意，渠表示參加其具體經營，亦不妥當，
只能借給資金，此本余之初意也。營業科長韓仲鑒近來對
放款等事僅與孫副總經理商洽，因而對外步調常有不一致
者，此君之現實主義已漸漸顯露，二人皆為外省人，事業
心不若牟利心之重，如容其放縱，對整個行務殊有礙也。

家事

　　振弟來信如前日所記，已由德芳覆函，表示希望父
親能理智判斷認識親疏，而早有判斷云。

2 月 18 日　星期二　晴

職務

　　孫副總經理光宇告余特工向王主席告密，謂財廳尹
廳長意欲與余串通挪用兩億放款生利為余所拒云，此種情
報完全無稽，但究其影響所及，造成離間隔閡，為不可
免，又告余有人密報渠與韓仲鑒及大陸銀行某君合夥囤積
麵粉三百包，又挾女友到空軍站跳舞云，均係事實，渠不
否認，謂為洪岳所為，余謂未必為洪，因洪未必對孫有隙

也。民生銀行籌備委員會張少蓂君談將來復業須將本行所
用該行房屋收回，余允俟到時商量合理辦法。

2月19日　星期三　晴
師友

上午，到中東賓館答訪王校長秋圃，又到正中書局
訪齊參議員杞南，閒談金石書畫之屬，渠所藏之較名貴者
有濰縣陳氏印譜等，又據談陳氏藏有毛公鼎時，其拓片凡
有三種，一為分行成條者，二為四頁靴形者，皆較名貴，
其兩頁者則陳氏摹刻也。到小緯二路訪牟尚齋兄，約定本
星期日同學聚餐歡送其出國，並歡迎數同學新近到濟者，
在牟兄處遇于永之君，據談韓世元兄今午招待其吃飯，洎
同往，飯已過，乃同至飯店小酌，略談棲霞縣長人選問
題，並無結論，二時散。
交際

晚，王秋圃校長在五福臨請客，在座者尚有醫專校
長及他校校長等，席間談及師大校友在平有王君，立身處
世以助人為原則，應事之理智與客觀，不少可歌可泣之
處，聞者為之神往。

2月20日　星期四　晴
職務

下午，訪省參議會裴議長鳴宇，談渠與余主持之山
東省財務委員會事，決定日內召集會議，報告成立並請示

方針擬訂計劃，會後由余赴京向中央財務委員會面洽一切，關於此會之人選，現任省黨部主任委員始終反對，故今後工作如何進行，殊大費周章也。關於龐主委對余破壞之方式已從根本著手，即向王主席介紹繼任省銀行總經理人選一節，裴氏未有所聞，但揣摩可能為與龐有經濟關係之張雪賓，現辦開源銀行，裴氏將於晤王氏時揭破其陰謀云。今日營業科長韓仲鑒又來談與儲信部主任洪岳發生爭議事，余對其今日之事未置可否，但暗示其近來勾結孫副總經理，不但忘本，且其本人亦有失敗之虞，余未由正面言之，不知渠能理解否也。

家事

德芳返青省親回濟即有流行性感冒，今日雄女發燒，余鼻腔亦發炎，疑係由於傳染而致云。

2 月 21 日　星期五　晴

職務

上午孫副總經理光宇特來密告渠囤積麵粉之匿名信，係綏靖區其經辦友人交渠者，表示此事大半為洪岳之所為，並聲明此事不違行規，王司令官並不注意，為免以後再有此類事故，主張調洪岳為青行副理，余認為此事未必為洪所為，且為此調動亦係結怨之舉，故不採納，仍照以前擬定之調整辦法，調整史紹周為青行副理，並徇八軍李軍長之請調龍昌華為灘處主任，又據洪岳對余談渠雖主對孫不法行為有所舉發，但並未實行，可見此事並非洪君

之所為，彰彰明甚也。

交際

晚，商會主席馬伯聲請客，合管處處長秦亦文請客，又林鳴九、孫拙民等六人請客，均到。

2月22日　星期六　晴

職務

晨，到裕源銀號託魯經理省三代為籌募中政校介壽堂基金。上午，到緯十路交通銀行辦事處道賀其開幕。孫副總經理光宇來談其囤積麵粉被人告密案，認為係崔稽核藩五所為，但不主深究，足見其懼事態擴大也，又就買賣貨物之行為而言，渠竟不知本行從業人員為公務員，一種純粹之商業銀行思想，殊為令人不解，但今後如能知所警惕，對渠作人不無小補也。南京來函云，財政部對於省府重保本行董監人選，答覆須待舊董監辭職後再核，是尹文敬氏之董事長雖已接事而法律上未能取得地位，在此期間本行究應如何適從，乃一謎也。

交際

晚，應苗海南之約在崔永和女士家吃飯，係為牟尚齋兄夫婦餞行。晚，通裕銀號鄭經理華村宴客，余為首座，但到時較遲，若干先到客人均已辭去，入席才僅六、七人，八時散。

2 月 23 日　星期日　晴
師友

　　上午，同德芳訪牟尚齋兄夫婦，又同至大華醫院訪華子修夫婦，並至商務印書館購買新到之書籍。中午，在濟同學九人歡宴新到濟之同學劉玉德、陳以靜、隋玠夫等六人，及歡送牟尚齋同學出國，到者十七人，頗極一時之盛。晚，約省立青島臨時中學王校長秋圃、棲霞縣黨部于書記長永之、濟南市教育局局長杜仁山及德光之內兄倪祖華在寓便飯，倪君在第四兵站總監部服務，據談近來軍情緊張，被陷包圍之國軍補給用飛機運送，該部官佐均晝夜辦公云。

2 月 24 日　星期一　晴
職務

　　晨，周壽民經理來訪，商談因時局緊張，張店辦事處之動定問題，余謂本行須由省府得到消息後始可通知，但至下午張處即已撤回，僅留行役在行看守，現款等無損失，傍晚周村辦事處亦撤回，主任畢鴻達率眷屬一干員役均至余寓集中，經通知行內予以安置，畢對於撤退前應有之準備並不充分，到後復一一查詢，其實周村未入戰事狀態，張店亦未失守，其不沉著竟如此者。下午，省府各廳處長公宴牟尚齋兄，余亦參加，但到後始知因時局臨時中止，余藉便訪省府辦公廳主任吳炎，據談有密報二件告發孫光宇副總經理與韓仲鑒科長，孫件無具名人，請其注意

檢束，韓件則謂有人具名，須有辦理程序云，余詢其有無
第三件與行有涉者，答謂並無，余所詢者即孫所告余對尹
財政廳長借款之謠也，吳竟諱言焉。

2月25日　星期二　晴

職務

　　濟南外圍國軍與共軍戰況慘烈，濟市情形緊張，入
晚八時戒嚴，聞國軍堅守之據點最後將為濟南、青島與濰
縣，濟南以東鐵路不通，機車將均調至濟南，本行張店、
周村兩辦事處昨日撤回濟南，據周處口頭報告，途中遺失
鈔券三百餘萬元，未知有無別情，關於撤退行處之部署於
今日條飭將庫存帳表分別送交總行主管科，帳簿需整理者
調回整理，主任及員生須逐日到行簽到辦公，資產類設法
收回，負債類須經總行核定後憑報單付款，又如有留置各
所在地之件須列表陳報核覈。張、周兩處設立之初，余
為鼓勵其吸收存款，原則上規定須以本身頭寸供自身運
用，不准套用聯行款項，現周處仍欠總行，即係不切實
遵行之過。

2月26日　星期三　晴

職務

　　自國軍在魯中戰爭失利，膠濟路西段相繼棄守，濟
市近情極為緊張，下午中央行劉經理、貨物稅局韓副局長
及省府張會計長先後到行閒談，均感覺焦慮，因在被包圍

之中，除信賴國軍必能保衛此城無恙外，別無長策。聞蔣
主席曾於前日來濟留駐兩日，對軍事部署有相當辦法云。
因軍事情況關係，各銀號相繼遭存戶提存，因皆係公款變
更戶名存入，故無法限制，因而錢業方面銀根奇緊，向本
行接洽拆放者甚多，皆以提供抵押品為條件，臨時予以扶
助。張景文兄來談，謂省府王主席並無改組本行主管人之
意，但似乎對於行內人員有據報告引起注意者，余知係指
韓科長而言，近來余已一再告誡，惜乎渠以孫副總經理之
故，不肯虛懷採納，用人真不易也。本行購置房屋已開始
進行，今日已先將經九路住宅簽定草約。

2 月 27 日　星期四　晴
職務

上午，錢業公會張蘭坡、魏符村等來談，自濟南外
圍戰事激烈，各銀號所吸收存款一向為軍方居多數，紛紛
提取，估計六十餘家存款總數約一百五十億元左右，已提
去三分之一，放款各戶除煤糧外皆有滯銷現象，對各銀號
無力歸還，致各家頭寸奇緊，希望予以調劑，余謂在金融
系統上雖為中央銀行之責，但本行負省金融責任，亦當出
而奔走，特省府存款亦須充分準備，而本省力量亦復有
限，心餘力絀，容與央行及省府商量，下午晤央行劉經理
熟商，感覺無法可想，而此地銀號經營方式之脆弱難免於
天演淘汰，又晤財廳孫科長典忱談可否限制銀號存戶提
存，因尹廳長在京，渠亦不敢主張云。

2月28日　星期五　晴
家事

　　自父親赴青島後，軍事變動極大，火車又陷不通之境，對該事處理曾有來往函件，前數日去信後，現尚未復。

3月1日　星期六　晴
職務

上午，到防守司令部出席該部召集之金融會議，到官方除吳司令斌外，為省府秘書長劉道元、建設廳長丁基實，民方為商會理事長馬伯聲，銀行方面為中、中、交、農及中信局、中央合作金庫及本行，主要問題為銀號多半因存款提取太多，放款復不能收回，陷於周轉不靈之境，望各銀行予以救濟，商會所提方案為請中央銀行將存款準備金發還或抵借款項，並請國家銀行繼續辦理押款，前者已由中央行允照章調整，後者因各銀行並無停止放款之事，故不作決定，僅謂各銀行仍繼續辦理，一小時散會。會後同至交通銀行商洽捐助鞋襪勞軍事，決定本行與中、中、交、農及中信局各捐相當於二百五十萬元之實物。自銀號提存風熾，相率停止放款以來，市面甚緊，今日更有若干官員來商量以不確定之方式允許其有關字號用款，極感為難，又有省營惠魯當並無確定之流動資金，自難民入市日眾以來，當鋪戶限為穿，需要資金日亟，本行本已貸放五千萬，現經該當一再懇商，加放五千萬元。放款總數數月來在三十億以上，雖利率降低，而收入反增，上月純益二億，加儲信部二億，淨盈四億，打破過去紀錄。

3月2日　星期日　晴
交際

上午，本應於星期五舉行由農民銀行召集之同業聚

餐，改於今日在石泰岩飯店舉行，為德式西餐，極為精美，今日有一部分經、副理之眷屬亦在被約之列，故人數較往昔為多。

師友

張靜波局長來訪，談時局後託余注意已擱淺之元康銀號在本行押品將來處理問題，因渠存有六百餘萬元現金也，聞該號所吸收官僚資金無力清償者在一億左右，其字號停頓後復因對有關方面未能善為運用，致為財部所知，出頂感覺不易，實光怪陸離中之一插曲也。晚，倪祖華兄偕其一同學來訪，閒談時局緊張中渠由兵站中所知之情況。

3月3日　星期一　晴

職務

晨，到中央銀行與各銀行經理商討金融業自動發起勞軍事，本擬各家湊成一億之數，後因一部分同業感覺不能負擔，改為共湊四千萬元，由中央、中國、交通、農民、中信局及本行各負擔五百萬元，中央合作金庫及上海、大陸、東萊各行各負擔二百五十萬元，但後聞合作金庫因尚未開幕關係改為暫時不捐云。下午，建設廳丁廳長基實談時局甚樂觀，津浦南段軍事甚有進展，故將派員至樓德華寶煤礦探察情形，準備接收開工，希望本行在資金上予以援助，余對丁氏之勇氣極為贊佩，故允量力為之，決定由其所主持之實驗廠礦業務處出面洽借，過去曾借

到款項數次，均能設法歸還，信用無何問題，本行固樂為也。

3月4日　星期二　晴

交際

中午，省府秘書長劉道元及辦公廳主任吳炎邀約宴會，凡兩席，首座為第十五師師長孟廣珍，新任主席駐京代表佟錦標，以次為省府各廳處長，據吳主任炎告余，南京代表本訂為渠前往擔任，因渠不願又改佟君，現佟君因故又決定不往，究定何人，尚不可知，至吳君本人有意仍駐上海，希望能兼本行業務專員，以厚待遇，此項專員薪級本只有三百餘元，渠要求視孫副總經理光宇略低，定為四百卅元，余未置可否，此等事本係利用接近主席之機會自圖收入，官辦事業往往如此。

職務

修改營業科所擬去年營業報告，此項報告本已送孫副總經理初核，一字未動，其實文字未臻妥洽，內容剪裁亦有繁簡失宜之處，故另加刪補。晚，中央合作金庫陳主任以靜來談關於該庫開幕前之籌畫與將來經營方針問題，渠不抱樂觀，余則認為只能由試驗中求充實焉。

3月5日　星期三　晴

職務

核定去年度員生考績，總行各科員生由各科長初

核，標準大致尚合，均最高二級最低一級，不晉級者甚少，有請求破格者，亦均以兩級為度，照規定也，分行辦事處照經理、主任初核，其中標準不齊，尤以青行所請多超過兩級，不合規定，一律照減核定，總行各科長及分行經理、主任則由余與孫副總經理研討決定，雖未能有完全相同之成績，為免除人事摩擦，故一律定為晉兩級。魯西南收復地區日廣，省府辦事處彭委員國棟電省府主張設本行濟寧辦事處，暫在徐州辦公，此主張極合當前需要，經即決定派赴徐調查之京行副理張紹華兼該處主任。

3月6日　星期四　晴

職務

放款業務日繁，內容不免有不甚核實之處，自余發現有韓營業科長送孫副總經理核定而行承做，有意避免余之干涉之行為，更加予以注意。今日接市當局公文，調查倉存物品備必要時徵借，更須對質押物品充分加以注意，今日條諭營業科、儲信部對固有放款之已到期或即將到期者通知歸還提取押品，不得轉期，其押品之合乎軍用者尤應認真辦理，又舊戶之借款一再轉期者，催還後不再借給，此後為分散計，每筆放款不得超過一千萬元，又倉庫方面對於非屬充作借款抵押品之物資不予進倉，以免滋生糾紛。日昨營業科承做押款五千萬元，係以甲戶二月間所訂之約進貨抵還乙戶應到期歸清之借款，此與一般普通情形不同，但貨物進倉時余尚不知其情，故儲信部請示時余

謂不必進倉，迨營業科向余說明後余一面責該科何以不早陳明，一面仍於今日飭儲信部進倉，該部認余為出爾反爾，竟欲辭職，亦太見其小矣。

3月7日　星期五　晴
職務

關於總行放款之整頓，確為當前之急需，昨日條飭各科會擬處理辦法，今日已陳核，對於轉期限度，事先稽核手續、利率及過某數額須報董事會等節，均已規定明確，余對於無論頭寸充實至何程度，放款不可任其轉期致無形陷於呆滯一節，向營業科韓科長剴切說明，渠仍有不同之見地，未知是否有其私心。晚，崔稽核藩五來談營業科處理業務弊竇叢生，譚科長謂係余有意放縱，不必干涉之，余即向其說明余本有導人於善、聽其自然之意，但如確有證據之舞弊行為，余亦絕不姑息，惜稽核科向無具體資料提供，只在口頭抽象陳述，實有未當耳。

3月8日　星期六　晴
省克

下午與友人談天，涉及金融界之作風問題，因而自省余本身之性格與職業是否矛盾，蓋近數年來金融業從業人員之普遍現象為公私不分，乃至假公濟私，尤其主持官銀行者，往往為公家謀帳面之虛盈，為本身則圖豐庾之實利，於是上下交徵利，結果事事無有不失敗者，余以一最

澹泊之性格，最好靜之習慣，從事於此最煩囂之職業與最活潑之事業，由當前時尚言之，似含有內在之矛盾，但由根本上言之，從事事業者非有至澹泊之心境難肩負最浮華之環境，亦非有至冷靜之習慣難應付最複雜之事務也，此項認識余自以頗有理由也。

3月9日　星期日　晴

職務

　　上午，營業科長韓仲鑒來談與稽核科及儲信部之衝突問題，甚為詳細，但均係細節，因人事配合未能臻於至善，故往往最微小之問題變為最難解決之問題，即因先有成見或顏面關係先懸定一定之目的，無論是非曲直，必須達此目的也，余對此情形已感煩困，但實事求是之辦法有時不能為此輩固執己見者所接受，結果仍無濟於事，同時此輩衝突之人皆不能反求諸己，切實自己檢查長處短處從而發揚或改善之，日惟注意他人之弱點指為攻擊之目的，在各科均未臻健全境地之今日，僅有之聰明才力有相消無形之虞，此點最堪慮也。為儲才小學添助書籍事同德芳至各書局蒐集成套兒童用書，已購數百種。

交際

　　中午，中央信託局在其樓上聚餐，到各行經理等，又約請有一部分眷屬，全體共三席。

3 月 10 日　星期一　晴

職務

行內最無聊之事亦最煩神，如營業科與儲信部之押款與進倉二事連繫問題，設非本行自身兼辦兩者，換言之即以本行倉庫向他行質押或持他行倉單向本行質押，反無任何問題，而該兩科部為事主動與被動孰先與孰後（渠能將先後解為上下隸屬）竟相持不下，余又須為之解決，定為兩方將簽送之件同時送來余處核閱，但二者必須有一合併之時間與所在，於是又爭其自己為此項所在，不知正陷於其所不願之被動而不覺也，諸如此類，根本不類在社會上有處事經驗者之所為也。

交際

下午，龍昌華君在德豐商行請客，到者有本行孫副總經理及第八軍副軍長與榮譽師參謀長等及防守司令吳斌。晚，林建五兄為尚齋兄餞行，余等作陪，席間談龐鏡塘陰謀甚多。

3 月 11 日　星期二　晴

感想

今日所觸及者，皆使心境為之惡劣，如儲信部購買棉數百包，雖已停止，然今晨仁豐紗廠馬伯聲來電話謂外傳本行大量囤棉，致今晨市價達四千餘元，足見又係有人破壞；再如以辦理若干有名無實之文化事業為生之劉曉波，因印製童子軍用書借款到期後一再拖延，今日復面請

緩期設法；又如儲信部代客戶保管貨物款已還清提貨時，
因該借款人本來字號不甚殷實，竟有拒絕提貨之舉，多管
閒事引起糾紛，結果仍予提去；更如省府將派吳小園為主
席駐京代表，強本行予以名義在京支薪且要求就近指導京
行業務，甚至自請支薪四百三十元以合簡任之級；此外終
日人來客去，鉅細要求，妄費唇舌更不知凡幾。諸如此類
之糾纏矛盾，紛集余之一身，使人心緒紊亂，無以復加，
圍城中遭遇如此，殊令人氣短也。

3月12日　星期三　晴

職務

　　晨，訪裴議長鳴宇，取來省財務委員會文卷，以備
開會前之參閱，並閒談參議會內一部分人員預備以尹伯端
意欲挪用本行款項營私為理由展開攻勢，其實全係莫須有
之消息，余當即鄭重聲明，並無其事。訪劉經理健夫閒
談。省府派代表吳炎駐京，即將動身，今日來傳達王主席
意旨，由行派業務專員，省府不另給待遇，余對此等事甚
覺勉強，但與現當局關係不夠，不能不委曲求全，惟對於
孫副總經理主張派駐南京暫導京滬業務一節，予以拒絕。

交際

　　中午，儲才小學全體教職員宴請余及德芳及前校長
姚智千夫婦，菜餚甚豐，皆自辦。

3月13日　星期四　晴
職務

　　上午，在省黨部開第一次財務委員會，由前任常務委員高注東報告以前工作，省黨部楊書記長展雲報告志成公司及四廠去年經營情形，並投資黃海水產公司經過，至今後工作如何展開尚待研討，因中央法規多半抽象，非因地制宜不可也，十二時散會，余已十餘年未參加黨務方面之工作，今復側身此中，覺此中之人，氣味十分陌生，一種不切實際而又頗多主張之風格，殊覺令人無由插手，余因初次參加，故抱定不多言之宗旨，以免有失，同時虛心觀察其過往情形，俟有相當明瞭時再行有所主張，亦不為遲。又余尚有不能了解者，即此會與省黨部執委會之關係究係隸屬的抑配合的，在法規上無正式明白之規定，此點關係重要，在制度上為不可忽視云。散會後，龐主任委員鏡塘語余，聞諸洪小東君云，本行孫副總經理光宇迫營業科長以麵粉押款自利，押品一部份未進倉庫，渠已向王主席報告，王氏謂孫與彼無何淵源，涉有作弊情事當予撤換，此點望余注意，余謂此事余事後知之，因余外出時彼等可以負責處理業務也，余知時即開始調查，因申請者為商店字號，無從證明為孫所為，至押品有麵粉廠倉單亦可以作用，不過無論手續如何完備，行內人員挪借公款即屬違法，余已一再向孫解釋公務員之責任，因此君商業銀行出身，法律知識毫無，經余指明，渠始知茫然也，余除充分予以注意外，將一面本愛人以德之義，導入正軌，使其

從此檢束，庶其個人可有前途，而於王主席亦可連帶保持
顏面也云。龐氏無辭，但余知其並非願有息事寧人之結
果，因其基本作風為唯恐天下無事也。晚，主席王耀武、
主任委員龐鏡塘以中委資格宴請工商界，募集黨費特別
捐，當場認足兩億餘，銀行業方面，咸主由余倡導先捐
二千萬元，使其他各行不能太少，余謂可姑且如此規定，
但恐各行確有其本身之困難，本行太多反使各行無從著
筆，故決定明日由余負責與各行商洽解決，故暫未定數。
飯後余向王主席表示因近來軍事倥傯，久未趨謁，將定時
往見，報告近來行務，王氏即順便提及，望一切分憂分
勞，勿多發生問題，並謂尹廳長為人極好，望善為配合，
余即報告謂外間有謂尹氏有意在行挪款云云，余以人格擔
保確無其事，余於尹氏之為人亦絕無芥蒂，望王氏勿為捏
造是非者所愚云，其時裴議長亦在旁，謂絕對無此等事，
由此可見王氏於此類匿名之信件非不注意，特恐其無正確
判斷也。

3月14日　星期五　晴

職務

　　因辦事手續尚未完全補充就緒，致因放款業務而發
生之科與科間之糾葛尚未完全平息，今日稽核、營業兩科
科長因事先稽核之時限問題發生爭執，叫囂良久，不過為
此間補充辦法已擬定而尚未陳核，致有延誤，此外倉庫細
節拍賣質押品等手續，亦復紛呶不休，好在均有成文規定

後，此類枝節即可平息矣。晚，同業聚餐由本行召集，凡
兩席，飯前並討論昨日王耀武、龐鏡塘兩氏所發動之黨費
募捐事，中、中、交、農及中信局等五行局共擔任壹仟
五百萬元，大陸、上海、東萊三行共擔任五百萬元，本行
原為二千萬元，即勉力為之，如有他法再商減，各行對錢
業公會六十餘家合認二千萬認為太少。

3 月 15 日　星期六　晴

職務

　　上午，訪直接稅局謝局長松雪接洽本行所利得稅之
繳納事宜，余聲明須董監會將決算表審定後始能辦理，又
關於計算基本之資本額升值問題，亦有關係，以免有過重
之負擔，余回行後即交會計科詳細研究，現在所得稅去年
已於決算時照提，而利得稅今年元旦始行公布新條例，應
如何補提不無問題，且公有營業機關完稅，此係首次，應
速至南京調查其他銀行情形以供參考。訪省黨部楊書記長
展雲，送回黨費特別捐捐冊，將所經手昨晚各銀行認捐之
數登入，渠認為商業銀行似略少，似有成見。訪牟尚齋
兄，約定明日照相。訪軍法處長鄧雲博，說明福順德木
廠抵押仁丹情形，因綏靖區來代電謂李鶴亭貪污案內有
仁丹化名押於本行也，余聲明立場為可不發還，但綏靖
區如須提取，應向福順德辦理手續，同時並顧到本行本
息之保障云。

3月16日　星期日　晴

師友

上午，同德芳到牟尚齋兄處，依昨日約定，各友人聯合為其攝影送行，計參加者牟兄夫婦及其太夫人、楊紹億同學、韓兆岐同學、隋玠夫同學、劉明順同學及夫人、韓世元兄等。中午，訪張會計長景文夫婦，僅其夫人在寓，略談即返。下午，同牟尚齋兄夫婦等往齊魯大學訪李泰華廳長及夫人，此為其新婚後之初次訪問，在該處遇劉秘書長道元，便中詢及余之考績事，據稱先送人事處，因無所依據退回，又送財政廳亦不得要領，此君可謂善於推諉，余即告以此係主席本人之事，與他廳更無關，但其本人未必憶及此事，故請渠以幕僚長資格請示也，四時返。

交際

晚，在石泰岩應中央合作金庫邀約各同業喫飯，到者二十餘人，頗極一時之盛，六時半散。

3月17日　星期一　晴

職務

上午，到交通銀行為該行四十周年紀念道喜，該行紀念日為十四日，今日登報移酬應之費救濟難民，故無何舉動云。南京來信云，財政部對省府所保尹文敬接任董事長事已批准，尹氏在京勉強京行任用其妻妹為行員，而京行向因地方關係對一切推薦女性行員者均予拒絕，今尹氏強人所難，可謂不識大體，但京行又不願開罪於尹，主張

其只支乾薪而不到行，以免發生困難，但此種習慣除最近
之省府駐京代表吳小園外，亦尚無有先例，官營事業之不
能屏除浪費，不能講求效率，往往如此，而目前行處單位
人員漸多，有利可圖者僅濟、青兩地，真煞費周章也。

3 月 18 日　星期二　晴

職務

上午，財政廳金秘書子瓊來訪，主要係為尹廳長所
介紹之王延覲女士在京行服務事，余允由總行給以名義在
京支領待遇，旋又談及最近參議會接密報尹廳長扣經費不
發以庫款與省銀行謀利事，財廳已答覆可發之款無不照
發，省行經營業務無悖於公庫法，金君謂此事之發生在財
廳內部一部分人事欠洽，而對外復不肯濫借經費，致為不
明大體者所不諒云。金君又談有傳言尹廳長與余有隔閡，
尹氏決計無對行不利之設想，且就關係言之，驟易他人恐
無互相配合之把握，亦屬不智，惟盼余在王主席方面多取
聯繫，因尹氏前曾談及王氏對余無深刻認識也，此事尹氏
春間未赴京前亦曾為余言之，惟余性不喜奔競，明知其然
而不能改善，亦屬無可如何。至於財政廳與本行中間去冬
曾一度提及代為運用款項，事後因尹廳長慎重未成事實，
而外間竟亦知之，金君所提未知是否即係指王主席所接密
報捏稱尹氏託余營商余未允照辦之一事，余即聲明立場，
余向來光明磊落，決不對長官對朋友有不義之事，余亦知
尹氏非此等人，至於財廳不能開支之經費，凡可屬董事會

者均可挹注，此均去堂堂為之，當不必有所顧慮也。魯南
及魯西南局面已逐漸開展，而軍事當局對於金融機構之隨
軍推設極端注意，本行目前最困難者為與魯南交通未復，
調撥頭寸及派往人員均無途徑可尋，無法可想中，乃將南
京分行人員盡量調至徐州、濟寧、臨沂等處籌設機構，此
可使人員之出發不致受交通困難而有阻滯之顧慮，余所最
擔心者即凡新設單位皆不免賠錢，現在賺錢之處日少而賠
錢之處日多，更加軍事情況不定，如張店、周村等處設而
復失，公私損失極重，在基礎未立之本行，誠難因應也。

3月19日　星期三　晴

職務

新規定之放款審核標準，有是否經營本業與參加同
業公會一項，今日稽核科長來談，有申請放款者，經營科
調查相符而其實字號內容為何未能明瞭者，余囑詳加複
核，如調查人員有徇情或勾結蒙蔽情事決嚴懲不貸。晨，
仁豐紗廠馬伯聲經理來談該廠缺棉，盼本行儲信部能將存
棉按市價售交，來意十分委婉，與以前來信語調之不客氣
者大不相同，余允通知該部接洽辦理。中午，所買新運里
房屋成契，兩方約集之鄰右與律師均到場成契，並備午
飯。中央行劉經理來閒談。

師友

晨，到牟尚齋寓所送其赴青轉京，但因中央航空公
司機位無空，致未能成行而返。

3 月 20 日　星期四　晴

家事

今日係舊曆二十八日，乃德芳三十八歲生日，余上午未到行辦公，並購贈藍色麂皮鞋一雙以為賀禮，中午全家宴聚，甚為歡快，明日本為平年余之生日，因今年適有潤二月，故將延至下月矣。

職務

下午五時謁見王主席耀武，並留晚餐，在座尚有高等法院胡院長章甫及齊魯大學教務長孫恩三，所談以當前軍事與行政時弊為主，直至飯後七時始由余單獨報告近來行務，首述三個月來營業成績，放款與購銷棉花均有盈餘，其數在五億元之譜，超過去年、前年，並報告頭寸並不短缺，而由行經營貿易，實有顧慮之處，不若仍由省府另成立機構單獨經營之為宜，其法或成立公司，或照尹廳長方法設立字號均無不可，但決不宜由銀行人員兼辦，以免混淆不清，至民生企業公司本由省府投資之議甚妥，惜商股意旨不能集中，致成泡影，而工礦業務處之業務則以省營廠礦之出品經營為主，性質迥乎不同，但王氏詢可否擴充，余謂亦未嘗不可，王氏頗欲為公務員制度及子弟教育多所設施，則趕速開源，實不可免也。繼余報告魯南收復地區日廣，已支配人員至臨沂濟寧籌設辦事處，又為適應津浦不通之特殊情形，徐州設處為不可免，因非此不足以調撥靈活也，至於省外設處須經財政部核准，已由行呈請，並請省府咨部，以速其成，至將來魯南支領省經費之

機關可請財部在京或徐州發給，由本行撥至所在縣分，以
免有誤需要及免由濟運往之煩，王氏認為此事甚為切要。
余繼即提出為布置魯南單位及為省黨部財務委員會事，最
近須赴京徐一行，上月本有此意，因局勢緊急不便輕離，
致延至現在，余由財委會事提及省黨部龐主任委員因反對
余任斯職，乃進而破壞余現在之職務，余為免王氏感受煩
擾，故於局面開展之後，深覺應付為難，余本擬進而提出
倦勤之意，王氏即首先謂彼亦有所知，但其本人有所主
見，並謂對行務無吹毛求疵之處，望繼續努力，至於副總
經理孫某本不相熟，因謀事而畀以今位，聞此人甚為隨
便，如不合宜，望陳明當撤換也，余即謂孫君商業銀行出
身，對官營事業甚為隔閡，不知輕重，但近來經余一再糾
正，已能有所改善，此乃君子愛人以德之義也。繼王氏盛
讚尹文敬廳長之為人，謂據報渠曾派科長到行商借兩億牟
利，為余拒絕，有無其事，余謂絕無其事，所以有此謠
言，或即係所談組織貿易公司尹氏主張設商號變通經營之
誤傳，尹氏非自私之輩也云，談至八時余辭出回寓。

3月21日　星期五　晴
師友

　　上午，訪牟尚齋兄詢問行期，知今日又不克成行，
約定下午至洛口觀黃水漫道，至時果往，其地多年均為清
水，最近花園口堵口工程告成，黃水乃恢復故道，聞尚在
續漲之中，今日同往者有韓世元兄夫婦及韓妹、牟尚齋

兄夫婦及太夫人、余與德芳，在風塵僕僕中凡兩小時，
三時返。

職務

　　各種特殊性之借款如各報社業已到期，又來洽請轉
期，惠魯當又來請求轉商四行會同貸款，此等事均有特殊
困難，但又有不能不辦之特殊原因，最不易應付也。晚同
業聚餐在上海行舉行。

交際

　　晚，李書忱君夫婦為牟尚齋兄夫婦及太夫人餞行，
約余及德芳與林鳴九兄等作陪。

3月22日　星期六　晴

職務

　　上午，到中央合作金庫為其開幕道喜，並幫忙招
待，直至十一時始返，各行並各派出納數人協助點收鈔
券。洪主任岳談會計科長高月霄曾與譚慶儒約其同至宿舍
密談，目的仍在對付韓仲鑒，並以擁余拉孫副總經理為手
段云，余知其事為由高之得失心而來，因彼之來係趙前副
總經理之關係，趙去感孤立，孫來之初見係王司令官所
派，又有趨炎附勢之態，則完全為孫之腔調所惑，加以其
本身能力並不甚強，於是自卑情緒與患得患失之心理作
怪，遂欲挾譚、洪以自重耳，此等人所見極小，余將此情
與洪說明，相互一笑置之，又洪君曾將孫之作風向省黨部
主任委員龐鏡塘面述，且其書面報告轉王司令官，此為王

氏對孫印象惡劣原因之一，為免於高等樣人之迷昏不清與失足有慮，可由洪將詳情向此輩暗示，庶幾可不致為其外表所炫云。

師友

上午，牟尚齋兄準備乘十一時飛機赴青島轉南京，至時又改於下午一時，余與德芳於下午一時到機場相送，不料直至五時始得成行，牟兄之太夫人亦至機場相送，臨別泣不可抑，為之酸鼻。

交際

晚，德生銀號王建平經理在石泰岩請客，到者有楊寶琳女士、裴議長鳴宇、劉秘書長幼亭、楊書記長展雲及宋從頤兄等，楊寶琳謂集有近千萬之款經人介紹存至元康銀號，無法提出，請協助，余以在行有押品者為其有關係之福順德木廠，並非該銀號本身，如至須處分押品時，除扣還本行本息外，餘數可代為保留，但須債權人及該木廠來函聲明云。

作文

為償平民日報邀寫星期論文之夙約，下午五時起於百忙中趕寫「經濟緊急措施以後」一篇，中間復為應酬飯局所中斷，直至九時始脫稿，約三千字，僅復閱一次，不暇詳加斟酌矣。

3 月 23 日　星期日　晴

師友

　　上午，同德芳至大華醫院訪華子修夫婦，並率子女至商務書館、東方書社等處買書。

集會

　　下午四時，同德芳到女青年會參加第一次伉儷會，出席者凡二十餘人，由周壽民太太主席，說明開會宗旨後，繼由牛總幹事鳳英報告籌備經過，並約齊大教授美籍何維德夫人演說伉儷會之在美國之活動情形，繼討論今後開展會務之方式，並以書面徵求意見，嗣選出王太太為社長、姚太太為會計、沈大夫為文書，繼舉行餘興，均由王太太任指揮，一為貓狗巡行速度比賽，二為音樂器具之互相交換游戲，均為團體性質，惜人太多，又不純熟耳，最後聚餐，座次係抽籤而定，但分單雙，仍係男女相間，席間由男性者各說笑話一則，頗為解頤，余所說者為小學生生妹向先生請假故事，八時散，此種會別開生面，甚歡暢。

3 月 24 日　星期一　晴

職務

　　晨，到省政府出席工作檢討會，出席者省府王主席、各廳處長、科長秘書、在濟各專員縣長及省府各所屬機關首長，共近二百人，主席致詞後，按機關次序分別照所擬項目檢討，實際對各問題無討論機會，不過等於報告

耳，其中較充實者為各專縣之檢討，自由發言，頗有道破
癢處者，主席特將時間寬籌，凡歷兩小時餘，其他各機關
僅十分至卅分鐘耳，余本亦準備報告營業及配合庫政之情
形，因時間不夠，有若干機關與全部行政機關無廣泛關係
者，均臨時停止，故余亦中止，下午五時散，中間僅中午
聚餐半小時。

3月25日　星期二　晴

職務

　　上午，到財政廳訪尹文敬廳長，泛談行務，其中主
要者為董事會問題，因渠事實上已接任董事長，而財政部
咨省府文則謂僅准將董事改聘一部，尹氏在內，董事長一
席須先將常務董事選出呈部指定也，經決定立即籌開董事
會解決此事，並將歷來積案如決算及所得稅等問題提出討
論。余又提及外間風傳尹氏與余有何勾結一節，已向王主
席當面解釋，甚為明瞭。尹氏提及余個人問題，謂省行人
選一節，係以前有人向渠提及，王主席在渠赴京前亦提
及，此次返濟後王氏未再言及，望與王氏多多敷衍。此次
在京陳果夫先生亦曾向渠面告對同學事多注意，以表明其
本人態度無他，但余見其措辭模稜，未知是否係其本人有
他意見未能實現所致云。

3 月 26 日　星期三　晴

師友

上午，中央銀行劉經理健夫與劉副理縵卿來約同至李書忱參議員家同看其崇育里房屋，因該行有意買房，而李房亟須出賣也，看後與兩劉兄回行進午餐，渠等頗為猶豫，因修理頗為費時。晚，林鳴九兄來訪，談將設信用合作社，有銀號之利而無其弊，因不必向財部註冊，連帶亦不必出字號頂費，亦不必完稅，並可逃避地方攤派，又每一縣市只有一社，故含有獨佔性質，余甚贊同其意。韓世元兄來訪，余將宋華齋兄加以介紹，希望其能在稅務機關謀一職位。

3 月 27 日　星期四　晴

職務

上午，到省黨部出席第二次財務委員會議，討論關於各縣縣黨部設置財務委員會等問題，又討論此間黨有財產之保管整理問題，以及舊有財委會所辦各廠之接管問題，連帶收為本省文化機構經中央宣傳部所接收者，與經調查統計室所接收者將來是否由財委會統一接管等問題，至於詳細辦法尚待請示。中午，建設廳丁廳長、財政廳尹廳長來行，商談建設廳所營事業之貸款問題，余頗欲助其有成，尹廳長頗躊躇，因資金不能長期化也，余允予以短期周轉。

3月28日　星期五　晴

職務

　　近來資金流入青島日多，濰縣情形尤過於濟南，故濰、青匯水已高至千分之一百，而青島各行無不缺款者，本行青島情形亦同，為靈活匯兌並裨益業務計，洽由財政廳出面向中央銀行交涉代省庫調款至青島，但中央銀行要求由財廳將存在該行之經費轉移青島，但此法將在青適用普通經費存款之規定，窒礙甚多，仍須設法單純以調撥頭寸方式為之，雖出若干合理之匯水亦可也。晚，同業聚餐由大陸銀行召集，在上海銀行舉行，席間豪於飲者劉縵卿、周壽民、李祖道等用大杯，余參加。

3月29日　星期六　晴

師友

　　今日為革命先烈紀念日，休假一天，本擬至皇亭參加各界紀念大會，因故未果，上午同德芳到大華醫院訪華子修李淑英夫婦，並至各書店買書，下午李女士又來訪，並留晚飯。

雜事

　　余自回魯以來，因有若干事務勢不能隨時解決，擱延期待時機成熟，乃不免時感有所餘累，如裁復友朋來信，閱讀報紙雜誌，恆一再因循，非累積至若干時日，待有不能不加清理之時，始趕速為之，然筆墨有不能細加斟酌處，而若干良好讀物亦只能走馬看花，至巨著絕緣更無

論矣。

3 月 30 日　星期日　陰
師友

　　洪泰火柴廠王渭川兄來訪，談該廠日本增加設備部分已經敵偽產業處理局估價轉為廠有，現正籌畫部分開工，擬不日前往上海、青島運入原料，開工後希望本行予以資金扶助云。省府劉秘書主任茂華來訪，談及省府決定發給公務人員制服，並補助子女學費，謂此款已經有著，大約需要將近十億之數，余即告以財政上今年恐仍不免虧短，開源之方須由經營貿易上著眼，但其方式須在目前已有之省銀行、民生企業公司及廠礦業務處以外，另外設立，始可不為機構屬性所限難於發展。

3 月 31 日　星期一　雨
職務

　　下午，到財政廳與尹廳長簽訂代理省庫契約，明日起即按公庫法辦理省庫收支，又與尹氏決定本星期四日舉行董監會，完成半年來重要行務之法案手續，並照部令由新派董事中推選常務董事呈部指定董事長，尹氏談及渠回濟後有謀為本行總經理者自稱已向王主席報告，取得同意，請余先行辭職，尹氏未予同意，且王氏並未對渠談過，望余佯為不知，處以鎮靜云。余詢此人是田糧處處長鄭希冉否，尹氏默認，余謂個人去留無所謂，但當局不應

有軍需即銀行之誤解云。

4 月 1 日　星期二　晴

職務

上午，舉行行務會報，首由余報告過去三個月行務之觀察，希望各科部間多取聯繫，減少無謂之爭執與摩擦，又日昨與財政廳簽訂代理省庫合約，程序上望多求熟練簡捷，而於調撥總分庫間頭寸，尤望切實配合財政收支之地點與中央銀行之聯繫，今年第一次董監會將於後日舉行，各科部應準備事項，切望於今日下午辦竣，今後余將赴京徐一帶一行，各科部有須聯繫調查之件，務望一一寫出，以便照項進行，次討論利息一節，決定維持現有利率。

4 月 2 日　星期三　晴

職務

綏靖區司令部龍主任放之來訪，送來王司令官所批履歷片一張，為其第一處副處長之夫人謀一職位，此事雖不合理，而王氏向未交用人員，不免予以敷衍，此等事乃完全中國型，明知非是而不能改，其奈之何哉。林毓祥兄來談由平歸來之觀感，其中有提及何主席在平市長位內，由市銀行趙翔林每月解繳一千萬元，盡入私囊，且以余在魯作風為不當，令人作惡。

交際

晚，與尹廳長會請銀行同業與錢業公會常務理事及省府各廳長等，凡兩席，八時散。

4月3日　星期四　晴

職務

　　上午，舉行第二次董監聯席會議，報告討論事項凡達五、六十件，因半年間未嘗開會，積壓之件較多也，報告事項之最重要者為去年業務報告及今年之業務計劃，由余詳細說明其內容，並強調所利得稅問題之嚴重，為顧全董監事及行員之所應得及省府財政上之裨益，今年盈餘不宜過大，討論時即決定行員酬勞金改用三種名目於決算前發六個月，董監事發特別交通費二十個月，對省庫所應負擔之利息，照合約規定伸縮利率臨時視盈餘情形而定，所餘有關法規及決算表審查等事項，交常務董監事研究後函各董監事徵求同意辦理之，又推出尹文敬及劉玉田二人補常務董事趙季勳與張鴻漸之缺，即呈報財政部請指定董事長云。

4月4日　星期五　晴

職務

　　上午，到中央銀行訪劉健夫經理，談本行因代理省庫及國庫業務，擬派人到該行見習，當即洽妥，決定明晨派程謙、王文慶兩人前往。本定今日開常務董事會，因省府人員不空，展期。

交際

　　晚，參議會周副議長幹庭在青年會宴客，到者五、六人。到石泰岩飯店訪省府新委員俞濟民，俞氏談鋒甚

健，由政治軍事以至經濟金融，幾乎皆有豐富之常識，在石泰岩並遇中國農民銀行襄理周宏波，周君乃其外甥，此外並遇高等法院胡院長，一同辭去。

4月5日 星期六 晴
集會

上午，到中央銀行上海新村宿舍訪劉健夫兄，約同至儲才小學參加該校開學典禮，此次典禮為補行春季開學者，但因粉飾房屋與增添設備以致遲延，主席報告後，為教育局長代表訓詞，以次為董事長及校董致詞，校董致詞者有季獻之、余及劉健夫，凡三人，余首以所見兒童拉車及漫畫父母責子女為引起動機之資材，望小朋友珍惜此可寶貴之讀書機會與光陰，不可浪費，更應體念父母之苦心培植，教師之殷切指導努力向學云，末游藝會，十一時散。

交際

中午，靳鶴聲等在勝利請客，為南華公學募捐，且先請來賓簽名，亦別開生面者也。

娛樂

晚，到省政府參觀中央訓練團聚餐會之游藝會，到時已開場，為鄭蝶影、鹿巧玲等之大鼓及清唱等，移時劉健夫太太採排之三堂會審上場，此為其習青衣後初次登台，作派極為熟練而穩妥，但惜嗓音略窄耳，最後為朋菊庵等之空城計，甚為賣力，九時半散。

4月6日　星期日　晴

交際

上午，同孫副總經理到南營興隆庵弔本行故林主任春華，林君到行近兩年，文墨多所倚畀，而處事作人尤有傳統之幕僚風度，忠實沉著，無時下一般公務員勾心鬥角只圖私利之惡習，前因急症溘逝，至深痛悼，今日正式開弔，首批同人到者十餘，由余主祭，十時返。

游覽

上午，同德芳及子女等同到金牛山游覽，其地為市立中學舊校址，現已駐兵，市中本植有樹木花卉甚多，現除柏樹獨立外，其餘均已摧折淨盡，山亦甚小，但可遠眺黃河及鐵橋。

4月7日　星期一　晴

職務

晨，到文化會堂參加擴大紀念週，由省黨部主任委員龐鏡塘主席，並報告此次赴京出席第三次中央全體會議之經過，並由王司令官耀武報告策動軍民植樹計劃及近來軍事情況。下午五時，舉行常務董監會議，討論上星期四由董監會授權常董監會審查之儲信部章程、組織規程及各種存款投資章程等，仍未能全部完畢，又審查董監兩會章程，修正通過，更討論去年決算表，交常駐監察人審查，在核定前所利得稅緩納云。

4 月 8 日　星期二　晴

師友

　　上午，到東關訪周副議長幹庭，並同德芳到東城外訪鄧芳林女士，又到東華街訪趙季勳兄，趙兄近由南京回濟，據談何仙槎主席任內各虧墊款項均逐漸由行政院設法解決云。

職務

　　日昨常務董監會討論儲信部各項章則，因時間所限，未能完竣，約定今午在財政廳繼續討論，到者為余及尹文敬廳長及劉委員玉田等三人，討論者有儲蓄存款章程、信託存款章程及信託投資章程，對於條文之含義及用字等，均詳加推敲，一一修正通過。

4 月 9 日　星期三　晴

師友

　　午，訪東萊銀行趙副理季澄，送還其所借閱之魏碑兩種，並承贈給李璧碑拓片一件。下午，答訪潘維芳兄於海岱賓館，不遇。到綏靖區司令部答訪李副主任象宸，並訪岳副主任朝相，李君不遇，同時往訪龍主任放之，展閱其所藏碑帖等件，據龍兄又談及前日發表之第一處副處長未婚妻呂佐文為辦事員，渠以為係雇員性質，將不就，亦怪事也。晚，張靜波局長來訪，約同組織書畫研究會。晚，楊孝孺、于紹奎兩兄來訪，談經九路電話事，余不接受。

4月10日　星期四　晴、昨夜雨

職務

　　晨，到志成企業公司出席財務委員會例會，今日會議內容除討論事項為涉及縣財務委員者外，即為各廠報告去年經過與今年計劃，大致所營各廠以醬油與製冰較有希望，造紙與捲菸則限於設備及環境，無法開展云。到中央銀行訪劉健夫經理談國庫為省庫調款問題，據稱已將本行與財廳會銜公函轉其總行國庫局矣。又談及黨費特別捐事，余已將該行困難轉省黨部。

交際

　　下午，到元泰銀號吃飯，未終席而退。晚應林鳴九兄邀宴，在座有牟老太太等七、八人。

師友

　　晚，隋玠夫兄來訪，談合作金庫人事困難情形。晚，韓世元兄來訪，係為余送行赴京。下午，商務印書館張副理蔚岑來訪，承贈九年前所藏劉鏞草書屏條六條。

4月11日　星期五　晴

飛行

　　上午，由濟南飛機場乘中央航空公司客機動身，一小時抵青島小憩後，繼續飛行，兩小時到上海，降落於龍華機場，即乘公司車至舊法租界，復乘街車至五馬路本行稽核程少芹處，不值，至吳宮旅社始遇，即開房間於此，頗狹隘，因旅館難尋，亦即安之。今日頗有好天氣，青

島、上海間大半在海空飛行，較地面稍感冷意，上海氣候
與濟南相似，晚間稍涼，余已十餘年未至此，街道雖未改
變，而多不復省憶，人口增加甚多，街市頗為擁擠，婦女
服飾入時，較濟南可差至兩年也。

娛樂

　　晚，應程少芹君約至皇后觀影，為中電新片「黑夜
到天明」，歐陽莎菲與項堃主演，故事頗有意義，含教育
意味，但編來不無勉強之處，發音則清晰可聽，又有收復
延安新聞片一本。

4月12日　星期六　晴

家事

　　上午，雇汽車到江灣軍醫學校訪玉祥弟，尋到其宿
舍時始知已赴滬，候至下午一時仍未返，由其同學唐、郭
兩君陪余談話，並告知余之地址，即乘軍醫訓練處車回
滬，晚余回旅館時，玉祥弟已先到守候，即詳談其在學校
近況及余年餘以來在濟情形，與夫父親在濟、青兩地居住
經過，乃至本人家庭問題與父親種種欠妥之行為，玉弟均
知之，力主為一勞永逸之計，至九時餘辭去回校，余交
四十萬元備用，力促始照收，謂無他用途，將補充用書，
並謂校中對畢業生已升學考試云。

師友

　　到大中銀行訪楊志瑩兄，其董事長趙棣華先生亦
在，余本擬至交通銀行拜訪者，至此一舉兩得，大中為黨

營事業，甫經增資主持人改換，一切尚未就緒，辭出後因
時間所限未至他處。

4月13日　星期日　晴
旅行

　　上午七時至上海北站乘凱旋號火車赴京，程稽核度
到站送行，余坐對號第四節，此為余自抗戰勝利後之第一
次乘火車，雖係頭等，而設備甚差，且用餐即就座位上為
之，無飯車設備，僅時間甚為準確耳，沿途停靠之站甚
少，一路楊柳迎風，菜花嫩黃，江南景色自與北方不同，
而京滬之間，人煙輻輳，女性衣履入時，粉朱相映，乃此
路之特色也。抵下關為下午二時，馮經理及于、趙兩主任
來接，至白下路行內下榻，晤見者有徐州來京之張紹華及
德光弟夫婦，相談甚歡。

4月14日　星期一　晴
師友

　　上午，到東方飯店訪牟尚齋兄不遇。中午，到中央
合作金庫訪副總經理汪茂慶同學、業務部副理唐季涵兄及
會計處長李耀西同學，皆數年不見者。下午，許餞儂兄來
訪，談已奉派為安徽省銀行副總經理，此前曾進行合作金
庫事，似已成過去云。晚，約牟尚齋兄夫婦及馬兆奎兄夫
婦在本行便飯，馬兄已十餘年未晤面，刻供職中央財務委
員會，其夫人已係續娶，但已故夫人之子已近十歲，但余

皆未晤及，飯後閒談至十一時始散。

4 月 15 日　星期二　晴

師友

上午，約同牟尚齋兄往訪中央黨部各友人，計已晤者有張志智同學、馬兆奎、夏忠犖、虞右民諸同學，未晤者有魏壽永同學，旋同至馬兄家午飯，飯後又出發，先後同訪明少華林毓芳夫婦，又王立哉參政員、劉振東、崔唯吾兩先生、蔡自聲委員等。今日來訪余外出未值者有傅立平處長、唐季涵副理、汪茂慶、謝大烈、許餞儂、吳先培、周異斌等同學及張樹人經理、倪鶴齡經理等。

娛樂

晚，應約到中央大舞台觀中國萬歲劇團「清宮外史」第三部，述義和團之亂，尚佳。

4 月 16 日　星期三　晴

師友

上午，同馮經理星北到省政府辦事處訪吳小園君，並同到開源銀行訪張雪賓君，不遇。訪吳柏芳兄於交通銀行，渠將調滬，又訪周異斌兄不遇。到安徽省銀行訪張樹人、金戒塵、吳先培諸兄均道契闊，惟先培不在家未遇。午應吳小園約在大陸用西餐。晚應張志智兄之約在其寓所吃飯。傍晚，同牟尚齋、馮星北兩兄往訪秦次長德純不遇，李參軍青選談民生銀行復業須待江蘇案定後始能進

行。訪尹文敬太太。訪于範亭夫人及訪問母校。

4月17日　星期四　晴

師友

　　上午，吳先培兄來訪，談渠接事後之安徽省銀行，凡事雜亂無章，頭寸尤緊，省府需索無饜，難以滿足，人事方面復各懷己見，殊覺不易整理云。到正洪街訪許餞儂兄，不遇，與其夫人略談，據稱何日赴合肥，尚在未定。到新街口偽中儲行清理總處訪謝大烈兄，據告已返漢口矣。到游府西街訪傅立平處長，探詢出國準備情形。中午，董成器兄來訪，據詳談中國農民銀行之人事制度及目前四行待遇情形，與決算技術及所得稅問題等，甚為詳盡。下午到西華門二條巷訪吳敬生兄，因其晨間曾來拜訪，約至其寓晚飯，余因另有他約，一為回拜，二為道謝也。訪張竹溪兄於鼓樓三條巷。訪范參政員予遂，不遇。晚，應劉振東先生之約，至其寓所吃飯，至則知又毫無準備，乃與所邀之客計牟尚齋兄、馮有辰兄與劉師夫婦同至大陸西餐館晚飯。晚，到中央日報社訪馬星野兄，閒談濟南情形，又訪周天固兄，不遇。

4月18日　星期五　晴

師友

　　上午，到財政部國庫署訪楊署長綿仲、石副署長鍊之及署內同學朱銳、朱鼎、汪逢棨、郭祥芝諸兄，僅朱鼎

未遇。又訪國庫署羅介邱專門委員，均因為時無多，且辦公室偪仄不堪，故略談即辭，僅與楊署長談較久，彼對於余之情況較為關切，故詳述在濟兩年經過。

交際

　　晚，中央合作金庫副總經理汪茂慶兄請客，在座皆各行同學及財部錢幣司科長等，暢談甚歡，並於飯後訪董成器兄。晚傅立平處長請客，未入席而退。午，王隱三參事請客，在大陸西餐。

4月19日　星期六　晴

職務

　　上午，到財政部錢幣司訪戴司長立庵，報告一年餘以來情形及請求設徐州辦事處，戴氏仍認為不便破例，但不妨在徐派人駐央行專負調撥頭寸之責云。又訪沈科長長泰，據談立法院通過尚未公布之新省行條例有更動甚多，余取閱全文，其中最重要者為資本歸省庫，董事為財、建兩廳長及專家三人，參議會推十人，又此行屬財政廳，此新條文如公布，省行將來問題更多矣。到錢幣司稽核室訪姚亦梅稽核及其總稽核等。到錢幣司訪楊、薛兩幫辦，均不遇。訪地方財政司孫司長等。

交際

　　晚，湖北省銀行唐季涵兄與湘省行楊經理在大集成請客，余未入席而退，該飯店酒最有名，且用女招待，有冊頁兩本，書家于右任等均有墨跡。晚，應崔唯吾先生約

在其寓所吃飯，在座多財部中人。

4月20日　星期日　晴
師友

　　上午，同許餞儂兄到董成器兄處同至余井塘先生處晉謁，不遇，復至胡鐵茗先生處，所談多關於地方預算等問題。旋同至玄武湖訪朱興良兄及其新婚夫人曹炎，自助午餐，酣飲甚歡，飯後乘船游湖，因風沙太大，而游人太擠，故半途舍舟而返。歸途到中央路149號晉謁丁惟汾老先生，報告在魯經過及此行任務等，丁氏甚強健，惟余談及林建五兄問題時，初甚隔閡，繼亦表示同情。訪孔瀞庵參政員不遇。訪隋石孚兄不遇。劉振東氏與周天固兄來訪，均不遇。

交際

　　晚，吳先培、張樹人兩兄請客，在座有錢幣司戴司長及國庫局余副局長等十餘人。

娛樂

　　晚，同馮有辰兄到鳳凰飯店觀表演奇技，有巧吸香煙及倒豎兩手扶於高處等。

4月21日　星期一　晴
師友

　　孔瀞庵先生來訪，談此間明達之山東人士對於省政均有熱烈期待，因聞他方有謀為山東主席者，設現任王耀

武氏不能有所成就，此後即無魯人有繼任機會也云。吳敬生兄來訪談，並託帶物去濟。下午在新安飯店無意遇安徽高等法院廖梓琴氏，即訪談甚快。訪王振公君談林建五君之警察局長事，並往李士珍公館拜訪，但未遇，據王君云，此事因對林兄下文未定奉批緩議云。

交際

晚應楊署長綿仲宴於其傳佐園寓所，在座多湘人，別有意趣。拜訪山東同鄉姜文德、劉太平、張靜愚等氏，均未遇。訪孔德成衍聖公，相談甚快，孔氏風度極佳，聖裔中特出者也。

4 月 22 日　星期二　陰、夜雨

師友

上午，到市立第三中學訪韓學玉同學，不遇。上午，到中央合作金庫訪壽勉成總經理，承詢該山東分庫情形，頗為詳盡。下午，到內政部訪楊洪九司長面談林局長鳳樓事及如何進行，據談其本人應來京自行進行一切云。訪謁內政部胡次威次長，閒談兩年來彼此情形。訪內政部彭昭賢次長不遇。

交際

午應金戒塵襄理之召在其寓所便飯，並有吳先培、張樹人、許餞儂、馮有辰諸兄參加。晚，與馮有辰兄在六華春宴客，到者汪茂慶、石光鉅、李耀西、吳柏芳、唐季涵、周承緒、吳先培、許餞儂、張樹人、顧竹淇、沈長

泰、陳顏湘等，此為到京後與金融界同學之集體聯絡，非
同學僅兩人。

娛樂

下午同吳先培馮有辰及金戒塵夫婦觀電影，片為歐
陽莎菲主演之「慾海潮」，故事甚曲折緊張。晚，同馮有
辰兄到群樂觀清唱，末為彩排，乃近年來京市花樣，惜唱
來無一可入耳者。

4月23日　星期三　陰

職務

上午，到財政部訪劉秘書階平，即請其同至部次長
樓分別拜謁周秘書長靜齋、李次長個君、徐次長柏園，余
對周提出徐州設處事，彼甚同情，只須方式相合，並不干
涉，對徐提出四聯總處對山東省行扶助生產事業務給以重
貼現轉抵押之便利，下午三時又晉謁部長俞鴻鈞，將一年
來之情形，利率與放款政策加以報告，頗蒙嘉許，又提出
上項兩問題，亦頗蒙採納，允與關係方面商辦。今日到部
長室其傳役甚客氣周到，劉兄提示應略施小惠，以後將有
若干便利之處，當付以國幣五萬元，渠益表好感，衙門習
氣至今未泯，如非劉兄提醒，余尚恐遺漏此著也。

交際

晨，梁醒黃兄來約至康樂園早點。晚，在六華春宴
山東在京人士及有關人員，到者范予遂、王立哉、劉鐸
山、崔唯吾、孔瀞庵、劉志平、王隱三等，尚有省府辦事

處處長吳炎。

4 月 24 日　星期四　陰雨
交際

　　上午，到湖南路八號訪見王耀武太夫人，送致禮品，並晤見其小姐即吳太太，又遇馬自振秘書亦在，乃同至中央研究院訪傅孟真氏，閒談山東農礦情形，又往訪張超處長，不遇，中午約馬君同至大陸西餐館用餐。下午，開源銀行張雪賓經理請客，在座有于孝侯、秦紹文等七、八人。

職務

　　晨，到中央銀行國庫局訪夏晉熊局長與余壯東副局長，余君在行，略談代理國庫之一般問題，濟寧等地早為中國銀行預約，似尚未設云。又訪業務方面即京行李經理嘉隆、趙副理端源，李不遇，僅與趙副理略事閒談，因無直接業務關係，僅寒暄而已，又聞國庫局將逐漸移京云。

師友

　　上午，訪吳挹峯先生不遇。下午訪雍家源先生閒談時政。晚崔唯吾先生來談，詢濟南各方情形。

4 月 25 日　星期五　晴
師友

　　上午，周天固兄來約早點，地點康樂園，在座尚有汪茂慶、吳柏芳、周異斌等。下午，同周天固、汪茂慶至

玄武湖環洲訪朱興良兄，旋同進城。上午，到紅廟訪楚湘匯兄，並到介壽堂參觀建築工程。

交際

晚，宴客於中央飯店，今日所請多為財政部要員，余於所約定七時前到達，見已有胡會計長善恆與徐次長柏園留片而去，旋李次長偶君亦到，略談即去，入座後用餐者有李參事青選、楊署長綿仲、戴司長立庵、薛幫辦溙舲、央行國庫局余副局長壯東、孫司長靜工，此外有因事赴滬者為財部周秘書長雍能及國庫局長夏晉熊等，又有被邀作陪者為中國農民銀行協理趙葆全同學。

4月26日　星期六　晴

師友

上午，到長府街四十八號謁陳果夫先生，後經程世傑秘書約定於下午四時，與溫子瑞同學同往，下午余先到西華巷二號約同溫兄同往，先由溫兄談公事，繼余報告年餘以來在魯籌設本行之經過，並將宣紙楷書之去年工作報告與今年業務計畫面交，陳氏不斷翻閱，甚為注意。繼報告山東財委會蒙以余為副主委，惟至今未能真正接收，且新任志成公司總經理何澄宇（余聞之尚齋兄，此人極不妥）亦非適選，盼望中央財委會能多派人且多派同學直接辦理，否則又蹈過去官營事業之復轍，極其危險，陳氏表示採納，並詢余有無適選，余謂容注意隨時報告。余又請介紹業務處長，據答當緩圖之，惟在此種時局，是否遲

疑，尚難料到。最後余詢問選舉國大代表與立委吾人在省
應持何種方針，陳氏謂應深知自己之把握如何，設只有
二、三成把握，即不如加之其他把握較大之友輩，以免兩
傷。陳氏最後謂，目前彼主持經濟事業部門太多，無論財
務委員會所屬，或中國農民銀行與中央合作金庫所屬，皆
需要專門人才，故目前實有才難之嘆云。晚，與馮有辰兄
合請在京十餘同學在行吃飯，計到朱興良夫婦、張志智、
郭祥芝、朱國材、王慕曾、朱鼎、董成器、黃懋材、虞克
裕、周天固等十三人，飯後暢談今後在選舉上之運用等事
甚詳，至十一時半始散。

4 月 27 日　星期日　晴、昨夜雨
游覽

　　晨，韓學玉兄來訪，約同出游，余以本定今日赴徐
州，因車票未能於昨日購到，故即亦無他事，而今日為星
期日，諸君有此時間，亦屬難得，乃與馮星北兄共三人出
發，由新街口站隊買市府公共汽車票，至陵園下車，見新
雨初晴，一片青翠，士女如雲，點綴其間，相映成趣，由
牌坊循石級而上，建築與抗戰以前無異，特兩旁松杉之
屬，以及大道邊洋桐均已長大，蓊鬱宜人，猶勝於昔，享
堂前之大銅香爐則有日寇鎗擊之洞，石獅之足亦係毀後重
補者，復步入祭堂，脫帽瞻仰石像，復拾級而下，就樹棚
下茶座食麵點，甚暢快，至二時始雇車回城。

娛樂

　　下午，同韓學玉、馮星北兩兄至世界戲院觀電影，為慕容婉兒、周璇及白雲合演之春色惱人，為一戀愛與教育之故事，歷三小時始演畢，尚佳。晚飯後又同至天香閣茶廳觀清唱彩排，有捉放曹、探親家及李十娘等齣，有三數角色唱工尚佳，但清唱近二十人，十九無派，低水準也。

4月28日　星期一　晴

旅行

　　上午，由南京渡江搭津浦特快車赴徐州，馮星北兄赴站送行，車票對號入座，余所乘之一節係臥車分間者，而四票未售，僅余一人，甚為寬敞。車於十一時開行，沿途愈北愈多兵災之象，若干車站均築有堡壘工事，列車行人，均樸質無華，不若京滬道上之旅客，衣冠楚楚，而普通快車乘客之鳩形鵠面者，亦復所在多有，雖屬民風不同，而江北寒苦，實非江南之比也。在車上遇陸嘉書君，談甚久，多為關於安徽情形，渠刻任職於上川實業公司。車於下午九時準時到達徐州，張紹華主任來接，即至花園飯店下榻，徐州余於十七年到過，今已廿年矣，商肆較前繁盛。

4月29日　星期二　晴

職務

上午，到中央銀行訪朱經理，聞在寓做壽，留片。訪紗布業同業公會理事長韓子陶君，詳談此地工商業情形，韓君為山東幫之領袖，而山東在徐州商界之勢力佔一小半，極堪重視，渠對於此地商情頗為熟悉，為人亦有條理而談吐亦不俗氣，此地同鄉對本行在徐設行均極表歡迎，且希望正切云。

交際

中午，在徐山東同鄉五、六十人在新新西菜館設宴對余表示歡迎，席間余致詞首述山東軍事挫折不足為慮，繼對籌備期間蒙各同鄉協助至為感謝，最後並請對將來業務多所指導，辭畢由同鄉會梁會長演說表示歡迎之意，一時情況至為熱烈，下午三時始散，到會者並有錦緞簽名，留為紀念。下午，到第一補給區司令部訪吉副司令梅五，晚間承約宴，到者有濟南綏靖區副參謀長錢柏英、陸軍總部第三處處長章毓金、山東公路局長周曉東等，飯後訪梁會長、張宜庵等。

4月30日　星期三　晴

師友

昨晚梁醒黃兄在宴客時約定今午復聚，余本已辭謝，且已購今晨車票，但晨起梁兄即來，堅留再住一天，並將車票取去代換夜車票，固辭不獲，遂未果行。梁兄辭

出後不移時又偕警務處李視察來訪，李君係派在魯南省府辦事處服務，昨夜得悉彭委員已返臨城，今明或且來徐州，余原定計畫為與渠見面，後因其行蹤不能尋到而作罷，至是乃託李君帶片致彭君，告以如日內渠不來徐，余即赴臨，望見復云云，但直至夜間，未見人信，乃決定將夜車票退去，明日先赴臨城，並先至車站探詢車次情形，當日來回。中午，應梁兄約宴於東來春，在座與昨晚人員相彷彿。

游覽

上午，同張紹華主任到南門外游雲龍山，余十八年前曾來一次，山上景物及大佛像均依舊，余則已鬢斑矣。

5月1日　星期四　微雨

旅行

上午十時二十分乘津浦路普通快車由徐州出發赴臨城，徐州上車時雖購票而未收票，全列車以敞車為主，附鐵悶車二節，余則乘坐守車，此殆為一般官員之習慣，同行者有公路局周局長曉東，下午二時抵臨，沿途匪患破壞遺跡觸目即是，慘不忍睹。下午三時廿分乘原車回徐州，於六時半到達，時間尚屬準確。及晚又登十時二十分津浦特快夜車南下返京，送行者有張紹華、李厚齋等。

職務

在臨城與省府魯西南辦事處彭主任國棟晤面，詳詢各種情形，近因魯西汶上、寧陽一帶軍事尚未十分穩定，渠意仍應趨重徐州，臨沂、滕縣則認為時機未至，即濟寧亦不宜遽作永久之計，渠對於本行推設行處一節並無過分之要求，余在臨相晤亦極表熱情，余並告以當地駐軍往往貿然電省府令本行設行，凡有困難者每不能使其如願，盼望彭氏能隨時予以解釋，甚至請勿貿然有所表示。彭氏又謂地方秩序不寧，軍紀太壞亦為一因云，送余至車站而別。

5月2日　星期五　晴、微雨

旅行

津浦車於上午八時半到達浦口，乘小輪拖駁過江，雇汽車由下關進城至白下路本行辦事處，今日因昨夜睡眠

在臥車上不甚酣暢，頗感疲倦，故在京行休息，下午補睡。數日來奔馳魯徐江南之間，所見風物有殊，最苦為魯南人民多鳩形鵠面，鶉衣百結，徐州則風沙中時見京滬型之仕女，飲食起居亦然，江南則一片太平景象矣。又江南沃野，一片青翠欲滴之象，亦非北方所有，苦樂殊有未同也。

娛樂

晚，同牟尚齋、楊兆允、汪醒農、馮有辰諸兄至全安觀劇，有彩排查關、六月雪、北漢王等，尚佳。

5月3日　星期六　晴

師友

中午，約錢幣司沈科長長泰便飯，乘便研究本行有關之事數端，關於本行董事長問題，已照省府來文所保常務董事內指定尹文敬為董事長，公事謂已辦出，關於前數日公布之省銀行條例，財部認為窒礙難行，但又不能請立法院覆議，故將展緩通令，其時期將俟行憲以後，因此條例多本之於新憲法之精神而來也。關於本行在徐州設處事，沈兄意本仍為以省內名義在徐辦事，但余認為此法如萬一有當地人搗亂即多困難，仍將據理力請，結果決定將各種理由充分申述，再向部請求，此稿將先與沈兄斟酌決定之，渠本人及部次長問題不多，僅戴司長尚須力為說項耳。

娛樂

　　晚，德光弟約吃便飯，飯後同往金谷觀劇，不佳，
同往尚有于錫川、馮有辰及銘祥弟等。

5月4日　星期日　晴

游覽

　　上午，崔唯吾先生來電話，約同出游覽，移時偕夫
人至，即出發玄武湖，由美洲散步至非洲，雇船至亞洲買
櫻桃，即離湖至雞鳴寺，此寺已十餘年不至矣，登豁蒙樓
吃茶，遠眺後湖、台城、富貴山，氣象萬千，在寺遇內政
部彭次長昭賢，獨行踽踽，據自稱曾窮一日之力環游城牆
一周，凡七十餘里，此公游興之豪可以想見，聞渠喪偶不
久，悲涼不勝，此亦排遣愁懷之意云爾。

師友

　　晚，訪牟尚齋兄於東方飯店，馬兆奎、楊兆允兄等
亦在，閒談各在福建時事甚趣。

5月5日　星期一　晴

職務

　　上午，到財政部錢幣司訪沈科長長泰，將所擬請准
在徐州設行公事稿交閱，認為可行，但囑余再向戴司長一
談，乃即上樓，但不在，與幫辦楊慶春、薛溱羚先談，均
甚同情，下午又訪戴氏談此事，渠已不堅持，但須聲明在
津浦路通車後即行取消，以免與部令有所抵觸，此即等於

應允，故余未再言其他矣。訪石鍊之、楊綿仲辭行，石兄
在而楊氏不在，留片示意。訪傅科長奎良談儲信部事。

娛樂

　　晚與馮有辰兄及財部兩友觀劇於群樂，王熙靈演全
部潘金蓮，台詞極佳，身段稍差。

5月6日　星期二　雨

師友

　　因今日班機未能排入，回濟須待星期六日，刻在京
所事已畢，即決定等候成行，而利用空暇為短期旅行，最
有意義。上午韓學玉兄來訪，談準備請短假回蘇州，約余
同往，但明日不能動身，因其校長赴滬尚未回京故也，則
是事又須作罷矣。韓兄此來所談甚多，於教育界近來怪現
象所談尤詳。張學騫兄來訪，談刻在安慶、合肥區域清理
敵偽產業，不日告竣，即撤回中央信託局總局云。

交際

　　晚，參加京行宴客，在座有台灣銀行京行陳經理及
中國石油公司南京分公司徐經理等。

5月7日　星期三　晴曇

師友

　　晚，中國農民銀行合作處長董玉田同學宴客，到者
有余及馮有辰兄，此外為由山西來京之蘇夷士、樊祖邦兩
同學，在京之國庫副署長石光鉅同學夫婦、許餞儂夫人、

郭祥芝同學等十餘人。

娛樂

下午，同牟尚齋兄夫婦同至世界戲院觀影，為國產片王丹鳳主演「月黑風高」，述一囚犯出獄後夫妻父子團聚之故事，主要內容為夾雜一夢境，十分晦澀，毫無可取之處。晚，同馮有辰兄到天香閣觀劇，為獨木關及紡棉花，前者尚可取，後者則蕪雜而單調，為之敗興而返。

5月8日　星期四　晴

師友

上午，同馮有辰兄到社會部會計處訪龐季塘代會計長，閒談，並詢其能否將在京應撥魯省急振經費交由本行匯撥，渠允與出納人員洽商辦理。訪地政部王文甲兄，渠已出任山東省地政局局長，但因足疾尚未赴任。下午，訪王明欽同學於政治大學宿舍，不遇，僅晤其夫人陶雲瑞女士。

娛樂

晚，馬兆奎、牟尚齋、楊兆允諸兄來訪，即同馮有辰兄及牟太太至群樂觀劇，為王熙靈、王鑫培、小鳳凰合演全本四郎探母，角色配搭至為整齊，尤以小鳳凰之小生最為出色。

5月9日　星期五　晴
師友

上午，汪茂慶兄來訪，約同至金粉酒家午飯，汪兄並邀有歌女胡良玉、胡秀清為陪，余對此事甚不習慣，且秦淮歌女江湖習氣甚重，余對此等人物無法談話，渠等不終席即去。下午，訪新近由濟來京之夏楚中總司令、晏子風副司令、羅幸理參謀長，僅與夏氏晤及。訪牟尚齋兄，並同到大光新村訪牟言誥同鄉，牟兄與尚齋兄為同鄉同宗，刻服務於空軍總司令部，據談軍事內容甚詳，憤世嫉俗之意溢於言表，此人頗有見解也。赴王文甲宴。

5月10日　星期六　晴
飛行

上午七時，省府辦事處處長吳炎及秘書丁霄漢兩兄乘車來接，即同至明故宮飛機場中央航空公司辦理搭機手續，一切均由丁兄辦理，因行李過多，留一件備後日帶，其餘箱運均打行李票，實亦過重矣。此時來送行者又有安徽省銀行金戒塵襄理與張樹人經理，皆在皖老同事，行內來送者有馮有辰經理與劉德光、于錫山兩主任及銘祥弟。十時機由滬來，十時半起飛，甚平，經過青島後頗搖動，二時半到濟降落，德芳及行內李、譚兩科長、程主任迎接，其餘科長在寓晤談。

5 月 11 日　星期日　晴

游覽

上午，同德芳至齊魯大學參加女青年會召集之伉儷社月會，首參加禮拜，次由美國羅林醫師演講近來醫藥之新發明，極為簡眩，次為野餐，但在宅內舉行，余因事即返，未參觀齊大。

師友

中午，赴青年會堂為行員陳宗漢結婚道喜。下午同德芳外出訪友，首訪宋正軒兄，面交尚齋兄託帶之信，次訪劉經理健夫夫婦，贈鞋扇，再訪張景文夫婦，贈扇及唇膏，又訪林建五、徐連彭夫婦均不遇，又訪尹文敬夫婦，贈衣料，最後訪李淑英女士贈被單、唇膏、扇子等。林建五、韓世元兄來訪。

5 月 12 日　星期一　晴

職務

上午，中國農民銀行李祖道經理、顧聿頤副理來訪，閒談。上午，訪省參議會裴議長鳴宇，談省黨部財務委員事，知前次所產生之志成公司經理及財委會秘書，渠皆出於被動，主張予以補救云。訪省黨部龐主任委員鏡塘，閒談南京政情及添設魯南、徐州單位事。下午到省府訪建設廳長丁基實，漫談當前經濟問題。訪劉秘書長道元及劉秘書主任茂華，均因在開會時間未遇。訪省會警察局新局長劉欽禮，不遇，與行政科于科長紹奎略談。楊孝孺

經理來訪。

師友

　　林毓祥兄來訪，談本屆參議會開幕前政情。訪林鳴九兄不遇，與牟老太太談尚齋兄在京近況。訪趙季勳兄不遇。訪高注東兄不遇。晚，李公藩、張景文、楊紹億諸兄來訪，互道寒暄。

5月13日　星期二　晴

交際

　　中午，惠魯當董事長賈慕夷、經理馬德夫在該當請客，到者有財政廳尹廳長文敬、建設廳丁廳長基實、省府劉秘書主任茂華及省黨部秦委員亦文等，並參觀該當當架。晚，津浦區鐵路局程伯怡科長請客，在座有兵站總監陳寶倉等，其餘皆路局內人員，共十餘人，九時散。

師友

　　謝松雪兄來訪，談有意辭去直接稅局職務。隋玠夫兄來訪，談有赴京報告合作金庫業務準備，下午陳以靜兄亦來，亦有此意。劉健夫兄來訪，堅請代寫扇面，余不工書，尤不敢為人作字，但固辭不獲。下午，到商務印書館訪張副理蔚岑，據談下期教科書又在準備印行中。

5月14日　星期三　晴

師友

　　上午，宓汝祥兄來訪，談又接到同學會通知，續募

介壽堂捐款。下午，劉孝先兄與楊鏡宙兄先後來訪，詳談此間省黨部受龐鏡塘把持之情形，而中央似始終不悟，因小失大，甚為不智，至於此次選舉，本校在魯同學力量至為單薄，為可慮耳。張局長靜波來訪，談所組織書畫研究會已聚餐六次云。韓世元兄來訪，將定時為林建五兄及余洗塵與袪惱，後來電話定晚間舉行於紫陽春，屆時余與德芳偕往，飯後並至世元兄處小坐。晚，林鳴九、趙季勳、宋正軒、張景文兄來訪，良久辭去，景文兄單獨語余，謂王主席最近又表示省銀行對政府幫助太少，各方不無向渠推薦人選者，意下即對余表示不滿，景文兄之意其私人慾望在吾人作風中無法予以滿足，惟其意見殊堪注意，余謂近來財廳方面對此亦有相當之注意，或以委託方式由本行信託部經營貿易，但王氏似無甚決心云。

5月15日　星期四　晴

職務

上午，到參議會參加大會開幕典禮，由裴議長主席，省府王兼主席與省黨部龐主任委員先後致詞，均甚簡短，約一小時即行散會。訪中央信託局吳主任松生及中農行李經理等。

師友

劉孝先兄及楊鏡宙兄先後來訪，談此次選舉運用問題及吾校同學力量運用之困難之點，又決定後日聚餐商討同學會問題。訪王思誠兄於津浦路特別黨部。晚飯前李淑

英華子修夫婦來訪，約同至石泰岩吃飯，雙方均幾乎全家前往，九時散。

5月16日　星期五　晴、有陣雨

集會

　　上午，到體育場參加市區春季運動會，因係名譽副會長也，至中午始返，上午節目為田徑預賽及團體表演，表演有國旗舞及健美舞等節目較為精彩，具見其準備之充分也。

職務

　　到綏靖區司令部訪龍主任放之、岳副主任朝相、錢副參謀長伯英、李副主任象宸、吳秘書忠廣、張秘書洪堯等，訪張為道謝其代為由京帶來行李一件也。謁見王主席佐民，報告此次赴京、徐、魯南經過及當前整個財政情勢，認為省方非自籌開源之道不可，其法或另成立貿易機構，或由本行信託部經營，或雙管齊下，但余對於完全由本行信託部經營一節並不強調，故再三請王氏物色人選另立機構，本行負責籌措資金。王氏又詢本行人事，謂以後成立分行人選須向其報告，又謂外間對孫光宇、韓仲鑒仍多傳言，余加解釋，並望王氏對於有經驗之人士不妨延聘到行工作，王氏謂推薦者不乏其人，恐不能合作反礙責權統一，按此即前日張景文兄所言之事也。余又提及省銀行新條例之公布，部方並不贊成，且照此條例雖將銀行歸省，但由參議會產生董事十人，佔全數三分之二，恐省府

從此不能取得主持之權，在省方亦並不希望其實現也，現
財部已決定予以擱置，省方亦不必促其實現，王氏云然。
王氏旋留進午餐，閒談關於本省各方人事等問題，涉及者
有牟尚齋、趙季勳，以及省黨部與省參議會之內容分析，
均就所知以對，王氏對牟、趙兩兄印象特佳，尤以對牟兄
為然，謂現在人員無如此乾淨者，蓋王氏今晨甫出席參議
會報告，議員質詢有涉及其秘書長貪污事者，故慨乎言之
也。余並貢獻意見請多注意今年選舉，以免為地方直接向
中央包辦，至在京山東同鄉對省局多報殷切之希望，雖有
小指摘，大體尚為向心力也。晚，同業聚餐在中央合作金
庫舉行，九時散。

5 月 17 日　星期六　晴

職務

　　上午為尹廳長出席省參議會財政金融報告時間，余
在寓收聽廣播，質詢情形甚平和，涉及本行者有待遇何以
較其他機關為高一點，其餘尚有書面質詢問案。下午到財
政廳訪尹廳長，談王主席對創設貿易機關一節認為必要，
此事須早速進行，決定由余草擬方案，改日向王主席當面
陳遞。又尹廳長談及今晨曾有參議員面交函件一件，涉及
貪污事項，謂係本行孫副總經理，並非財廳人員，如何處
理尚未有定云。到財政廳訪第三科宋科長，又訪人事處張
處長，均不遇。

師友

晚，在濟校友聚餐，慶祝本月廿日母校廿週年紀念，並討論向母校表示之方式，決定推牟尚齋、馮有辰、陳以靜到京代表參加大會，紀念品即託代表全權代辦，又對校長辭職去電挽留，校慶節應去電恭賀，致校長及同學會副會長各一件，今日聚餐到十七人，同時歡迎王思誠同學。

5月18日　星期日　晴

交際

上午，參議會裴議長鳴宇在大明湖歷下亭宴客，所請有中央黨部農工部馬部長超俊及省府王主席耀武，並各機關人士凡兩席，暮春草長，雅集一堂，至有意趣。中午，到恆祥銀號應張、楊兩經理之約午飯，在座有林局長鳳樓及曹經理敏士等。上午，同德芳至姚智千襄理處為其今日在滬迎娶子婦道賀，下午復往參加喜宴，假地儲才小學舉行，余到時為三點，因中午飲酒頗多，頗有醉意，乃就事務主任杜振英女士臥室午睡，至傍晚酒即醒，但晚飯未再用酒矣。

5月19日　星期一　晴

職務

晨，到省府參加王主席及各廳處長委員宣誓典禮，由馬部長超俊監誓，演說者以裴議長鳴宇為最精彩，昴在

任預留異日去思，勿與草木同腐，語重心長，禮成攝影。
下午，尹董事長文敬到行，持前日在參議會所接告發孫光
宇、韓仲鑒函件，所涉為與大陸、東萊兩行貼現及孫已匯
京、滬、漢二千餘萬元，又與歌女范某姘度，勾結恆豐、
亨大、同安經營棉花、麵粉，派吳炎為業務專員等事，其
中多係事實，但未必一定構成罪狀，此文件須研究後答
覆，又尹董事長亦謂王主席對孫極不滿，恐終須撤換，但
繼任人選極難也。日前經濟檢查隊檢查各銀行倉庫，今日
建廳丁廳長在參議會報告謂本行倉庫有麵粉數百包，實係
外倉、內倉主自有之物，與本行無涉，今日去函聲明，並
無自存或抵押之麵粉，以免發生誤會云。

師友

上午訪楊紹億兄，又訪隋玠夫兄。晚，訪林鳴九兄
談選舉事，又訪劉健夫兄閒談籌碼問題。

5月20日　星期二　晴

職務

尹董事長續派金子瓊秘書來行查核帳內與孫副總經
理及韓科長有關事項，下午尹氏並到行召集全體同人訓
話，勉以盡責從公，副政府期望。下午，崔稽核藩五來談
同人等希望韓仲鑒等勢在必去，余告以余向來處事秉公，
望各負責稽核同人以蒐羅確實根據為急務，勿僅背後攻擊
為人輕視，言頃洪小東主任前來，謂此態度極正當，渠雖
不負此責，而願提供確切證據，至此余認為滿意，明日當

可有線索。洪君去後深夜又來電話，謂孫、韓所託買貨之
商人劉子珍允明晨當面向余舉發其內容。今日終日在行，
補閱一月來未見之文卷，並辦理協助一部分銀號交換不足
頭寸。

師友

　　下午至夜先後來訪友人有王思誠主任委員、劉茂華
主任秘書、李班庭委員、林建五兄等。

5月21日　星期三　晴

職務

　　晨，洪小東君偕亨大號劉子珍君來，持交昨日韓科
長仲鑒送交帳單，囑將彼等所託購貨出面向本行押款數筆
補入帳內以備檢查，並備述其受託辦理購貨經過，辭去後
又繕來書面聲明一張，其所言自屬不虛。到財政廳訪尹董
事長談孫、韓弊端已取得確切證明，尹氏談昨日王主席告
渠，孫已免職，調一司徒君接充，此事如依據確證深究，
王氏持何態度，俟今晚與主席見面談話後再行酌議辦理。
晚尹氏來電話謂王氏已將孫免職，可勿擴大，余因日間已
顧到此點，分別通知各科長轉告同仁，如係行內同人向參
議會去信者，務須停止，因政府對此等事自有權衡，且早
已注意及之，絕不在是否有此等信件，且恐引起枝節與
反感也。經以此次經過相告，尹氏認為急需，蓋此等信
件今日又有發現，其中有涉及孫送王太太花粉等語，頗
不莊重也。

交際

德芳以其本月加薪請客在儲才小學，到周壽民、劉
健夫及全體教職員。訪王局長文甲夫婦。

5月22日　星期四　晴

職務

上午，出席省黨部財委會例會，人數不足流會，在
會晤尹董事長，據談孫光宇調職公文即辦出，此事真相須
求明瞭，但不深究。上午，孫光宇君來談日昨謁王主席未
見，由尹廳長代見，謂為解除環境困難，以孫去職為宜
云，後孫將其官章交余處，今日即未到行辦公。下午余往
答訪，渠仍不知係其弊端發現，所言仍多誇張之處，其實
如就事論事，設非王氏寬容，渠尚有法律責任也。

交際

晚，應尹廳長文敬之約到其寓所赴宴，所到賓客多
糧政方面者，如張之椠、孫夢奎、胡祥麟等。

5月23日　星期五　晴

職務

今年下半年業務勢須轉向，以所收資金供給計畫成
立之貿易機構，銀行本身盈餘不免減少，而開支浩大，近
來每月激增，在此情形下，經營日覺費力，至於行內人
員，下層者效率低而待遇高，中層者或不夠或不肯予以提
攜訓練，隨開展區推設行處需人時又不能調往負擔勝任之

工作，此點大為苦悶也。稽核科長譚慶儒前來表示是否須
要調查行內特殊人員之弊端，余告以歷來告以秉公辦理，
但均含混了事，雖余已取得具體資料，但該科職守仍不可
放棄也。省府令調副總經理公文已到。

5月24日　星期六　晴

職務

上午，在中國銀行會同交通、農民等行與電業公司
接洽該公司借款買煤事，該公司因電費不能收足，虧短甚
鉅，須賴借款買煤，提高電費，以為挹注，但此次四聯總
處核定貸款十二億須有擔保品，在該公司則決難辦到，因
須見行取款始能設法買章邱之煤也，後各行允付三億周轉
金，該公司仍不滿足，無結果而散。晚飯，各科長、主任
全體在余寓請孫副總經理太太，余與德芳作陪，飯後孫與
韓仲鑒科長來樓上，謂大晚報載參議會決議檢舉孫、韓兩
人勾串商人營私舞弊，希望保障渠等之名譽，余謂該會決
議案為送請省政府查辦，省府決不能不問證據捕風捉影，
望持以鎮靜云，言外之意，如不識進退，恐將更有不測之
後果，蓋渠等尚不知其營私證據已被發覺也。

師友

晚，張景文兄來訪，談此次本行換副總經理，渠由
劉道元兄處得知，劉並云王主席對余之為人正派而努力殊
有認識云，又談及下半年開源事甚詳。晚韓世元兄及牟采
庭兄來訪，閒談。

5 月 25 日　星期日　晴

師友

　　上午，訪林建五兄，閒談。訪李公藩夫婦，承留午飯，又應劉明順同學之約，在東關寓所吃飯，在座者皆政校同學，計有王文甲、隋玠夫、楊紹億、韓塏庭、李子駿等七、八人，飯後訪周人敏女士，德芳已先在等候，又訪李子駿、葉劍華夫婦，見有十年前所贈紹南嬰兒時像片，頗有意趣，即借回準備放大，因余家所存早已於抗戰期間完全損失矣。同德芳訪李淑英女士，同游大明湖，游畢李女士來訪，談其姪女與劉松岩君之婚事，劉方答語前後兩岐，晚請劉君來談，似乎暫難具體決定云。

職務

　　上午，新任副總經理司徒履光夫婦來訪，約定明日到行辦公。晚，韓仲鑒科長來訪，談孫光宇去職後其本人問題，雖自承經商而不用公款，但不主深究，顯有心虛，余詢孫情形，渠亦不能謂無弊端云。

5 月 26 日　星期一　晴

職務

　　上午，新任副總經理司徒履光到職，即召集各科長主任晤面，並同到省政府與各同業拜客，中午請吃飯，以各科長主任為陪。下午，到財政廳出席本行常務董事會，議決修改旅費章程，改定日用費限度，又規定每星期六由常務董事與總行各科長聯合舉行業務會報一次，又添設分

支行處將由董會議決後辦理，此為章程所規定，余表示有
此必要，此外並非正式決定自本月份起照本月份米價凍結
員生待遇，只減不加云。下午，出席民生企業公司董監聯
席會議，決定祥陽火柴廠不自行經營，而租予建設廳化工
廠辦理，即以公司購份由省府代付作為預付租金，於明年
底到期無條件收回云。晚，請孫前副總經理餞行，各科
長、主任為陪。

5月27日　星期二　晴

職務

日來頭寸甚緊，決定收縮放款，並抽一部份資金購
買棉花，目前當務之急為吸收存款，因現在除公庫存款
外，其餘普通存款僅餘數億也。軍事陷於膠著狀態，局面
開展希望甚微，人心普遍消沉，而通貨繼續膨脹，開支日
大，存款日少，本行日臨難關，殊感維持之不易，縱使軍
事開展有望，收復區設行亦將無一可以盈餘者，總行補貼
太多，亦不勝負擔之苦，總之無論局勢順逆，最近將來之
不易支撐，均屬顯然也，言念及此，為之喟然。

師友

晚，林建五兄來訪，談將赴京一行。宋正軒兄來
訪，詳談參議會駐會委員選舉糾紛經過。

交際

晚，中、中、交、農、中信局等行聯合設宴為孫光
宇夫婦送行、劉舟之夫婦接風，余被邀為陪。

5 月 28 日　星期三　陰雨

職務

　　晨，到省參議會參加休會典禮，除應有之各項演說以外，一部分參議員緊急呼籲本市電業公司準備停電問題之嚴重，希望中央補貼並搜查囤積，嚴收電費。與尹董事長交換關於人事問題之意見，營業科長韓仲鑒今日辭職，渠準備延一周君接任，但未知能否前來。

師友

　　林毓祥、韓世元兩兄來訪，談本縣之國民大會代表與立法委員選舉問題，僉以為林鳴九不孚眾望，其本人亦將由農會方面活動產生，則本縣代表以余與韓兄兩人中提出為宜，立法委員膠東十四縣市共出六人，合兩縣一人，其人選必須為他縣所能共同接受，且能與他縣提出人選競爭佔優勢者，則牟尚齋兄較為適宜，特未知其出國事是否已經具體化及是否有意於此耳。

5 月 29 日　星期四　晴

職務

　　上午，中央銀行劉經理電話告尹廳長在該行候余，商談月底財廳除省庫存款外，尚缺五億，如何向中央銀行借貸，乃依據部令商做轉抵押，至晚又遇中央行劉副理，謂該行所接公文除部令原則外，尚有技術問題，恐又非一、二日內所能辦到者。本行頭寸因日來購棉關係，已感甚缺，倘財廳全部提存且須借款，更感負擔沉重，央行借

款非屬甚易，急切中籌措之法尚為拉進存款，今日交通、
中國農民、中央合作金庫、中央信託局均允屆時以存放方
式，只存不軋，其他存款亦在各方張羅中。下午，尹董事
長來行談人事，營業科決延在津之周公彥，徐州辦事處汪
國第在徵求同意中，濟寧將由朱澤生充任，又行內又有追
究韓仲鑒科長之暗潮，尹氏謂為不識大體，余亦同感。

交際

　　晚，到中央銀行劉經理健夫住宅參加其生日宴，事
先送喜糕一份，飯後有清唱餘興，十時返。

5月30日　星期五　晴

職務

　　近日可用頭寸不過十億，而應有準備需卅億，計缺
款廿億，故今明兩日須以全副力量籌措此事，其方式為電
催京行速洽催財政部國庫署電撥免賦補助六十餘億，此款
雖可能於二、三日內到達，而仍不能不準備下月一日財廳
就其存行庫款內撥發經費，其數為廿八億元，故仍須有短
期籌畫辦法。上午到中央銀行再與劉經理談轉抵押，因連
帶規定甚為嚴格，故明後日絕不濟事，余即向其聲明設余
向外間拉攏存款有係該行國庫存戶者，望勿膠柱鼓瑟，已
荷同意，遂向水利委員會山東脩防處接洽撥十億，幾經交
涉，仍請財廳以公函商借，可無問題。次為由中國農民銀
行向中央銀行代本行拆款二億，必要時尚可接濟三億，交
通銀行必要時可只存不軋三億，合作金庫一、二億，放款

到期二億，差堪應付，本擬利用廠商向各行做承兌貼現，
即作罷矣。午青年會請客，為催徵友事。

5月31日　星期六　晴

職務

　　為備月初支付款項，今日仍張羅吸引存款，鐵路局
由京撥到卅餘億，上午訪陳局長舜畊，請後日撥存十億
元，司徒副總經理向兵站總監部借五億元，差可應付。下
午舉行常董與科長業務會報，此係第一次，由尹董事長報
告會報意義，余再加補充，並報告業務概況，各科報告後
即由尹氏再說明希望各科勿向營業科有所介紹請託，余並
報告行內人員切實認識行內問題，不可在系統以外運用解
決，自相驚擾，兩小時散會。晚，司徒副總經理在寓宴
客，到者余及德芳及各科長、主任等，尚有尹董事長。

6月1日　星期日　晴

師友

上午，謝松雪兄來訪，並同德芳至林建五兄處，詢其赴京之期，約在下週內。訪張景文會計長，閒談。下午，林鳴九、韓世元兩兄來訪，閒談信用合作社事。晚，與德芳訪司徒副總經理履光，又訪林毓祥兄，其夫人產後出院臥病未起，又閒談監委與立委、國大代表之選舉事，棲霞代表一席頗費斟酌。

職務

下午，韓仲鑒君來訪，談渠所經手事項決負責到底，余並囑其調查各科長請託貸款之有個人關係者，望盡量供給資料，以為控制之參考。朱澤生君來訪，對尹伯端廳長不無微詞，並堅執不肯至濟寧任本行辦事處主任，因家累所致，託余會同趙季勳兄再向尹廳長有所解釋云。

6月2日　星期一　晴

職務

上午，到中央銀行與劉經理健夫談今明日發放經費需用現鈔問題，決定除今晨已取三億元外，尚須供給十億元，又余向其說明各機關借到款項須向該行轉帳，勿以公庫手續為辭拒絕付給，渠亦首肯，關於上項現鈔問題，該行因接濟不易，故限制同業支現，但余向其聲明本行性質有別於他行即因代理省庫之故，設本行門市無現鈔供給，須開給客戶支票持赴該行支取，化整為散，豈非徒增手續

之煩而又不能達節用現鈔之目的乎，該行對此亦能瞭解。中國銀行對本行絕無業務上可以配合之處，反之對於接收之房屋等問題，紛啾不休，今日又以電話責問集成里首先騰讓之房屋一幢內中設備遷移一節，希望停止，其實設備非屬該行以前售給本行所接收之魯興銀行範圍以內者，本行有採取任何保管方式之自由，今該行不取情商方式，故余嚴詞予以駁斥。

6月3日　星期二　晴

職務

　　上午，訪尹廳長文敬，將昨日擬就之推動內銷貿易計畫七要點，提出面商，略事修正，準備面請王主席批示後辦理。訪趙季勳兄，談朱澤生君不願往任濟寧辦事處主任事，將約時同訪尹廳長商談。訪交通銀行王副理談省府將為員工福利辦理押匯事，恐不可能。何冰如談外間紛傳尹文敬廳長干涉行務，在京應酬由行開支，且以地方外省人囂張為慮，其所談雖係事實，但余不便表示意見，前與司徒副總經理談及營業科長事，司徒君對於尹之干涉人事推薦人員表示不妥，余謂王主席一再向余表示尹之堪以合作，故遇事不能不加遷就，由以上種種，可見將來行務暗礁正多，又今晨尹廳長與余談及民生企業公司畢總經理天德將辭職，該公司董事長丁基實曾提及為配合金融力量可否約余兼任，余表示不願，因此種官商合辦之事業，先天具備不易發展之條件，何人主持，初無關係，尹則認為恐

將來捨本逐末，省行反為人所乘，不至如此，乃提一新意見，擬以兵站總監部軍需處長田叔璠為本行副總經理兼民生企業公司總經理云，其意以為兵站方面對本行久思染指，不若給以機會，便不存攫取之想，余所不解者即田乃李延年主持受降時來濟者，渠與王主席關係如何，頗難懸揣，如謂王氏可同意上項看法，則此次副總經理易人，何以又非兵站方面之人，聞後為之納悶不置，但余對此事所獲印象極劣，蓋濟南在合圍之中，彈丸之地，魚游釜中，命運繫於俄頃，爭奪中恐不免自速其死也。至就本行而言，迄今僅一年半之歷史，篳路藍縷，以有今日，皆余個人擘劃經營之力，此時小康之局，已種他方染指之源，用人方面有瑕瑜互見之處，然大體上尚能維持高於一般政界之風尚，若與各地官場與京滬金融界相較，實可謂差強人意，余之無所愧怍，即以此也。市面銀根奇緊，各銀行亦普遍缺款，本行可到之頭寸，亦因國庫手續關係，不能得濟，只好在存款方面另為多收少支之圖，如此情形，為開行以來所無也。

交際

晚，宴客，到地政局王局長文甲，該局科長專員劉茂增、梁鳳璋、余祥禎，華院長子修夫婦、周人敏夫婦、林建五夫婦、王主任委員思誠，因候王文甲兄至七時始入座，散席時已九時矣。

6月4日　星期三　雨

職務

上午，到財政廳與尹廳長及趙季勳兄談朱澤生君事，余到時渠二人已先談，大致為朱君不願至濟寧或徐州擔任辦事處主任，須在不脫離財廳之原則下，希望在行擔任董事會稽核，但尹對此事並不同意，因廳內願任此職者甚多，非能有所偏頗也，惟此兩處人選尚不能決定，因不易得其適選也。晚，丁基實廳長徵余同意可否兼民生企業公司事，余以自顧不暇，表示不就，但彼仍盼能再加考慮焉。

娛樂

晚，觀遺族學校游藝會，有歌舞、相聲等，最後為新來坤伶張曼君玉堂春，唱做均頗佳。

6月5日　星期四　晴

職務

一周來頭寸奇緊之局，至今午始稍舒，因中央銀行通知國庫補助款六十億元已到也，晨間本尚顧慮今日有若干款項須暫緩支付，而鐵路局奉部撥之款卅餘億昨日撥到中央銀行，正洽該局踐上週之約撥存本行十億，至此接央行電話，主緩撥，路局亦謂用途支配就緒，此次不擬再撥，所有一周來一切張羅籌措，至此告一段落矣。下午，到省黨部出席財務委員會，討論志成企業公司之完成公司組織事，決定推余與丁基實、楊鵬飛研究方案提交下次會

議討論，以後例會改定於每隔週星期二上午舉行。

6月6日　星期五　晴
職務

上午，劉健夫經理來談中央行管制銀錢業之困難，一為帳目無法逐一審核，二為本身人手不夠應付，遂不能不以不了了之，余應加以補充之第三種困難則為此種須整頓之銀號多為官僚資本，尚未貫澈某種措施，人情阻撓，隨之而至，尚不若聽其自然之為愈也。下午，應中國工程師學會之約至鐵路局大禮堂參加工程師節大會，余至已稍遲，到不久即入席晚餐。

娛樂

晚，觀工程師節游藝會，王佩珠演三堂會審，王麗青演四郎探母，均有可觀。

6月7日　星期六　晴
職務

舉行常務董事會，討論泰安、臨沂設處及補助非常損失等案，決定該兩處均緩設。舉行業務會報，首由余報告一周來頭寸情形及銀根與現鈔等當前市場金融問題，又報告本月份業務因頭寸較緊放款緊縮，但信託業務較為開展，繼由各科部科長、主任相繼報告後散會。

交際

中午，商務、正中、世界三書局在開樂請客，到者

中、交、農、信託、合作等行局庫經副理及教育廳長等，談貸款印製下學期教科書事，決定二億四千萬元，由本行為代表行。

6月8日　星期日　晴

集會

下午，出席棲霞旅濟同鄉會會員大會，由牟采庭代理理事長主席，並報告一年來會務進行狀況，繼即討論關於入會費及月捐，均有規定，入會費一萬元，月捐每月二千元，每半年收取一次，此外當場發動特別捐，立即認超一百數十萬元，會議未終，尚須選舉理監事，余因事早退。

師友

訪林毓祥兄，不遇，留字，謂延請陸大夫事因陸君有病不能出門，致未報命云。訪林建五兄，不遇，後以電話聯絡，託其於明日赴京之便帶父親衣服一包交青島，如不獲交，即逕帶京。

6月9日　星期一　雨

師友

晨，到林建五兄處為其送行赴京，並於十時到飛機場，十一時起飛，託其於路過青島時帶交父親衣物。

交際

中午，民生企業公司李致和及祁海秋在青年會宴

客，余並乘暇至青年會訪總幹事郭金南。

職務

　　上午，同司徒副總經理到空軍站訪余站長。關於籌設新成立各辦事處問題，因人選多有周折，今日始行完全決定，原沂處主任趙榮孝因常董會通過緩設，調充濟寧辦事處主任，徐州辦事處以楊一飛主任，此兩處各自單獨成立，因徐處之成立已得財政部之核准，毋庸再用濟寧名義也。

6月10日　星期二　晴

職務

　　上午，有大晚報記者來做訪問，主要為副總經理與營業科長之易人事，渠謂外間傳係撤職，余告以均係辭職，至參議會所接匿名信並無確切證據，余本人對同人絕不姑息偏袒，至下午該報即將此情刊出，其實余本意只須將人事更動消息登載已足也。會計科長高月霄向余報告，有自稱綏靖區調查室人員到其同鄉所營民豐商行處調查有無高借名向行押款事，謂已經解釋無事，但其態度頗為張皇，余昨日已據報有此事，因此乃表示此必又係行內人之所為，雖經余一再告戒，而此種行為不改，殊為可厭，但亦望彼努力崗位工作，不可向營業介紹放款，以致多生枝節。余意高乃自取之咎，風聞民豐即與彼有聯繫者，彼昔曾以背後挑撥離間方式，挑撥異己，今即所謂還治其人之身者也。

交際

晚,大陸貨棧請客,由負責人高、郭、安、姚等人招待,在座有司徒副總經理及信部洪主任等。

6月11日 星期三 晴
職務

目前最難掌握者為全行頭寸之維持平衡,因存款以財政部省庫為主要,故庫款之裕絀直接與頭寸之鬆緊發生關係,春間庫款恆保持四、五十億之餘額,因彼時物價較低,開支不過一億,故放款十餘億即可抵開支而有餘,現在庫款須移卅億為省府經營貿易,由總行放給儲信部,另外須放款二十餘億始可以此兩項利息供給膨脹之開支,故庫款存數雖有六十餘億,仍感頭寸緊極,從而匯兌頭寸不能充分布置,匯兌業務亦有無從展開之苦,現在除將開支米價予以凍結外,當以吸收存款為第一要務,競爭存款之對象為銀、錢兩業,錢業存息高於本行放款息,根本無法吸進,國家銀行近來利息表面尚低,但另有暗息,本行向以正當經營為主,在此情形下,恐非改弦易轍,不足以謀自保也。

6月12日 星期四 晴
職務

余近日對省行事頗感厭倦,蓋復原將近兩年,而軍事局勢有日難開展之勢,固有三五行處勉強支撐,業務收

入不能隨開支之加大而等量增加，頭寸短缺且有浸成經常
狀態之可能，拉攏張羅，煞費苦心，此外尚有一部分精神
完全消耗於無用之地，如各方面經常有推薦人員之事，除
覆函婉言謝絕外，尚須利用適當場合，隨時解釋，此中苦
況，罄筆難書也。下午，訪中央銀行劉經理健夫，商洽提
用現鈔事，據談現狀奇缺，恐不久有發行本票之可能。下
午，訪東萊銀行趙副理季澄，為其有接恐嚇信事特往慰
問。下午訪鐵路局總務處周處長，請撥存款項，原則業已
談妥，對頭寸略有用。

6月13日　星期五　晴

職務

今日為頭寸空前奇緊之日，經張羅結果，鐵路局送
存十二億元，其中十億元係該局向交通銀行透支而來，利
息三分六釐由本行負擔，另由中央銀行撥來二億，由本行
給以較優之存息，此外零星商戶亦拉攏數億元，又中央合
作金庫如有多餘頭寸，下星期可存二億，中國農民銀行與
中央信託局明日可送存各二億，青行欠總行十餘億，急電
調回，亦可補充一部分，財政部應撥省庫近九十億，已電
京行催撥，信託部所購棉花本市行市未起，設法空運至
青，花生油則略有起色，隨市出賣，如此布置，可略有頭
緒。軍政及糧價等費用係由綏靖區向空軍站接洽每月空運
濰縣，今日空軍站因政費部分係由本行出面送運，頗疑非
屬政府之款，頗有留難勒索之跡象，在本行已另託第八軍

運濰三億元，此筆政費內有四億元係行款，且其中尚有
一億為省府經費，餘四億元係代保安司令部所運，故在本
行無另事敷衍之理由，致僵持至晚未決，近來省府與空軍
站聯絡較少，綏區中人言，彼等在狃藝手段上須常用功
夫，時時且不免有陋規，亦怪現象之一也。晚，同業聚餐
在上海銀行舉行，由東萊銀行召集。

6月14日　星期六　晴、有陣雨

職務

　　上午，到綏靖區司令部拜謁新到任之牟副司令官中
珩，蓋由卅三年在阜陽暢談外，今已三年矣，牟氏係昨日
到濟者。頭寸昨日最緊，今日已因吸存十餘億而轉鬆，但
仍須增加存款。下午舉行業務會報，尹董事長談向中央接
洽財政借款事、銀號管制事及各機關控制下存款之集中事
等。還濰縣款今日始真正起運，聞空軍站手續奇繁，本行
代省府及保安部隊連同本行自有共為八億元，空軍站有留
難之意，實際原因為省府自王司令官兼主席後，空軍聯絡
歸綏靖區統一辦理，但空軍方面認為省府缺少聯繫，加以
於其經手人等無甚好處，因而故意挑剔，此種現象雖屬極
不合理，但中層聯繫之不夠則毋庸諱言。關於中層聯繫一
節，本行亦有加以注意之必要，目前無論吸收存款，無論
同業間之互助事項，上層方面由余負責，配合尚稱密切，
而中層則因各科長之習於靜止及營業科易人關係，顯有不
夠也。王司令官以電話通知起運棉花，晚與吳惠民、鄭雍

若兩處長商定辦法。

交際

晚，元泰銀號劉子珍在石泰岩請客，在座有吳主任松生及劉副理舟之，餘皆本行同人。

娛樂

晚，應丁廳長基實約在北洋觀張曼君演紅鬃烈馬，余到時已演至登殿，最後數段唱極佳。

6月15日　星期日　晴

師友

上午，到緯二路訪隋玠夫兄夫婦，不遇。下午，訪孫化鵬兄，面談本省校友送母校介壽堂禮品用款之支配問題，決定明日開單分別問收，此事支配原則今午並與劉孝先兄談妥，自十五萬至五萬元。

交際

中午，應趙季勳副司令之請在其寓吃飯，因候客過時太久，三時始入座，散席即四時後矣，計在座者有鄭希冉、孫恩三、吳培申、劉孝先、劉方橋、宋正軒、汪聖農，飲酒頗多，幾乎過量。

職務

晚，司徒副總經理來談運棉赴兗州、徐州事，並涉及一般行務與一般政風問題。

6 月 16 日 星期一 晴

職務

本市金融方面矛盾脫節之象日著，因地方與中央機關經費支撥日多，稅收不足百一，全恃中央接濟，故如中央銀行鈔券運到較滯，即感無法支應，其他各行尤以本行為最受影響，本行連日又有缺款之慮，而存款張羅到手後，又須籌措現鈔，如此雙重困難之解除，幾成為日常工作。下午與中央銀行經、副理懇談，該行既不能充分接濟本行現鈔，又不願本行開發該行支票交顧客往取，情形如此，亦只有枝節應付矣。

師友

晨，王思誠兄來電話，謂今日即赴京，大約不再回濟，即往膠濟特黨部送行，知已動身，以電話詢飛機場，則已將起飛，故不復往矣。晚，林鳴九兄來訪，談大局殊不樂觀，人人有此同感，又談及立法委員與國大代表在本縣之選舉事，林兄謂牟尚齋兄已設法提名為本縣代表，余提出牟兄所欲者為立委一節，林兄未表示意見，似乎其本人有競選之預備，但今日韓世元兄又重新提及，因其資望關係，非本縣人所願，此意恐非林兄所知，余今日談話中加以暗示，恐其未必知難而退也。

6 月 17 日 星期二 晴

職務

上午，到省黨部出席財務委員會，討論四廠即將移

交齊魯企業公司之布置問題，決定人事先行調整，並將各廠溢收物資如硫酸、盤紙、日本醬等約六億餘元交志成企業公司與大華日報及大華電影院作為基金，按此種基金之來源為各廠前後接收未列冊據者，其真正確數為何，亦只據口述，別無所憑焉。下午，訪高等法院胡院長，商洽存款濟急事，院方允將所存普通款移轉一部分，公庫款則不能轉存云。

娛樂

晚，與德芳約劉健夫夫婦至北洋觀張曼君演全本挑簾裁衣，此劇應以做工勝，而工力尚不足。

6月18日　星期三　晴

職務

上午，到中央銀行與劉經理談財政廳節前經費用款問題，緣財廳在京未撥到五、六月份增加公務員生補費五十億及其他經費三十五億，支付書已在京付郵，俟到達即當用現鈔至少五十億元，此款希望於節前發放，決定由央行一面去電催撥，一面準備現鈔，又明日需準備零用五億元。

交際

晚，中國紡織建設公司在青年食堂請客，被請者皆各銀行經、副理。晚，建設廳丁廳長基實及實驗廠礦業務處王秘書子安、化工廠高廠長汝成在石泰岩請客，亦各行經、副理。

6 月 19 日　星期四　晴

職務

頭寸鬆緊，在經濟情況不上規律之狀態下，最難把握，昨日余預料節關缺款，孰知今日又知不然，因昨日鐵路局運到現鈔六十五億元，故該局所存本行預訂今日支用之柒億元已不取用，同時同業中如中央信託局復因頭寸不緊，送進三億元，故匡計復多十億，如此可不難過節矣。

交際

晚，錢業公會理事各家銀號在石泰岩宴客，客皆本行者，主方則近二十人，頗為盛大，將散席時，主方所召侑酒妓女來一人，勸酒後始去，錢業作風，大概皆然，但西餐席上則創見也。

6 月 20 日　星期五　晴

職務

端節即屆，省府五、六兩月生活補助費調整數尚未發出，中央補助款尚在途中，設仍不到，而財政支出尚須一、二十億元，又將造成本行頭寸之緊張，或更須四出張羅不為功，幸中央銀行今日相告此款甫接電報，明晨即可轉帳，且經洽妥現鈔五十億元，明日即可發放公務員，裨益不淺也。

交際

晚，舊登州府屬同鄉代表四十餘人公宴牟副司令官中珩於商學會議所，飯後並攝影。

娛樂

　　晚，觀張曼君演「紅娘」，此劇重在做工，大體甚佳，僅表達嬉憨處略有生硬耳。

6月21日　星期六　晴

職務

　　電業公司向各行借款十二億事，四聯總處電中、交兩行先行墊付各半，但今日各該行談及正式借款亦須參加之農行與本行，與建設廳及電業公司商洽兩度，涉及還款來源問題，未有結論，因官方不肯恢復全市送電，現用電者皆官署，全無收入也。中央銀行撥來五、六月份省級公務員追加生活補助費直至下午三時該行有款由滬送到，始行全數發清，其間門市等待查詢者眾多，下午延長辦公時間至六時始發付完畢。

交際

　　晚，恆豐銀號請客，余為首座。晚，津浦區鐵路局周處長文欽請客，皆各行及空軍站中人。

6月22日　星期日　晴、下午雨

師友

　　上午，到六大馬路訪張會計長景文，談上半年結息中之省庫存息問題，按此係在代庫合約中所定，但利率須臨時會商，因須適合行內盈餘情形也；又談及關於省庫不能列支之支出，亦須有彌補方法，但在會計處帳內則無法

記載;又談及本行將正式成立會計室,人選一節對現有之高月霄均不認為適當,且按資歷亦有不合,余表示希望能由會計處遴選合格人員擔任,惜一時難得耳。

交際

到徐家花園弔賈慕夷委員之喪,余本約李書忱氏同往,至李寓知其已往,乃獨去也。

6月23日　星期一　晴

家事

今日為端午節,行內照常辦公,惟事較少耳,午飯在寓聚餐,僅有家人,此外無其他應酬。前數日振祥弟來信,提及經濟困難,委託謀事者多等情,余因無計可施,故遲遲未復。

6月24日　星期二　晴

師友

上午,謝松雪、楊孝孺先後來訪,談及同鄉林建五、李宗唐等在警局內時之情形。下午,單銘皋兄來訪,甫由陝南來濟,脫離二十二中學,未來計畫尚未有定。到中央信託局回看新任瞿副主任勉之。

職務

徐州辦事處易人,因前後任交接恐有問題,派崔藩五前往監交,下午崔來請示要點,余將應注意之處分別告知。頭寸略多,司徒副總經理與周科長頗主拆放銀號,余

亦大略同意，惟家數應注意耳。

6月25日　星期三　晴

交際

上午，到徐家花園參加賈故委員慕夷公祭。晚，尹廳長文敬、鄭處長希冉在本行合宴銀行界經、副理，原定為明天，因余代為開單，誤寫日期，乃將錯就錯，幸發現尚早，未鬧笑話云。

職務

上午，尹董事長到行談及上期決算省庫存款利息事，因轉帳困難，將如數做預算內之支配，亦即不必再顧省庫之額外支出，俟下半年直謀補救云。尹廳長將赴京，晚飯後當鄭希冉處長研究故董事賈慕夷補缺問題，余與尹氏均提出以鄭為最適宜，將向部推薦云。

6月26日　星期四　晴

職務

余每日治公時間在八小時左右，其中接待來客浪費於無用之地者佔其多半，例如此間魯報社已至不能支持之地步，由齊魯大學教務長計劃接辦，向行申請貸款，其實去年已貸之款尚未還清，但事實上待援又迫於星火，前後來接洽達五、六次，人員出面者五、六人，押品可提又止一再變卦者三次，而尚未成議，又如有一、二家銀號欲不提押品來行借款，一再絮聒不休，必須費話應付，皆

其類也。

交際

　　晚，請中央合作金庫隋副理夫婦、中央信託局吳主任、瞿副主任夫婦、東萊劉副理夫婦吃飯。

6 月 27 日　星期五　晴

師友

　　上午，到省府縣長招待所回看楊存松、高和軒兩兄。到三和菸店回拜本縣楊縣長洪普，據談下星期一赴青島，余即約定星期日晚宴，但因同鄉會又聞同時公宴，此議乃於晚間作罷。訪商務印書館張副理蔚岑，取來代尹董事長購字畫，晚帶至財廳。訪劉子旌兄於第一監獄歷城分監。

交際

　　晚，恆豐泰銀號在石泰岩請客，皆本行同人，但到者僅余及兩科長，因雙方感情不佳也。

娛樂

　　晚，在省府觀劇，為袁金凱白水灘、王佩珠武家坡、張曼君紅娘，均尚佳，十一時許散。

6 月 28 日　星期六　晴

職務

　　山東新報社長杜若君來行商辦押款，便中提及魯報社之停頓及借款恢復事，認為恐無法可想，而孫恩三教務

長亦絕無主持其事之事實云。舉行常務董事會，除例行案件外，為上期決算之利息付省庫以期降低純益案，亦照案通過，即大約付省庫六億左右，按週息二分計算，如數付出，轉收暫時存款，俟年底再行總算全年利息，此項算法實係倒果為因，即允有盈餘後再算利率也。儲蓄部棉花開始空運青島，又濰縣紗價最高，司徒副總經理有意委託空軍站運紗往售，但須該站分享其利益，假定為百分之廿。晚，司徒君酒後對營業科長周公彥表示不滿，又提及有中傷青行人員有放款收取暗息者，徐州張紹華亦吃暗息，此次調動尚不滿意，到處大放厥詞云，凡此皆有若干是非在內，雖屬無謂，不能使人不警惕也。六月份營業僅夠開支，下期如何，尚未可料，任職以來，內外應付，亦既心力交瘁，而人事日趨複雜，茫茫此世，竟將無一可用之人，加以生活日艱，以余之待遇，尚不若一國家銀行之行員，責任則什之，形同牛馬，不久當思另圖也。

交際

　　晚，請田糧處鄭、王兩處長、保安處晏處長及兵站總監部處長田、趙及各軍朱、朱、何等處長吃飯。

6月29日　星期日　晴

交際

　　下午，同德芳並邀約韓世元夫人及其妹到女青年會參加伉儷社音樂會，余因對外應酬，未待開會即辭去，聞節目甚為精彩云。晚，在濟同鄉會理事共請楊縣長洪普，

到者林鳴九、韓世元、謝松雪、謝子承、李宗岱、牟芹永、呂文亭、牟煥芳、于紹奎、于笑山等十三人,余本亦於今晚在寓請楊縣長,並以此等同鄉為陪,但請柬發出後始知公宴之事,後又通知作罷。下午,林鳴九兄來訪,閒談所籌備之第一信用合作社將於下月三日開幕,將需要同業扶助云。

6月30日　星期一　晴

職務

中午,同尹董事長伯端及司徒副總經理履光謁王主席耀武,談設立貿易行補助省府額外開支事,先由尹將以前余所擬方案逐項解釋,王氏均極贊成,名稱則主張極力商業化,如信義、裕民之類,余解釋亦好,但有特殊名稱,可逃避稅負,王氏亦不堅持,最後請將方案批定,王氏謂毋須,並口頭確定方案內所定之監理委員為五人,除余等三人外,為張景文會計長與劉道元秘書長,旋將今年本行盈餘情形及一般銀行業之困難順便報告;余並請示政校派畢業生二人到行問題,王氏表示省府業已謝絕,可持同樣態度;又報告徐州設處及人選,王氏唯唯,余所以特別提出者,一因五月間王氏曾有此項要求,尹及司徒兩人則與徐處主任素不相識,此兩人漸有若干是非之象也,但王氏又並不注意,前言顯已忘之矣,語畢辭出。下午尹董事長又來行,謂已將此事與張景文、劉道元兩人提及,兩人對此事均主慎重,謂將來可能引起若干政治上之問題,

尤其參議會一類機構難免發生枝節，余表示非無預見，即
如成立貿易行，以此名義向省行借款，再交信託部運用，
借款時具名即須監理委會為之，而此事為免身分混淆，勢
須由張、劉二人擇一出面，恐彼等即不肯，劉最相宜，而
與參議會最易發生問題，如省府額外開支均能設法再由預
算內彌補，則本行可將盈餘全數解庫，無須用此偽託名
詞，惟此點與省府會計處有關，當俟再與張會計長商量
之；尹一再提出能否由本行或儲信部不用解庫方式而隨時
以費用支銷之，余謂須辦追加預算經董事會通過，尹又謂
不可，因與其近來攬權而不負責之作風相反也，余對此點
亦絕不放鬆。下午在交通銀行開會商討電業公司借款事，
因用過以後仍不免停電，故在一種極不自然之空氣中進
行，又此案係省府派電業公司張副理季寰赴京請求，數目
十二億，係四、五月間本已在濟談妥者，其辦法為仿照業
已還清之六億貸款辦法以煤斤作押，後因既無煤斤又無收
入，致陷於擱淺，張乃赴京為秦庭之哭，四聯總處即電此
間支處囑速成約，並先由中國、交通兩行各先墊付半數，
至正式合約則交通六億，中國與農民及本行各二億，成約
前還款辦法則尚無之，僅於今日決定先改按春間各行二億
借款時之例，將抵押品改為全部財產，其實仍為一句空
話，余因此事初步責任與本行與中國、農民兩行無關，故
到時較遲，至則見已商有頭緒，分配比例係余離濟期間孫
副總經理簽字者，亦不便獨持異議，僅謂頭寸不夠，設非
中央銀行能同日作轉抵押，則無法應命也，其他各行情形

亦同，決定由丁廳長基實向中央行接洽，於數日內辦妥
之，余所以對此事極不願參加者，因此十二億貸款僅能供
不收費之官電半月，屆時款盡仍不免於停電之一途也。交
通銀行季經理回濟，余往訪，旋王副理同至本行談天，王
君談及交通銀行人事情形複雜，私營發財之風聲，甚為聳
動聽聞，甚至有訾議趙總經理棣華者，甚矣做事之難也。
今日上期決算，因六月份開支太大，總行收支僅能相抵，
故僅有前五月份累積數之六億餘元焉。

交際

　　晚，惠魯當請客，為籌畫借款事。晚，元豐成銀號
請客，余到時較遲，未入席而返。

7月1日　星期二　晴

職務

上午，到省黨部出席財務委員會，會中對中央財委會派楊兆允為秘書一節表示困難，託尹伯端與京方當面說明一切，又關於濟寧縣黨部佔據敵偽產業過多一節，余與楊書記長洽明，請其函縣黨部儘量對本行濟寧辦事處予以便利云。到財政廳與尹文敬廳長及張景文會計長續談昨記經營貿易彌補省計之方式，決定仍循直路而行，預算外之開支由主管支用部分按可報銷之方式予以解決，本行盈餘仍隨時解付省庫利息。尹文敬董事長擬有一董會監督儲信部業務辦法，向余徵詢同意，其中規定派員駐該部，貨物買賣會同辦理，對外訂約須經同意，報表隨時送核，帳冊隨時檢查，余閱後極感不快，因其動機不純而又於法無據也，即謂後兩點無所謂，前兩點權責不專，無法照辦，繼詢以人選一節，仍將由金子瓊充任，此人已為財廳、董會兩方之秘書，今又能再充儲信部太上主任，真怪事也；又尹談司徒副總經理主張以財廳三科宋科長為本行稽核科長，余表示無所不可，但尹謂其不能離廳云。

交際

中午，第一信用合作社裴鳴宇、林鳴九在石泰岩請銀行同業。晚，中信局吳松生、瞿勉之請客，余因重覆未往。晚，東萊、大陸、上海三行請客，到者尹文敬廳長、鄭希冉處長、中信局瞿副主任等。

7月2日　星期三　晴、夜大雨

職務

上午，儲信部主任洪岳談昨日尹董事長曾召往談話，謂將派員監督該部業務，而即由金子瓊秘書擔任之，渠即表示此項辦法與體制不合，渠不便負責，不妨讓賢，余告以昨日尹曾向余提出，當即表示此項方式使權責不分絕不可行，在總行立場自當力爭云，余判斷尹已將其事作罷，因彼明日準備赴京，昨晚宴會相會並未重提此事也，洪君對此事自謂將堅持到底，一面向行辭職，一面向省黨部主任委員龐鏡塘報告，請其向王司令官提出尹之作風，使知所警惕，聞下午即提出辭呈，先送司徒副總經理處，余尚未見即行退回云，如尹者真庸人自擾也。

娛樂

下午，同德芳及周人敏女士到大華觀歐陽飛鶯演之電影「鶯飛人間」，全部為歌曲，不過用一故事加以連貫，場面殊不夠偉大，唯一特長不過為歐陽之歌喉頗高亢動聽耳。

交際

晚，赴德盛昶銀號及寶豐麵粉公司之宴，飯後閒談當前經濟問題之嚴重，均覺沉重，又涉及此間各銀行之營業問題，皆認為以中國銀行為最有基礎，而對各工廠又卻能予以較其他各行為多之便利，其營業人員之活潑為不可多得，余對此點極為注意，深願見善則遷也。

7月3日 星期四 晴

職務

上午，到第一信用合作社賀其開幕。中午，營業科科長周公彥與儲信部主任洪岳談話時，提及今晨尹董事長曾囑金子瓊秘書以電話告周對濟寧小麥務須注意，因軍事恐有變化，洪因昨日與尹有派金監督其業務之議，視為其開始執行，當場大罵，經司徒副總經理排解始寢，旋尹到行約余在董事會相見。余到時，適洪先在，即辭去，尹乃對余大發牢騷，謂洪如此強頑，對其提出商量之事均行拒絕，實屬令人難堪，余即謂前日余曾向尹提及此人個性本強，但極忠實，絕不令人傷及其顏面，今日其詞色雖欠溫和，其心則無他也，此即暗示尹之咎由自取，余不能有何表示。旋尹即提及行內人事複雜，余謂此誠難免，但多半由於製造挑撥，如工作毫無表現，整理人事，首先須去，渠亦不能反對，謂可調整，並謂營業科長係彼所薦，亦不妨調開，免得將來多生枝節，余謂彼到行匝月，何能如此出爾反爾，渠始無言，並託余向洪說明，其本人注意儲信部業務，全係善意，渠對金子瓊既已如此，即不派矣，此項風波，如此當可告一段落。下午洪又向余報告今午與周及尹兩次談話之經過，自謂其本人絕無可以受人指摘之處，故亦不惜以丑角之風度隨之與之周旋，如尹再執迷不悟，失敗者尚不知為何云，余現在初步辦法，為先除反側，以為興風作浪之輩鑑戒也。下午，有投刺名左德第者求見，晤時為一女性，自稱聞本行招練習生，為其弟前來

接洽，余謂並無其事，但仍不去，仍閒談他事，謂係女中初中畢業，今年十九，欲設法進醫院服務，家住桿石橋，回教人，詢以馬淑貞女士，謂知之但不相識，談竟即去，余未知其來意究竟為何，此人談吐甚豁達，略有侷促，若在江南，固常見之，此間則頗為稀少，亦異事也。

交際

晚，洪興源銀號孫匯東、張仲山在石泰岩請客，近來宴會以石泰岩為獨多，甚厭煩。

職務（二）

晚，尹文敬董事長來訪余與司徒副總經理，再談與洪岳主任間所發生之問題，於發洩其牢騷後謂認為仍有必要對該部加以監督，余謂如仍設經營貿易之獨立機構，則此事應由此新機構之監理委員會決定之，如仍由儲信部兼辦，則董監會固可透過總行監督之，無特定辦法之必要，司徒即接稱大可另成立機構，其主管人亦不由本行總副經理兼任，殊可劃開，涇渭分明，則對儲信部是否委託本行並不相強也，尹唯唯，謂俟渠赴京回濟後再作最後決定，其實仍是一場無結果也，此人欲與本行一局部主管在形式上為不合法之競勝，氣度之狹，可以概見。尹去後司徒與余漫談行務，謂日昨有交通銀行劉營業員向渠表示東萊銀行因借款關係欲給彼本人暗息，渠極感受人污辱，特為向余申明立場，余即加以勗勉，望本此見解共同努力，余由此點亦對司徒有特殊估價，並謂劉與營業科周公彥甚近，應注意其有無弊端云。

7月4日　星期五　晴

職務

余因夜分始能就寢，以避熱浪，故晨起有時在八時後。今晨八時許工役接電話問余說話，謂為未起，詢知係王司令官，德芳亟告以係外出，一面通知司徒副總經理詢其有何事務，後知亦無何事，蓋王氏慣用之突擊法也，此對其直屬各首長固常用之，對本行尚係首次，故未能逆料也。

師友

上午，約數同學在余辦公室閒談同學會令將參加競選名單呈報事，決定參加立委者有牟尚齋、劉明順，參加國大代表者有劉鏡洲、孫化鵬及余，此外未到者則另行徵詢云。午飯後始散。晚，同德芳到富東里訪韓兆岐兄及其新到濟之夫人，略談即同韓世元、楊信齋辭出，同至世元兄處小坐，兆岐兄之夫人頗不願與來賓周旋，聞係因家務頗有齟齬所致云。

7月5日　星期六　晴

職務

新任營業科長周公彥向余表示，存款不能掌握至為可慮，其原因為跑街不甚得力云，余對此節並不否認，但謂目前商業存款不易吸收，機關存款則上中下三層功夫均到始能吸收，跑街固有關係，營業科長之外出奔走亦不可少，渠謂對外界有不能多事接觸之苦衷，與任何一方稍有

接近，人即謂如何如何，余謂辦事不能以避嫌為先決問
題，如此將無一時可為也，渠所以有此表示，一為規避責
任，二為日來同人間有對渠與同增益銀號及交通銀行劉通
江特別接近者，余一聞便知也。

師友

　　下午，牟采庭君來訪，談及同鄉會之運用問題，認
為上下層配合不夠，余亦深韙其說；又談及本縣國大代表
問題，余表示個人是否競選絕非視為個人之問題，總要將
大家認為最適當者提出，以免為聲望不稱者所乘，渠亦提
出相似之意見，惟今年選舉恐將延展耳。

交際

　　津浦區鐵路局陳局長舜畊及總務處長周文欽，日昨
因裁員問題，被路工群眾毆辱，余因平時在業務上聯繫尚
好，特於下午備禮品兩份持往齊魯大學醫院探視，傷勢尚
不甚重。下午，華子修李淑英夫婦來訪，約往五福臨便
飯，並外出購物冷飲，九時返。

7 月 6 日　星期日　雨

交際

　　上午，到文化會堂參加霍軍長守義公子與德女士之
結婚禮，僅備茶點，無喜宴，余因事早退。

集會

　　中午，中國會計學社山東分社在青年會舉行成立大
會，冊列社員為七十餘人，實到三十八人，通過社章進行

選舉，結果選出理事七人、監事三人，余為理事之一，其中有李紫宸君亦當選，聞曾於會前進行聯絡，並設宴聯歡，可謂最有興趣之一人矣。又今日出席半數有淄博煤礦公司會計人員，皆南方各大學畢業經資源委員會派來者，頗為整齊，可見該會用人頗有原則，會後聚餐，二時散。

7月7日　星期一　晴

職務

目前經營銀行，最難掌握者為頭寸，蓋存款皆為活存，無非利用銀行轉帳，能運用者為數甚少，自本月份開始票據交換，提出票據雖在下午二時，而提示則恆在五、六時，事先無法確知他行收有本行票據若干，更加省庫用款動輒鉅數，且須準備現鈔，故雖在頭寸鬆濫時，立刻可變為奇緊，中央行又無拆放辦法以為補救，臨時突煞費周章也。今日因頭寸感缺，設法吸收存款，司徒副總經理拉入綏靖區司令部經理室一、兩億元，用室名，兵站總監部五億元，用田糧處戶名，明一分二，暗二分，皆創未有之先例也。

7月8日　星期二　晴

師友

上午，訪張會計長景文，談本行會計科長不知檢束，工作亦復不力，勢在必換，張兄同意，但目前省屬各機關會計人員中並無較適當之人選，經決定到南京物色，

同時會計處亦需要較高級會計人員，同時設法羅致云。訪高等法院唐會計主任仲友，請存匯款多由本行經辦，已允與其院長隨時洽辦。訪湯人絜同學，訪詢會計人員，渠有意脫離直接稅局，決定函財政部會計處，俟得同意後即辭去，余約其到行任會計主任。訪單鳴皋兄詢其謀事情形。

7月9日　星期三　晴、晚雨

師友

下午，訪中央軍事慰勞團孔團長令燦及團員周曙山、王立哉、廖德雄等，僅與廖遇，約定後日上午在濟同學茶會招待渠與周曙山氏，因二人均校友耳。訪楊紹億兄於石泰岩不遇。

職務

下午，到中央銀行訪劉經理健夫，適值四聯支處開會，各行局經理均在，余提及惠魯當之借款問題，各行均認為已借之數已屬通融，如再增加即有困難，余又提出銀行公會之籌備問題，經決定於後日在本行開會商討，又提及本月份省屬機關經費請央行備現款五、六十億元，已允。

7月10日　星期四　晴

職務

隨通貨膨脹之日漸激化，銀行資金之日趨短期化，實為今日之大慮，本行成立之初尚多三個月之放款，至今半個月即覺甚長，而頭寸多缺不定，放款以五、六天為最

適宜，此等放款之對象，最適當者為銀號拆放，次為帶投機性之商業，生產事業則瞠乎後矣。今日存款增加三、四十億，最多只能為十天之運用，故又須張羅此款期限之放款，視頭寸奇缺時之情形，恰為相反之對照，此真金融業最費周章之事也。惠魯當又來接洽短期放款，謂十天必還，余對其實際不無懷疑，囑以銀行保付支票貼現。

7月11日　星期五　晴曇

師友

上午，舉行在濟同學會歡迎此次來濟勞軍之政校校友周曙山、廖德雄二人，由余主席致詞，旋依次演說，一時散。中央財務委員會邵履均氏來訪，談此間省黨四廠之接收問題及農工服務社事。

職務

下午，舉行銀行公會籌備會，到各行經理或副理，推定籌備委員，此會由余主之，並推定起草章程人。

交際

中午，宴請軍事慰勞團孔瀞庵、王立哉兩氏，被邀作陪者有高院胡院長、綏靖區龍主任、李、岳兩副主任、張洪堯秘書、郵管局、電信局梅、徐兩局長、王市長、劉警察局長等，未到者綏靖區趙子良處長。

7 月 12 日　星期六　晴曇

集會

　　下午，舉行中國會計學社山東分社第一次理監事聯席會議，互選張景文、楊建元及余為常務理事，並以張景文為理事長，又討論事業計劃，原則決定出版刊物，但單獨發行頗為不易，附報紙出版又恐無適當篇幅，故仍須繼續商討，編輯方面推定五人，其中以淄博煤礦公司服務者為主要，因皆出校門不久，較有新穎資料也。又新址難尋，有意在本行側門懸掛一牌，以為外界聯繫之所，並使一般知有此機構，此外關於訓練商業會計人員，議而未決。

7 月 13 日　星期日　晴

交際

　　上午，到省黨部答訪邵秘書履均及其同來之中央監察委員會譚君。中午，宴客，到者邵秘書履均及譚君、師專孫校長東生、王秘書明倫、馬訓導主任友三、劉旭初、單鳴皋兩君、楊秘書兆允、高縣長和軒，未到者楊秘書存松，已赴兗州。晚，社會部育幼院請客，韓多峯園長出面，到者有中央銀行劉經理及中信局吳主任等。晚，東萊銀行李經理、劉副理及元泰銀號劉經理請客，首座為中信局吳主任松生及大陸銀行朱副理，一將有上海行，一甫回濟也。

7月14日　星期一　晴

職務

日來深感頭寸太多之苦，本行頭寸多缺，由於財政關係者多，由於市面關係者少，如能相反相成，則不但與市面有益，且於業務有助，但近月來均湊成同一方向，乃有不易運用之苦矣。上午，韓塏庭科長來談徵收營業稅問題，去年下半年係簡化稽徵，等於攤派，今年度查徵將完，不日開始向銀行徵納，全市一萬四千餘戶，每月一次，為避免擁擠，商訂合理辦法，即各同業公會最好能集體完納，或按通知號數指定日期，俾免同時擠進，客戶久候，銀行無措云。

7月15日　星期二　晴

職務

上午，到省黨部召開財務委員會議，主要討論事項為大華電影院之修繕，已通過照辦。

交際

晚，歡迎綏靖區及兵站總監部新到官長，到者牟副司令官、邱副參謀長及周總監、吳司令等，以次為各處處長作陪，凡兩席，未到者有空軍站俞站長、周副站長等。

娛樂

晚，觀綏靖區司令部舉辦之救濟貧苦學生義演，為全部玉堂春，張曼君演嫖院，馬莉珠演起解，劉健夫太太演會審，張曼君演團圓，歷時三小時半，尚佳。

7 月 16 日　星期三　晴

交際

下午，善後救濟總署空運大隊山東區代表楊立在石泰岩飯店宴請各機關首長，到者三十餘人，以綏靖區司令部兵站總監部人員為多，次為各公營銀行，所發請柬今晨始到，兼請女眷，但具名僅楊君一人，到時始知其有女主人，余事先未通知德芳參加，其他女客亦僅四、五人。

娛樂

晚，應劉健夫兄之約到北洋觀義務戲，為全部紅鬃烈馬，由陸少樓、齊藍秋、朋菊庵、張曼君、刁克禮、王麗青等合演，以王所演登殿為最精彩，惜刁唱做未足云佳耳。

7 月 17 日　星期四　晴

職務

下午，召開銀行公會籌備會第二次會議，由余主席，討論章程草案，備提會員大會，並推定四人與市府接洽有關事項。營業科長周公彥有連結商業銀行向外放款牟利之企圖，曾間接向余及司徒副總經理貢獻意見，均經拒絕，司徒意此人恐終是後患也。

娛樂

晚，到北洋戲院觀義務戲，為韓少山、朋菊庵等群英會，張曼君等紅娘，尚佳。

交際

中午，韓仲鑒君邀宴，為其生子之滿月酒，德芳亦
被邀，因故未往，故余參加。

7月18日　星期五　晴

職務

特種營業稅法公佈後將於最近徵收，銀行方面尚未
有何動靜，銀號業則已偕直接稅局前往查定，錢業公會決
定繼上海銀錢業之後呈請財政部免徵，今日並派兩理事來
行連絡，希望一致行動，余當表示同意，但須俟成文擬就
後再與各銀行聯絡云。所利得稅之徵收本市前由商會向財
政部呼籲將濟南亦劃歸綏靖區，但奉復不准，近日亦在徵
收中，余初誤以為濰縣亦在綏靖區免稅範圍之內，但後知
亦非是，故今年擬將盈餘儘量提歸濰縣已做不通，張店、
周村或可研究。

7月19日　星期六　微雨

職務

因消息之不靈通，匯兌業務不能隨時適應環境，爭
取主動，例如前日有銀號託本行調濰款，只須匯水千分之
三，今日青島報告濰匯款千分之百，但下午濰電謂該地濟
匯百分之五、六，而青匯百分之七、八，銀號有套匯牟利
者，是則青款又較貴矣，與前項消息相反，究不知以何者
為準矣。會計科長上半年向主計機關辦考核，余對其操行

分數核定最低，總考語為技術事理望更求隨時充實平衡發展云。

交際

下午，參加吳忠匡、魏希鳳婚禮於浸信會，牧師證婚，肅靜而不喧鬧，且不備筵席，極簡單合理。

7月20日 星期日 晴

師友

晨，湯人挈兄來訪，談直接稅區局即將併入豫區，而其本人本有調京之議，現決定請假，可以到本行工作云。孫貽蘭女士偕其姊貽芬來訪，談本月份米價改以上海為準，各行員正請求改善中。晚，單鳴皋兄來訪，閒談其在安康國立廿二中時應付學校學生之種種經過。

游覽

中午，與司徒履光夫婦游千佛山，因工事關係，由李園長核准入山，午野餐，二時歸。

交際

晚，第二信用合作社經理朱星甫在石泰岩請客，到者有張隆吉、韓仲衡等六、七人。

7月21日 星期一 晴

職務

省政府劉秘書長道元以前託本行在濟市購買美匯，所購者為天主堂方面美人所有，業已由儲信部接洽就緒，

計四千美元，需款二億餘元，省府總務處囑先由本行墊
付，余以本行依法不能經營外匯，尤其黑市，囑其來一公
文，須經財廳會稿，將以記入省庫待簽支付分戶內，以期
合理。

交際

晚，參加公會各行局合請有關公會與稅務機關首長
於石泰岩飯店，到者賓主各九人，席間所談者為將來作
為攤派款項根據之資本額問題及新進興辦之特種營業稅
問題等。

7月22日　星期二　晴

職務

連日青島銀根漸緊，此地亦由弛而張，濰縣則較
鬆，故濰縣收青、濟匯款，匯水甚大，此較兩月前之與此
情形相反者較易運用，因濰縣缺款時非恃空運無法接濟，
而空運甚屬不易，反之多款時則軍政機關須經常在濰用
款，足資消納也，故正設法加強此項業務，由濰處積極攬
收青、濟匯款，由青、濟攬收濰匯以調回之，設因濰縣售
出以濟匯少而青匯多以致青行缺款時，則由青行收濟匯或
由總行配合財廳由國庫調青，以期平衡，總之可根本毋須
運現而博取匯水收益也。

師友

晚，與德芳到上海新村答訪孫貽芬、孫貽蘭兩女
士。晚，與德芳訪中央銀行劉經理健夫夫婦，談及銀行公

會事，劉兄主由余出任理事長，渠對於中國行周經理壽民
等之作風不無微詞云。

娛樂

晚，與德芳約李淑英、吳玉珍及杜振英三女士到
文化會堂觀青年團支團部青年劇社所演三幕話劇「裙帶
風」，此劇為潘子農編譯，寫官場之與戚屬關係，攪和不
清，劇情完全有類創作，但對話殊少引人入勝者，演員台
詞間有可取，多數則沉悶晦塞，不夠輕鬆，殊無以到達笑
劇之觀眾效果也，又地點欠佳，觀眾流動性太大，噪音太
多，亦缺點也。

7月23日　星期三　晴

職務

上午，同中國銀行周經理壽民、交通銀行季經理獻
之及上海銀行袁襄理熙鑑同至市政府社會局訪李局長滌
生，談銀行公會正在積極籌備，因各行十九為分支行處，
其資本額有待總行核定，會員名冊編造有待，故成立日期
須俟此事確定後始可決定。又此間各行處境與立場各異，
故希望社會局與商會能重視此種事實，遇有地方攤派款
項，勿與其他各業等量齊觀，蓋如中央銀行按規定不入公
會，其餘入會各行有為純粹官營者，有為官商合辦者，有
戰前資本額較低者，有戰後資本額較大者，凡此事實均須
予以顧慮。李局長對各節均接受，並謂在政府立場希望銀
行業對地方負擔勿太自外，亦並不存甚大之奢望，只求能

過得去已足云。下午訪中央銀行劉經理健夫，談青島因省庫缺款事，希望該行予以調撥，研究結果因財政廳在國庫無多存款，不足本行需要調撥之數，故免費無從辦到，如由財廳持本行之票來匯，則須按機關匯款收手續費千分之四，但青匯對同業行亦為千分之四，允予折扣，視以財廳名義辦理為廉，經決定即由本行託調，按六折計算手續費，青行頭寸刻甚緊，此代價殊不高，至省庫請國庫免費開撥款事，本行前曾函請該行轉函國庫局核准一節，該行前已接到復電，謂查無前例，未便照辦，是將來方式仍不外乎以上二者。又以前財廳曾因在國庫無存款而又請求代調免費庫款，曾以保管金方式先日存入後日解出之方式為之，近因中央總行已通函取締，故亦不可再辦，今後免費之途殊狹云。

師友

晚，韓世元兄來訪，談明日赴青島一行，談及為牟尚齋兄競選立法委員一事，希望促成，至本縣國大代表事，余慫恿韓兄參加競選，渠半推半就，余表示對此事冷淡，余意渠此次赴青與此有關。

7月24日　星期四　晴、有陣雨

師友

訪林建五兄，閒談渠由京回濟所見南中政情，大致一般對時局均甚苦悶，於國民政府屬下之官吏作風，亦深惡痛絕，但無論義憤填膺者，抑或垂頭喪氣者，其對象似

仍為與此等人相類之官吏，此輩對現狀不滿者亦不乏顢頇
貪污之輩，其良知發現時則出現另一重之人格，反之造成
累積之罪惡時，亦復我行我素，如此混淆循環，竟無從明
顯看出病根究竟何在，此較之是非混淆，乃至賞罰不公等
傳統的病症，似更有入膏肓不救之虞，言下相與慨嘆不
置。為楊紹億兄活動青島市社會局長事，受託與高注東兄
聯名函請宋志先兄向李先良兄吹噓並探詢情形。

7 月 25 日　星期五　晴、有陣雨

師友

　　晨，楊紹億兄來訪，談對於青島市社會局長一職仍
願全力以期達成，託余再函谷部長正綱，促其實現，惟余
頗以為關鍵仍在青市李先良市長方面，渠不日將有成行青
島之計畫，或可就近活動。

職務

　　上午，同司徒副總經理到飛機場接尹文敬董事長回
濟，渠此行於預領十一、十二兩月份經費交涉已有具體結
果。本行行役待遇除按基本數六折及米三斗外，尚有津貼
五千元，今日增為五萬元。

交際

　　晚，商會主席及仁豐紗廠經理馬伯聲在石泰岩請
客，到者各行經理及直接稅局兩局長。

7月26日　星期六　晴、有陣雨

職務

下午，尹文敬董事長來行談行務，司徒副總經理亦在座，渠此次赴京最大成就為向國庫署預領到十二月份經費六十餘億，將如數交本行運用，頗主張在滬成立機構，經營放款並證券套利，余查其口氣似乎有薦人之議，其實除非有經營貿易之必要，否則毋庸成立單位，因開支大而收益少也。繼談月前設立貿易機構之議，余仍主照渠行前最後一次商討之辦法，即另外設人辦理，不與儲信部相掌混，司徒亦係此辦法之主張者，但尹又有躊躇之意。繼謂行內最大問題仍為人事不能協調，恐將來孫光宇、韓仲鑒舊事重演，余知其所指為儲信部主任洪岳曾與彼頂撞，其氣量狹小，終未釋然，乃佯為不知，即提出會計科長高月霄介紹放款故態不改，將來必為是非之所在，已洽妥會計處將其調開，而以湯人絜接充，不日即可實現，尹聞此言僅唯唯，因其意圖不在此也。乃又提及洪岳所主信託部事，謂其孳孳為利，余不知其意所指，即謂設有弊當撤換，渠又謂尚未聞有弊，只謂彼不接受監督，不能放心，今日該部或仍派人監督或則換人，余謂派人監督與規定不符，因每部分派人會同辦理，殊為混淆也，洪固不願再幹，如有相當職務，不妨調度，但繼即告以前次辭職未成有龐鏡塘來函說項事，暗示其應慎重，渠即再發牢騷一陣，謂往後再行計議。臨行謂關於為行籌措資金，渠將盡最大努力，業務方面渠以後不願再問，望總行直接對主席

負責，余謂本行乃有制度者，深願配合運用，此即告以本
行應負責者自當負責，渠為董事長亦有其責任與權限，本
極清楚，此言近於無的放矢也。尹去後與司徒評論渠今日
之表現，均認為此君度量狹小，不識大體，司徒甚至仍主
張貿易機構今後仍請其自行辦理，或即以渠介紹來行任營
業科長之周公彥前往主持，使其上下一致，本行不再預聞
其事，並主將高月霄從速調開云。

7月27日　星期日　晴曇

職務

　　晨，訪張景文會計長閒談政情，於省府秘書長之更
迭，認為劉道元固不洽輿情，而劉玉田則太注重細小節
目，更缺乏行政經驗，聞因有才難之嘆，乃不得已而求其
次也；又對於財政廳長尹文敬之見解，則認為此人好逞才
氣，鋒芒外露，其長短與趙季勳適相反也；關於本行會計
室事，已由會計處將現任高月霄調為民政廳會計主任，並
派湯人絜接充矣。下午，尹文敬董事長來訪，談司徒履光
副總經理曾訪渠，談及行內人事，主張將擬議中之貿易部
分單獨成立，即以現任董會秘書金子瓊或營業科長周公彥
主持其事，渠認為仍以由儲信部辦理為宜，為加強機構及
為王主席擔當責任，主將該部改組，以司徒兼經理，在此
原則之下以上二人可調往幫忙，否則彼二人外間皆知係與
渠有關，將來為是非之藪，王主席非能完全擔當之人，渠
不能不慎重也。渠再三詢余意見為何，余謂在原則上言，

極同意司徒之意見，但何人接掌營業科，不能不同時顧
到，尹對於周公彥之試探余與司徒意見便利私圖一節已有
所知，為文飾起見，謂係各科長推周建議者，余謂係何科
長，渠僅舉出稽核科長譚慶儒及會計主任高月霄，余謂此
二人據此等崗位不知自愛，殊堪痛恨，高已調開，譚則不
妨亦予調整，尹主張以譚與駐滬之程度對調，余允考慮，
但如譚之為人，總以去之為宜，因崗位工作既不努力，又
有勾結放款之行為，殊不能再用也。余又詢及關於以田叔
璠接充賈慕夷之董事一節，渠謂在京接由濟來函保其為董
事，即辦府函送財部，余謂此席為部方董事，照以往習慣
省府僅能以主席私函表示意見，余又謂此新成立之貿易機
構不妨請田主持，尹不以為然，並謂此次保為董事，動議
在下而不在上云。關於田叔璠事，今日有二起詢余者謂省
府係保其接余之事者，余概答以傳聞失實，但余尋繹其
事，保一董事何至訛傳為此，必係謠言攻勢有意傳之余耳
者，此人苦心孤詣，誠難索解也。其實余於今日之職位已
味同雞肋，但對於存心叵測者則尚無相讓之理，因此事業
乃余所手創，余不能坐視其為人所僭竊也。

師友

上午，訪劉道元秘書長不遇。上午，訪徐軼千委
員，為其膺命省府委員道賀，不遇。到登州商業會議所出
席同鄉會理事會，討論募捐救濟青島學生事，又談及本縣
立法委員與國民大會選舉事，余提出牟尚齋及韓世元兩兄
事，大家多半贊成，但余知亦有擁護林鳴九者，如牟采庭

即是，因余曾與其談及林事，表示其目標應為職業團體，
但牟之見解至今猶然也。

7 月 28 日　星期一　雨
職務

上午，與司徒履光副總經理談日昨尹文敬董事長所
提儲信部擴大由彼兼經理事，司徒謂此等作法徒事更張與
事實無所變更，殊不足取云。旋尹到行又談此事，司徒仍
主單獨成立機構，尹則不肯贊成，仍持上議，司徒允稍緩
再行商議，尹去後司徒與余再談，渠深覺尹處事之主張孔
多而無的放矢，甚至謂渠可兼經理，但須以洪岳調營業科
而以周公彥調儲信部，因周乃係尹所介紹到行者也，此事
根本原因在均認為責任問題太重，有躲閃意味，故不易獲
得結論也。下午，湯人潔主任來談行務，渠尚未接會計處
派充本行會計主任之公文，但本行已於今晨接到，高月霄
曾向余面陳，謂不知有無失職情事，余不從正面作答，只
謂此事經與尹董事長、張會計長、司徒副總經理商談，均
認為有調動必要，詳情容後再談云。今日余與湯談高最大
污點為身為會計主任而與外界有商業關係，此節最可痛
恨，蓋暗示湯對此應特加注意也，旋談及此事望與月底能
辦交接，渠原任直接稅局事在結束中，不受影響云。晚，
譚慶儒科長來談，放款有不照規定辦法先送稽核科者，余
不知其事，當責以何以放棄職守，又渠以前報告經余剔除
之會計主任高月霄自用沙發套竟在行列報開支一事，竟欲

以下不為例，糊塗混過，余嚴辭責其不知輕重，並告以如再不辦到，當扣庶務薪水，余繼對行內少數人員介紹放款圖謀私利，不知公惡為行，更不知余係何等作風之人，實為毫無頭腦與眼光，今後稽核痛改前非，余雖未明指為其本人，實則彼可覺察。今日與司徒副總經理提及稽核科長譚慶儒有調換必要，因無適當人選，未獲結論。洪岳主任來談日昨所聞新保董事田叔璠覬覦本行職位一事，謂來源為靳鶴聲、張靜波等，似有意傳入余耳者，余即告以應反應出去，認為財部方面絕無如此輕率之事云。

7月29日　星期二　雨

職務

上午，到省黨部出席財務委員會議，重要討論事項為前第一造煙廠鹿崇文任內弊端處理案，決定推三人複查後提出辦法，予以處分。下午，裴議長鳴宇兼財委會主任委員來訪，謂關於黨營事業各工廠除造煙廠已有不妥事實外，其餘各廠均不無經營不善之事實，應切實查核，渠不日因他事赴京，故託余主持會務認真處理云。余便中又與裴氏談論前日之動向謠言攻勢內幕及其來源，望將本行人事制度反映王主席處，望勿為野心家所乘，裴氏極為同情云。

7 月 30 日　星期三　陰
職務

　　上午，同司徒履光副總經理到財政廳訪尹文敬廳長，談關於儲信部經營貿易事，尹主由司徒兼儲信部主持人，而以洪岳佐之，司徒允兼，但主張以現在營業科長周公彥與儲信部主任洪岳對調，因周為尹之關係而來，渠二人在互相加重對於貿易經營之責任也。尹對此點已首肯，但約定暫不照辦，俟王主席由泰安督師回濟面陳後再付實施云。上午，到省府人事處出席審查省府會議交審公營工礦銀行衛生教育等人員任用辦法，其中銀行人員係由財政廳以國家銀行任用辦法草案為藍本刪定，大致相同，重要者多有缺漏，且與事實多有杆格，草擬者之不負責任可見一斑，結果決定由余重擬提出再行審查，余回行後即交總務科斟酌起草，因此項辦法係包括省銀行、縣銀行，須將二者區別斟酌至當，同時國家銀行之草案不包括主管人在內，省行與縣行之經理人員應否包括在內亦頗費斟酌，凡此皆原條文所忽略者。

7 月 31 日　星期四　晴
交際

　　上午，到省政府為新任秘書長劉玉田及新任省府委員楊展雲、徐軼千賀接事。翟毓罻專員之姪中午在中興飯莊結婚，屆時特與司徒履光副總經理前往道賀，行禮未入席即返。

職務

晚，省府秘書長劉玉田、建設廳長丁基實及魯青救濟分署濟南辦事處長王子魚在式燕飯店宴客，所請為由青來濟之該署副署長孫炳炎及本市金融工商界人員，由丁廳長即席報告，刻由分署及省政府發起在濟籌組中國農具機器工廠分公司，其機器由聯合國善後救濟分署撥給，分三十餘年還清，運費及流動資金由國家銀行及地方政府與工商界投資，此項計劃及契約均有藍本，今日之首在先將籌備委員會成立，以便有中心機構，乃推定籌備委員十五人，其中由分署出四人，國家銀行出四人，省銀行出一人，工商界出二人，省政府出一人，省參議會出一人，縣市參議會出一人，其他一人，日內即行假本行召集會議，決定一切應辦事項。各銀行對電業公司曾貸款十二億元維持電源，此事在發動時余本建議全市送電，以商養官，但不為所納，仍專供官用不能收費之電，前述日即已告罄，又由該公司向省政府與綏靖區司令部借到五億，至今日又告絕煤，開始停電，工廠以及全市自來水均已無從供給，此結果乃事先所料到，不知何以必須續填此無底之洞，使此項結果無從倖免，聞預定停電一星期，希望南路通後煤炭可到云。

8月1日 星期五 晴

師友

　　上午，在本行約集參加此次國民大會代表與立法委員選舉之同學交換進行選舉之意見，已將應行報送省黨部之調查表填好，轉送中央黨部，又為便於聯繫，照同學會來函推出選舉負責人三人，即余與劉明順、高注東，又請同學會提高兄為選舉指導委員，因彼已奉派為選舉事務所選舉委員，不能競選，如能另加派為委員指導選舉，切相宜也。

職務

　　下午，到省黨部參加李郁庭召集之審查第一造煙廠鹿崇文舞弊嫌疑案，余到時丁基實委員已去，李主張詳細核對帳目，余未置可否，因李係負監察專責委員也。

8月2日 星期六 陰、晚雨

職務

　　上午，出席農業機械公司籌備委員會，決定請救濟善後總署將本省機械廠提前籌設，固定設備由該署租借，十七年後歸公司所有，流動資金包括由美至滬至濟運費及籌備費與工資等約需廿億元，擬定分配辦法，由國家行局擔任半數，地方對其餘半數分配為省府三億元，本行一億元，工商界二億元，縣市政府人民四億元，但此項計畫非俟鐵路交通恢復後不能實施，因設備器材尚未完全到滬，同時重量一百六十噸之機器與三百頓之原料非其他交通工

具所能運輸也。下午，舉行業務會報，由尹董事長報告赴京接洽各事經過，余報告近來業務情形，分存款匯兌、機構動態、籌備公會、籌備機械公司、辦理偽魯興銀行移交中央銀行手續、所利得稅及特種營業稅之應付等項，各科長、主任亦均有報告，對業務交換意見。

8月3日　星期日　陰雨

職務

　　上午，尹文敬董事長來訪，談日前王主席相告，本行將交由田叔璠主持，調余為省政府顧問，渠不願此事之實現，因業務方在配備發展，將來計劃人事多所變動，損失莫大，渠主張由第三者出面轉圜，並主張如無可挽回，應保留常務董事，又主循丁基實廳長之約往辦民生企業公司，余對前者未置可否，對後者則不願參加，謂今日有機會可以脫離，當實現余進國家銀行之初衷也。按此事醞釀已久，余並不以為異，蓋王主席所標榜者極清高，而表裡未必一致，私人關係不夠，無法連密合無間之境，觀余入世以來，取與之間，不喪職守，固使人敬，更使人避也。當今執政者之觀念仍以銀行為外府，金融即軍需，其本身所望甚奢，而復責人以合法合理，不遺後患，此種二重人格之不能具備，乃今日辦官業者之悲劇也。

8月4日　星期一　陰

職務

青島分行張經理振玉來濟述職，中午留其便飯，晚間復來詳談行務，青島銀行眾多，經營不易，但如能對重要公營事業切取聯繫，仍有可為。余告以省府王主席謂使其左右將經濟關係及運用打成一片，已決定以田某繼主本行，彼雖軍需出身，但分支行處絕不許輕易變更，尹文敬董事長在此一事件上，亦感覺將來配合問題之困難，故張兄此來對於尹之配合聯繫頗有意義。惟張兄之意，早在合作金庫方面有所活動，以期擺脫此地方政治之漩渦，余囑其仍以靜觀為是。

8月5日　星期二　晴

交際

中午，各科長合請青行張經理振玉，余亦在被請之列。晚，泰昶銀號崔景三、俞紫東在石泰岩請客，又有元豐成銀號俞子文亦在該地請客，主客有交錯重複者，故混合辦理。

師友

晚，宋志先兄來電話，將來訪，余因其甫自青島來濟，乃至德盛昶銀號就談，詢在青友人情形，多不得意，相與喟嘆。謝松雪兄來訪，談所主持之所得特種營業稅等，在徵收時例有阻礙，費神多而收穫少，其本人則絕不營私舞弊，生活困難，故仍有求去之意云。

8月6日　星期三　晴

師友

上午，到上海新村訪劉健夫兄，託帶信致京行馮有辰兄，詳告尹文敬所談王主席主持省行予以調整事，該信未封，曾託劉兄閱後到京對關係方面有所聯繫，彼今日即乘機抵京。洪主任小東相告，關於行務曾與宋志先兄與龐鏡塘主委談及，彼主再冷靜考慮一天，並提及尹文敬董事長曾有對余不滿之辭，洪君終為仍係尹之挑撥，但余認為在廳處不必多所表示，以免使渠認為余有所請託云。

交際

晚，約宋志先、劉明順、高登海、張振玉、湯人絜諸兄吃飯，未到者有宋正軒、林建五、李公藩、楊竹庵諸君。

8月7日　星期四　晴

師友

晨，洪主任小東來告，謂據財廳三科宋天韶科長云，尹文敬廳長實為此次主張改組本行之始作俑者，又上午司徒履光副總經理曾告余謂日昨尹曾約談此事，彼不表贊成，認為如必須安插田某，不妨加以副席，已很勉強，彼決不願居此人之下，因本行正在日就發展之計，處於本地領導地位，驟予更動，絕不贊成，由此亦可見係尹所為。上午訪宋志先兄，將函陳果夫先生對此事務須注意，情形如此，余決與一較短長矣。

交際

中午，尹文敬董事長在寓請生子滿月酒，到者皆本行科長、主任等及司徒副總經理夫婦。

8 月 8 日　星期五　晴

交際

中午，應民生銀行清理委員會張樹棻君之約在大華飯店喫飯，首要客人為張振玉兄。晚，應膠濟區鐵路黨部宋書記長正軒之約在其寓所吃飯，到者宋志先、劉明順、隋玠夫諸兄。

職務

晚，尹文敬董事長來訪，談昨晨曾再度謁見王主席請求對本行事慎重，僅以擬議中之田叔璠為副總經理，未蒙採納，並奉命正式轉達由余提出表示，以便著手云云。余見其情甚急，此何等事，王氏豈能不召余面談，乃虛與委蛇，表示余之辭職須與省府發表新人相呼應啣接，試問對法令程序是否必須顧到，余為其身為財政廳長者代籌，對部方有其責任，渠謂彼非不知，特王氏迫不及待耳。余又問田之董事已保出，是否至少等其部文到達，渠即謂無非合法與不合法兩途，意即先辦後報，余謂此事關係本省政府者大，關係於本人者少，余辭呈可隨時提出，屆時當面與主席陳明也。尹又表示昨晨與王主席商定不許余離濟，生活較在行時同等待遇，而以省府顧問並保留本行常務董事仍為行幫忙，余辭謝，謂主席盛意可感，而余則受

之有愧，且余尚有余之事業也云，談幾兩小時，余已盡窺見其詭詐多端，決心與之周旋矣。

8月9日　星期六　晴

職務

　　晨訪裴議長鳴宇，詳談日來尹文敬之種種陰謀，裴氏甚為氣憤，謂在京時已將此事向陳果夫先生面述，陳氏立即準備分函王主席與尹，如尹執迷不悟，當鳴鼓而攻之，關於省行人事之應照法定程序，不可輕率貽人譏笑，彼已於昨日向王主席提醒，余囑其再面談，並約定備函一件余草就後於晚間送裴寓，又關於余之態度，裴氏及其他友好均主絕不可表示辭職云。中午，在洪主任小東寓吃飯，在座有高注東、宋志先、于仲崑諸兄，談及此事，謂刻裴議長決再與王主席面談表示立場，但省黨部龐主委則表示對涉及省府人事不願多加意見云。司徒履光副總經理談，今午尹文敬又約其談話，謂昨日與余談話殊尟結果，渠左右為難，司徒兄亦表示應照程序辦理，於是所談又無結果，由此可見其情急之一斑，司徒兄由此亦斷定完全係尹之陰謀矣。又聞尹曾揚言渠在京領來數十億款項不能運用坐耗利息，皆由行內不能盡力所致，余與司徒兄談及，均以為不置一笑，因此事明明因其手續方式弄巧成拙始有此結果也。

交際

　　晚，地政局王局長文甲請客，在座皆校友，計有尹

文敬、宋志先、劉明順、高登海等。

8 月 10 日　星期日　晴
師友

上午，同德芳及其同學五、六人到東關訪王璧如女士，王女士曾任女師校長，已決定公宴辦法。下午，訪林建五兄不遇，其夫人談林兄行為不檢，揮霍金錢，望余在其赴京以前，務加正言勸告，勿貽失足之恨云。下午，訪宋志先兄，談及關於尹文敬陰謀攫取本行支配權事，彼日昨已與于仲崑兄向省黨部龐主任委員詳談，望站在本行監察人及余為省黨部財務委員會副主任委員之立場上主持正義，並已斷定係尹之圈套，望向王主席進言慎重云。

8 月 11 日　星期一　晴
師友

晨，訪裴議長鳴宇，據談日昨已再與王主席談及省行事守法之重要，惜尚未能具體涉及余本人之問題，又前日代裴氏所備致王氏函，因以面談為主故未繕送云。訪省黨部龐主任委員鏡塘，首談連日因未能辨明尹文敬謀改組本行係奉有主席意旨抑其本身陰謀，復因連日外賓來往本市故對此事未及詳談，現已悉全係尹之陰謀，固有揭穿之必要，余本人進退無所謂，地方事業不容為此輩宵小斷送，龐氏頗以為然，主張使王氏曉然於此中之利害，訂於今日往與王氏懇談一切。接馮有辰兄信云，崔唯吾先生有

信致陳雪南氏，附來原稿，該信寄至青島，余知陳氏已經回濟，不可不往當面解釋崔氏來信之原委，即於下午訪晤於上新街寓邸，陳氏熟知余為于範亭先生之及門且知余之為人，及見崔氏信稿，大為憤激，彼對尹文敬之為人早已面告王主席予以注意，並堅決反對其設立貿易公司之計劃，尚不知尹之別有私心也，將立即與王氏洽談，並表示極度關切。

家事

　　紹雄甫逾四周歲，而智力發達，已過常兒，今晨余到行前，侍衛劉春友尋余辦公室寫字台所用鑰匙兩枚，以為係在昨日制服褲表袋內，余因換便衣，乃在置制服之櫃內摸索，紹雄則自謂我來拿，啟床旁小柜屜立將兩匙取出，余始憶及係日昨回寓去褲時落地板上，當時由紹雄拾起，竟未注意其放置何處者，可見其注意力與聯想力、記憶力均能運用，甚且超過大人矣。惟有一端不及紹南，即夜間遺尿習慣不但未除，且有愈演愈劇之勢，夏日雖出汗極多，而便溺不減，夜間遺於床上，不醒不覺，如不注意隨時為其放尿，可連遺數次，此在紹南如此年齡時早已停止矣，有一點相同者則喜好打扮，引人稱讚，覺有無上榮寵，昔年兒童不同也。

8月12日　星期二　晴

職務

　　上午，出席省黨部財務委員會，例案太多，余座位

接近尹文敬廳長，渠談及近來業務情形，仍以其在京領款回濟不能運用為憾，余謂計劃確定即可運用，目前只做短期放款，亦不吃虧，渠謂做一天和尚應撞一天鐘，言下頗有牢騷成分，蓋數日來陰謀不成且有被揭穿之虞，遂不覺流露也。余謂即照司徒副總經理計劃如何，渠不置可否，反問余以為如何，余謂未嘗不可，渠復啞然，此計劃即尹主由司徒兼信託部經理，而司徒於接受後復主將信託部洪岳、營業科周公彥對調者也，余知其不能採納而形擱淺，反揚言余等不能配合，真小人也。洪岳主任將南京董事監察人對本行人事之嚴正態度有意透過周公彥而入於尹耳，今日據報已達到目的，周已密報尹處，且由周之日內已露出尹之陰謀，因周乃一商場中人，不知政治也。下午，出席慰勞總會之籌備會，討論十億勞軍事，決定以變賣物資，約請樂捐及發行房屋彩票等三方式為進行方法，討論時該會楊寶琳與王市長崇五有口角。

師友

上午，陪同直接稅分局謝松雪局長訪裴議長鳴宇，對於此間徵稅事外間不諒有所解釋。

8月13日　星期三　晴

職務

董事長尹文敬主張在滬成立機構，並自動函知駐滬稽核程度約集人員自行籌劃，余今日與司徒副總經理研究，本不去成立此單位，因必須先行確定資金與業務，然

後始可為有把握之進行，今欲先立機構再營業務，固未見
其可，決定俟星期六會報再行加以研究。上午，同司徒副
總經理答訪郵政管理局李幫辦，又訪電業公司及淄博煤礦
公司俞經理覺先，欲借用其柴油機，據謂需另配合發電
機，而該公司現無發電機可以出借云。

8月14日　星期四　雨

交際

上午，同司徒履光副總經理到綏靖區司令部邱副參
謀長耀東寓為其封翁太夫人拜壽，事先送壽屏四頁，各方
餽贈陳設極多，來賓有著制服或時髦女裝行跪拜禮者，則
極不調和也。

師友

下午，訪陳老先生雪南，告以王主席昨日已返濟，
陳氏談在此期間已先約綏靖區辦公廳主任龍放之談余之
事，龍君謂絕無其事，已囑俟王氏回濟先行報告再行約期
晤談，並須取得南京五公之來電或函，以便面轉。晚，劉
道元兄來訪，談及其出國及所聞本行易人醞釀等事。

職務

上午舉行銀行公會籌備會，核正所印章程草案，並
預定下月廿一日開成立大會。中午，董事長尹文敬來訪，
帶有南京董監事李青選、孔令燦、王仲裕、崔唯吾、張靜
愚諸氏之聯名致彼函電一件，並謂另有致王主席電，均主
對本行維持現狀，但王氏不為所動云，囑余勿再猶豫，余

謂容面謁王主席秉承辦理，渠又再三解釋，謂董事會與總
行並無不能配合之處，此次渠以全力不能挽回，甚為可
惜，余簡答謂余全明白，蓋假惺惺作態，亦所謂司馬昭之
心也。渠另對司徒履光副總經理謂交接先由渠代理，似乎
將借司徒以為過渡云。下午，司徒告余今午謁見王主席，
堅主不可輕事更張，王氏僅表示余與尹間已有隔閡，勉強
拖延亦非辦法，余即主張繼任人選以司徒為最相宜，僅有
由渠接充始能一切由大處著眼，使此事業尚能發皇，而不
流為財政之附庸也。晚，王主席耀武約余談話，余本不欲
於此數日往見，但至此亦無可如何，乃往，凡談兩小時
半，余先開口，詳述尹文敬自接任董事長後種種干涉行務
而又無一定主張，及其介紹用人圖謀不軌為余及司徒所覺
查之種種詳情，王氏謂對余之為人渠完全瞭解，凡社會上
正派人士無人能說余半個不字者，但尹文敬一再包圍，堅
主更調，渠既不能即將其財政廳長予以更換，為免摩擦隔
閡，勸余不必勉強，尹之理由為余有志於進國家銀行，王
氏詳詢如何情形，謂將分頭介紹，余謂於個人之去就毫無
關係，余在此毫無私蓄，轉換環境或更能改善生活並開拓
眼界，但尹居心叵測，更易何人必須慎重，如一任尹之所
為，省行不能保持其獨立性，前途恐不堪問聞，彼時悔之
晚矣，此人選以司徒履光為最相宜，因此人清白而有事業
心，王氏謂渠不肯幹，尹亦謂其外行，余再三申述，王氏
謂可否由余簽呈時即推薦司徒，彼批如擬，余謂此亦是一
法。繼詢余有無困難，余告以行內帳款絕無虧欠，僅現在

無法居住，行內房屋已購者余希望續用，王氏即謂可按手
續轉為余之所有，由彼先墊款還行，有錢再還，或不還亦
無關係，余再問其手續是否應對財政部面子予以維持，因
以前尹強奪趙季勳之董事長曾為部訕笑也，王氏顧左右言
他，余不知其意為何，即未再問，僅謂余即準備造冊，僅
三數日就緒即辦公事。又此次國民大會代表選舉希望支
持。此外渠又問余願否經營事業，當助成之，余謂此事不
簡單不能有所決定。又閒談其個人一切事業結束經過及對
省政不願長此主持乃至軍事大勢等等，今日態度極謙躬親
切，似確有愧疚，但用人行政如此兒戲，若非口是心非，
即為善善而不能用從，惡惡而不能去，可悲也夫。

8月15日　星期五　雨

職務

司徒履光副總經理來談，昨晚王主席以電話通知代
余辦理經九路房屋過戶，其事甚迫切而認真，渠即著手辦
理，並與現住該房之白峯秘書接洽遷讓云。龐鏡塘主任委
員以電話相告，謂今晨與王主席談本行人事問題，王氏對
尹文敬已生懷疑，故已決定不用田叔璠，而將以司徒履光
代理云。訪陳雪南氏不遇，留字云，余事昨晚王司令官約
談，謂受尹慫恿，無法轉圜，望能諒其苦衷，余於出處之
間，不能不遵照辦理，惟承蒙關垂，未免有負雅望耳。訪
周副議長幹庭，告即將去職。

8月16日 星期六 晴

職務

上午，訪龐鏡塘主任委員，據談昨晚王主席過訪，裴議長鳴宇亦在座，詳談尹對行務向余所採之攻勢問題，當時即欲堅決決定不用尹薦之田叔璠，余事已經逼上梁山，故仍主考慮新的人選，余意龐必已薦其所欲薦之人，但渠謂王氏徵求己意，渠無表示，余謂如有更適當之人選自屬相當，否則以司徒履光為最相宜，龐謂渠非本省人，恐外間不諒，余謂不應分畛域之見，渠謂甚願與司徒面談云。余歸後即通知司徒往晤，返謂龐頗勸其積極，但如有此決心，必須有對抗尹文敬之辦法，其辦法即將董事會與總行職權切實劃清，以免再起爭執，余亦云然，談頃，司徒以新立之房契交余，余開一三千五百萬元之借據，寫明以司徒為見證，託呈王主席。今日會報又停一次，尹文敬似乎無顏在余離行前見面，但時派宵小前來窺探消息，其卑鄙有匪夷所思者。

師友

上午，訪張景文兄閒談並探其病，談及本行事，謂尹曾謂余欲與司徒履光令其所介紹之營業科長營商謀利不遂，遂有所傳周向余二人暗示此意之反攻云，此人之陰險，可見一斑，張兄將對行務與在濟董事三、五人交換意見云。晚，先後來訪者有畢鳴遠、耿成琨、崔藩五、隋玠夫、吳松生諸兄。

8月17日　星期日　晴、有陣雨
居處

昨夜漏夜整理物件，準備今晨移居於經九路一三一號，今日以竟日之力，動員行內員役廿餘人，卡車、排車、人力車若干部始行遷往，該屋為本行所購總經理宿舍，前日王主席允撥歸余用，分期還款，故此房應為余所有矣，其中本住有廿集團軍總部白峯君，渠尚未移出，暫時分用，此間屋宇較原住者為少，而軒敞則過之，花木扶疏，尤饒野趣，今日遷入，頓覺有城市山林之意，余十餘日來塵囂不堪，應付小人暗算，彌覺精神浪費，甚覺無謂，惜乎其終不能息影於斯也。

8月18日　星期一　雨
職務

昨日深夜裴議長鳴宇來告，晤及王主席，極言尹文敬所提本行繼任人選田叔璠在兵站時聲名不佳，決不可用，王氏答謂須再調查，似乎並未斷念，余今日已告司徒履光副總經理，望共同提防，以免復燃，昨日又聞田在外約集科長，或竟果有其事歟？上午，訪陳雪南先生，謂目前不必考慮余個人問題，以免王主席誤為意氣之爭，只須在繼人切實注意，即為維護事業之道，陳氏甚同意，頃已接到南京五公來電，即日當與主委龐鏡塘交換意見向王表示云。牟尚齋兄來電，謂尹文敬復南京五公電謂余懇辭，佐公核准等語，甚為詫異，如非事實望與陳雪老斡旋云，

余將原件轉陳氏。陳果夫先生函王主席及尹文敬，今日由
高登海、宋志先兩兄轉致。李書忱、牟采庭兩兄來訪，均
主不輕相讓，李氏並將向參議會、財政部呼籲，因尹文敬
毫無人格，更不談政治風度，絕不能令其得逞也。晚，遇
劉秘書主任茂華，匆忙告余，謂某事已成過去，可不理他
云，余不知何所指，人多未便再詢。李廳長泰華對此事極
氣憤。

職務

下午，保安處長晏子風與副處長呂祥雲在省府大禮
堂請客，到者近百人。

8 月 19 日　星期二　雨

職務

上午，到省府訪劉常務董事玉田及劉秘書主任茂
華，談尹文敬攫取行務之陰謀，劉茂華兄對此事主張鎮靜
不必輕於求去，此外又訪丁董事基實、人事處張處長戩
門，詳談此事經過，張兄謂尹已接電田叔璠之董事即可發
表，渠頗主張余雖辭總經理職亦可不必辭常務董事，使其
無法產生，至少難於產生，因無人可以讓常董事也。張兄
又謂尹本借伊將此次之事向余提出，彼不肯為云。司徒履
光副總經理談今日尹文敬約談，謂龐鏡塘有辭監察人會主
席之表示，值得注意，又謂將開董監會云，關於前者晚間
洪小東主任來謂曾詢龐鏡塘，曾有此表示，其意即現在決
定由司徒代理，仍無以抗衡尹之干涉行務，彼殊無法負責

云，會內尚有四監察人在濟，將分頭發動作此表示。李書
忱氏約談，正擬稿呈財政部對於尹之藐視部訂省銀行法規
提出控告。楊署長綿仲來電託尹文敬轉余，聞余處境困
難，問可否赴京一行云，晚尹來訪，詢電轉到否，余謂已
到，不言其他，繼談不相干事數語而去。訪汪聖農將數日
來經過告知。

師友

　　晚，先後來訪者有林鳳樓、宋正軒諸兄，宋兄移居
余東鄰，旋即同林兄等答訪。

8月20日　星期三　晴

職務

　　上午，接石鍊之兄由京來電，謂國庫署楊綿仲氏、
錢幣司戴銘禮氏對余絕對支持，惟盼勿作辭職表示，並勿
來京云，即持電送參議會裴議長閱，望反映王主席知此兩
署司對財政金融關係之重，不可輕率。繼訪高注東兄，商
如何反映，渠先以電話與劉茂華秘書主任商談，劉謂解鈴
繫鈴須令尹知之，乃與高兄同訪龐主任委員鏡塘，值裴議
長亦在，裴對此事甚重視，與龐商量，龐謂前日為此問題
與王主席相持甚僵，已表示辭謝本行監察人會主席，故不
願再談，決定由裴再談，並發動此間參議會所推之本行監
察人繼起表示。訪本行常務董事靳鶴聲，告以近來行務變
遷經過，並尹之種種計謀，靳謂王主席技巧甚多，所提新
人如為田某，則並非尹意，實乃王意，尹之為人甚好云，

余知此人與田間接有關，故亦未便深談，即辭出。聞田某做種種接事準備，科長、庶務之類均有延請，是真以兵站視作銀行者也，未知其是尚未知田已打銷，抑王主席尚未作最後決定乎。

師友

上午，訪謝松雪兄，閒談近來情形。訪韓世元兄，甫由青島返濟。謝、韓兩兄晚間聯袂來訪，韓兄於國大代表競選事知青島情形甚詳。晚，華子修李淑英夫婦來訪，又隋玠夫兄來訪。

8 月 21 日　星期四　晴

職務

上午，到小緯二路弔湛清如高參父喪，遇省府吳秘書培申，為詳述此次尹文敬之陰謀，地方對余支持，財政部關係方面及南京父老亦同，尹則包圍王主席必去余始甘心，致陷進退維谷之境，而陳果夫先生來信致王主席者則感無法答覆，此事遂不易覓到解決途徑，余雖不得已而決志求去，但在未揭穿尹文敬陰謀予以打擊，使知吾人未可輕侮以前，絕不言辭，望與劉秘書長蘭谷熟商，如王主席感覺無以對尹文敬，則余情願作此惡人，即作為違抗命令使尹下台可也，是時余始可言去，渠將與劉一談云。晨，張景文兄來談，尹已感處境甚為狼狽，有愈演愈複雜之勢，聞國庫署楊署長有長電致彼勸告，余謂此電頗有分量，蓋彼若一意孤行，將來其財政廳掣肘之處必多也，張

兄亦云然，將商諸劉秘書長蘭谷，反映利害關係於王前。
訪民生企業公司畢天德總經理，談公司將來主持人問題，
渠因主持齊魯企業公司，無暇兼顧此事，但一時尚無適選
云。訪交通銀行季經理，詢該行趙總經理來濟確信。訪中
央信託局吳主任松生閒談。

交際

　　晚，津浦區鐵路特別黨部在濟全體委員在泰豐樓請
客，到者有龐主委、裴議長等。

8月22日　星期五　陰雨

職務

　　日昨尹文敬在常董會提出下月上旬舉行董事會，余
知其目的在假定田之董事可以發表，屆時授意一常務董事
如劉玉田等人讓出，改選田繼而呈部請派為總經理，故即
寫信致馮有辰兄，請轉達在京董事，請屆時投票時須有準
備，另函在滬之劉健夫兄亦準備此著，並希望屆時出席，
至在濟董事余本判斷如丁基實、張景文、劉道元可為反田
之立場，但晚間劉曾約余談此事，謂張景文曾託彼約余談
望以主席之意思為意思，可見此等省方官吏有遷就現實注
重做官之趨向，恐不易把握，今晚與劉相談甚久，大致為
尹在相持之局中，甚覺難堪，而主席所交果夫先生來信，
亦覺不能答覆，遂催余先行辭職，則彼之答覆即可順理成
章矣。余正告劉云，余辭職乃時間問題，但必須使尹知渠
不能使余辭職時始行辭職，余為主席解除困難尚可，為製

造困難者斷無解除之義務也，主席應知余離行後財部反映
於本行財政金融者恐多不利，不能任尹一意孤行也。下
午，訪陳雪南先生，據談今日龍主任放之曾以電話相告，
謂銀行事王主席將於一、二日內斟酌妥貼後約陳氏面談，
彼擬將尹之罪狀完全揭穿，並將財部反應後果之不良，恐
有礙財政一節之利害關係向其說明焉。此一、二日內尹極
惶恐，恐仍將運用種種方法，使余早日表示辭職，但余則
必使黔驢技窮時再為自動之表示，此點為余將來與南京同
鄉見面之必要條件，示不輕去也。

師友

　　上午，訪中央合作金庫陳以靜、隋玠夫兩兄，閒
談。下午訪鐵路黨部宋志先、宋從順兩兄閒談。

交際

　　晚，第四信用合作社何修甫、張匯東在泰豐樓請
客，到者十餘人，皆各銀行者。

8月23日　星期六　陰

職務

　　上午，到省黨部出席財政委員會，討論製菸廠經理
鹿崇文被查有舞弊嫌疑案，因只失於檢點，尚無舞弊事
實，故議決撤職不究其他。在會場與裴議長鳴宇談尹文敬
接楊署長綿仲電無法答覆，裴氏謂不妨請楊氏再電尹謂既
係吳某請辭，請轉達勿辭，使其更感無法應付云。下午尹
文敬又到行窺探情形，余與之只談閒話。余與司徒履光副

總經理明言，余之拖延並非企圖延長局面，乃在使反尹種種反應——實現，彼之陰謀詭計及欺騙京方人士——揭穿，亦使人知非王主席之本意云。

交際

下午，到企業公司出席董監聯席會議，余因有酬酢，未散會即返。晚，請防守司令李杏村及綏區參謀長聶松溪與新省府秘長委員劉玉田、徐軼千、楊展雲等吃飯。晚應鐵路局陳局長邀宴。

8月24日　星期日　晴

職務

上午，張會計長景文來訪，謂市府市長王崇五、財政局長于治堂託彼轉商由余出任市銀行經理，原議以于為正、以余為副，現擬以于為副云，余即答覆山東事殊無可為，不久將辭卸返京另圖，況尹文敬為財政廳長有權干涉市縣銀行，此人極卑鄙，余殊不願與之相共云。其實縣市銀行約余為經理甚至且曾副理之議，未免不自量也。張兄今日談本行事不多，只謂望時常取得聯繫，渠前日謁主席未談此事，外間多知吾二人甚密切云，此數語有類南方人口吻，含笑置之。杜局長仁山來訪，談行務甚表憤慨。行內來賀遷居者有湯人絜、周公彥等，其餘科長早於上周來矣。司徒履光副總經理來談，謂尹文敬又約彼談話，對余之堅不肯辭，表示窮於應付，余知其黔驢之技已窮矣。晚，防守司令李杏村來訪白峯君，相遇，談及某日孔繁霱

向王主席進言余為何思源之人何以不換，此人有精神病，然彼因不知余與何初無淵源，設知而不擇手段，濫肆中傷，其心可誅也。

師友

下午，倪祖華兄來訪，余因其在兵站服務，故詳詢田叔璠與鄭希冉及當局之關係，知均不甚深，但兵站裁員作此非非想者大有人在。晚林建五、韓世元兄來訪，談田近來已漸知事將不成矣。

8月25日　星期一　晴

師友

上午，訪李書忱氏，據談彼所撰向財政部質問尹文敬冒稱彼辭省銀行董事之呈文，因與有關方面再加研究，認為只有洩憤之效，故暫時未辦，容俟本行局勢發展至必須公開質問時再行策動參議會辦理，其實彼時亦只有時後之效也。訪宋志先、宋正軒兩兄，託發致南京石鍊之兄電，由浦口轉。

職務

余於購進經九路房屋前向王主席表示分期付款，不受餽贈，故今日已將第一次款項五百萬元交司徒履光副總經理代為送還王主席，惟彼尚未轉到。下午，尹文敬來電話，謂彼車壞，但須與余一談，余即到財廳相訪，彼謂外間空氣皆謂行內換總經理皆彼之意，渠無話可說，只好分勞分怨，此刻吾二人應防人離間，用為工具，可否以後遇

人即說余二人已見面，互證並無其事，余謂是非自有公
論，黑白不容顛倒，毋庸置辨，彼取出楊綿仲氏來電，謂
已復信，但未提內容，又取出李青選氏來信，謂恐有關令
譽，渠甚受刺激，準備不復，又十六日復南京五董監事電
謂余已辭，實根據王主席所批「辭」字辦理，自謂並非蒙
混，又謂聞余已向部請假，余謂無其事，又謂既不準備辭
職，希勿赴京，余謂並未不辭，但不願草率造成部、省隔
閡，談一小時餘，知其已受打擊而不能自持也。

8月26日　星期二　晴、夜雨

師友

　　謝松雪兄來訪，談不久將奉調為青島直接稅局督
察，又談余事，風傳田已打消，而有鄭希冉出謀說。

職務

　　司徒履光副總經理與余談將來行務，謂如將來由彼
接替，則副總經理一席應預為籌謀，以免尹文敬另有打
算，或竟以田退而為副，渠意主張以張振玉經理提升，余
認為可行，但謂彼恐進行合作金庫去矣，但亦未嘗不可去
信詢問其意向，特不知將以何方式提出，因王主席對張君
無印象，如不能採納，徒著痕跡也。司徒提及此事已非只
一次，其意似尚非敷衍作用，意似非必取余而代之云。

8月27日　星期三　晴

師友

上午，到緯五路訪宋志先兄，宋兄今日飛青與陳果夫先生晤面，余託其將行內情形面為轉陳，為恐其有所遺忘，故寫就要點一紙，託其攜帶，其中由最近尹之咄咄逼人起，至其陰謀為一般社會所明瞭進退兩難，尤其財部主管方面有堅決表示使渠甚為頹喪止，結論於余既有此痕跡自不能再行勉強幹下去，希望果公在國家銀行另謀位置云。湯人絜兄來訪，余直告以此次行務波折乃尹所起，湯兄云渠在西北時作風相似云。晚應趙明遠君約在清真公共食堂吃飯。

8月28日　星期四　晴

師友

上午，訪林建五兄，已至航空公司，乃趨往送行，伊今日先至青島，為選舉事將留二、三日赴京。

職務

在飛機場遇新聞記者何冰如、韓笑鵬兩君，對此次尹文敬陰謀改組本行，極為氣憤，謂請供給資料在下月初開董事會前予以發布云，余未置可否，因此等事尚未至採此步驟之階段也。下午，訪陳雪南氏，承告關於行務一節，王主席昨日派龍主任放之前來探詢意見，謂陳氏是否有必須維持吳總經理之意思，陳氏答云，彼非對人而發，彼與余初無私人關係，僅聞之京方人士，此人公正有為，

請王氏考慮如任其去職，則南京同鄉起何反應有何糾紛
云，陳氏謂此刻南京方面仍須不斷的有函電表示意見，或
致陳氏，或致王氏，均無不可云。又陳氏詢龍主任、王主
席認為吳君究竟有何缺點，答謂絕無，只有儲信部主任洪
岳，謂為余之同鄉，此人不妥云。余亟加解釋尹在洪處自
討沒趣之經過，由此更可見尹之睚眥必報，氣度之狹為何
如此，余談話時有時表示憤慨，不免形諸辭色，陳氏謂余
平時對人態度是否過於直率，余承認有之，在五、六年前
有時較今日為尤甚，現在雖略修正而仍難完全抑制云。

8月29日　星期五　晴
職務

上午，司徒副總經理談日昨尹文敬約彼談話，謂田
叔璠之董事已奉部令發表，將於下月四日董事會上由劉玉
田讓出常務董事，改推田繼云，司徒兄主張使此事不實
現，其方法為在會期以前余向王主席請辭，以批定司徒繼
任為條件，據此批示則常務董事改選之謀可以使其中止，
余謂此舉甚冒險，因田已取得董事，較司徒已晉一步，設
尹一意孤行，正可乘虛而入，彼時余已去而司徒不能接
替，則全盤皆輸矣，故主予尹以警告，設彼執迷不悟，繼
田能取得常務董事，余對總經理一職更不輕辭，使彼目的
無從達到，蓋余永不辭，部方即永不能派人，彼將無計可
施矣，司徒詢何人可傳此話，余謂有人，渠謂將自往，余
由此疑其有他，未知是否。下午，訪劉孝先兄，談及上

事，託其透過汪聖農、徐軼千、劉鏡洲諸兄關係，將利害
與糾紛之後果轉達於劉玉田、張景文、劉道元諸兄，因此
等人皆政府官吏，可能採取較易之路而行，使其不能誤認
為以余為犧牲而屬最易之路也，蓋循此路以行，余更不能
甘休，恐省府且受影響矣，劉兄將於明日奔走且訪尹。

8月30日　星期六　晴、夜雨

師友

　　上午，劉鏡洲兄來訪，並以電話約高注東兄亦來，
適王文甲兄亦不期而至，乃討論如何應付尹文敬對本行之
搗亂，決定舉行全體同學聚餐，請尹參加，藉以表現力
量，示以姿態，設彼果欲下台，亦可藉此以完場，劉兄主
張根本之圖為在京設法將尹之財政廳長使其倒塌，高兄頗
有意為之，謂彼與張羣院長曾有僚屬關係也。又關於尹在
九月四日董事會將仍以田為董事進行為常務董事事，將活
動各董事勿予通過，劉兄之弟道元赴平，此出席代表董事
將由余選擇也，午飯後同到富東里訪探韓華斑兄之病，一
時半返。

職務

　　司徒履光副總經理下午將前數日交渠第一批房價
五百萬元退回，謂昨謁王主席面交，王氏不收，謂待以後
再說云，司徒君又謂曾請示行內繼任人問題，王氏首問吳
總經理是否辭職，司徒答余仍言將辭，但田決不應入選，
王氏謂已打消，特尹不知耳，司徒即主張為使尹不再為田

活動常務董事，余可在會前即行請假，王氏批定何人接
替，並將按法定程序，先由王氏授意劉道元兄辭董事職，
以司徒補，再開會取得常董，則正式接總經理矣，余未置
可否，蓋余不知其此一階段之如此熱中，是否係王氏主張
抑有與尹妥協之可能，故仍將俟董事會開會後再做最後決
定云。

8月31日　星期日　晴、晚雨

職務

上午，到青年會出席農工服務社山東分社成立大
會，推選理監事，余為監事之一。在青年會遇高注東、劉
孝先兩兄，告以王主席已與司徒履光談過，對田叔璠決定
不用，望二兄與劉鏡洲兄訪尹文敬告以實際情形，不必再
存妄想，並使知至目前為止，彼已全盤不能達到目的矣。
又關於同學公宴尹文敬事，日昨劉孝先兄表示恐無甚效
果，因尹甚詭詐，見係團體行動，難免不到也。訪張景文
兄，談行務演變情形，望注意尹囑劉玉田開會時提辭常董
以田為繼事，張兄意劉如提辭必先得主席許可，則其中消
息可以參也。中午，司徒履光來訪，謂王主席意為止尹陰
謀為田活動常董，仍希望余先行表示請假並由主席批以司
徒為繼，余謂主席對尹有如許顧慮，余則無之，尹須能發
能收，否則余無為其收場之義務，縱彼能將田產生常董，
余更不辭總經理，渠將奈何。司徒見余無法，乃主由第三
者函王主席，即同訪龐鏡塘主任委員，詳談經過，司徒所

談者多，余所談者少，其時主席即將訪龐，龐氏謂容面
談，遂即辭出，晚間司徒又來訪，持龐信，謂電話未接
通，託司徒面達，司徒謂王、龐今日談，決定不令田到
行，以司徒代，希望明日或開會前余將公事呈遞云。

9月1日 星期一 晴

職務

上午，訪裴議長鳴宇，詢昨日龐主委鏡塘與司徒履光談話情形，因司徒兄昨晚曾謂裴氏亦在黨部也。裴氏僅言及須防龐另有按插人員之圖。到省黨部訪高注東兄，渠主與王主席逕談，並將與尹文敬一談，因恐與孝先、鏡洲諸兄同往，使尹生疑，故單獨前往。及晚，高兄致余電話云，已與尹長談，尹神色不寧，但仍謂與吾校友表好感，今日蒙受各方不諒，將來是非必將大白，意若此事非彼發動，但已不敢謂係王主席發動，尹對高兄告以王氏已將田放棄，及余將以請假方式赴京一節表示驚異，又謂董事會開會乃至補選常董均屬消極，與總經理一職不相干涉，總之尹無自行懸崖勒馬之意，余謂此舉亦甚有收穫，因渠已失其最後之機會也。上午，訪龐主委鏡塘，彼告余日昨與王主席談話提及本行事，其中有數點值得注意，即王氏只主余請假後由司徒履光代理，真除一節，王氏似又顧慮尹一向對司徒不表好感，又在研究何人相宜，又現任常務董事劉玉田已由尹請其辭職，劉報告主席，主席謂不知係何用意，但王主席又對龐氏明言不復用田，此數事證明王氏對尹仍有顧慮，而田之進行其合法步驟曾未稍停也，故即表示此項陰謀並甚重要，須王氏了解，又余向省府請假赴京，已經決定俟董事會開會後即行辦理，若開會前辦理，余不能出席會議，不成道理，同時反援尹與田以可乘之機也，龐氏對余所談深為注意，將俟下午與王氏見面再進一

步晤談云。上午，受龐主委鏡塘之託往與交通銀行接洽轉讓碑帖事，交行王慕堂兄告余，余事已滿城風雨，誤傳頗多，有謂田送款於余者余未受，雖無惡意，但傳聞失實，殊為可笑也。下午，遇張會計長景文，張兄謂昨晤劉玉田秘書長，劉謂尹請其辭常務董事，張兄問其主席意旨如何，劉謂主席表示無所謂，張兄詢余此事應採何立場，余告以應使劉知彼如採納尹之意見，意在彌縫，其實更在擴大，因王主席已採納地方意見將田放棄，彼仍一意孤行，非田出任不可，則余惟有順從地方及當局意見，更將辭職時間拖長，結果尹非弄至最後焦頭爛額不止也。張兄允再與劉蘭谷一談，又據觀察似有若干董事不出席，以避是非，此點亦大可注意。龐主委與余談話經過，余下午告之司徒履光，告以切須審慎，因彼日昨以為余在會前向省府請假，即可使尹停止其一切進行，殊非正確判斷也。

交際

晚，恆泰火柴廠一周年紀念宴客，並作報告，招待來賓。下午，新聞記者公會舉行記者節紀念會於文化會堂，中央信託局吳松生兄約余同往，並同至恆泰，晚飯即同至余寓閒談後去。

9月2日　星期二　晴

師友

上午，到祭壇巷訪劉鏡洲兄，不遇。到大華醫院訪華子修兄，由德芳代為整備赴京用衣服。

職務

上午，到省黨部開財務委員會，討論大華電影院經理人選，無結果。到飛機場迎趙季勳兄由青來濟，送其回寓所，倉促未言其他，只告以如尹來訪談行務，望先勿表示意見。晚，劉鏡洲兄來電話，約吃飯，余告以請加約趙季勳兄，屆時均到，到較早者為張景文兄，據談此次董事會開會劉玉田辭讓由田接替問題，渠曾與劉及尹談過，初頗同意此次開會不提，後尹又謂請示主席結果，仍以田為繼，故仍積極進行，余謂余已準備赴京，余拋棄個人立場，對此事不復主張，如照此以行，將來部、省裂痕益深，雖余赴京不見得使部方有礙省財政，恐於大局終於不利，如余為洩憤計，尚似願其愈大愈妙也，望各董事慎思之，在京滬各董事已表示無參加此會必要，將來難免部方董監之辭職也云，飯後又與季勳兄將此事前後經過詳談，並告以會後即去京，趙兄謂不必即去，容明日謁見主席痛陳利害，但余之去已決定矣。晚高注東兄來電話，主張在此僵持無益，仍以去京為是，蓋小人難防，久之恐遭暗箭，此意余亦曾慮及。

9月3日　星期三　晴

師友

上午，訪宋志先兄，據談此次在青島謁見陳果夫先生，曾將余在此情形依照余所擬要點詳告，果公表示省銀行事不必太過勉強，財務委員會若干須經營之事業，上海

有一商業銀行可由余以副總經理名義負責，因總經理已有
約在前不便變更也。下午訪韓世元、謝松雪兄於直接稅
局，雜談本縣國大代表選舉事，均至縣黨部報告。晚，杜
仁山兄來訪，余未在寓，因渠知余將行，特來探詢也。

交際

　　中午，登州同鄉公宴來濟競選之劉書銘、呂雲章兩
委員，並有牟副司令官荊璞為陪客。晚，董事長尹文敬在
本行宴客，初僅為本行董事，後又改為有外客，不知何以
中途變卦也。

職務

　　行務醞釀已久，余已決定向省府請假赴京，並推薦
司徒履光副總經理為董事，即擬呈文兩件，一件為堂上年
高，流離至京須省視奉養，而近來身體不健亦須就較大醫
院檢查，更為到財政部報告本行上半年業務，並考察經濟
改革方案後之一般銀行經營情形，即須赴京，請准假兩個
月，行務依法由副總經理司徒履光代；另一件為司徒到行
以來悉心任事公正耐勞，請核奪有董事缺時予以咨保財政
部接充，此兩件均交司徒閱過，並解釋所謂兩個月即係司
徒真除所需之公事手續時間。辦妥後余將行內應辦事項大
體告一結束，用人方面將最後應由余發表之人員（久懸已
決未辦手續者）亦加以發表，其餘有關人事函件交司徒接
收，即已無他事須辦。晚間二人同至綏靖區司令部見王主
席，余首述自奉命後遲延至今始行表示，甚為抱歉，但亦
有苦衷，即一為使外間知余之去非王氏本意，二為使外間

知余非有何不能見人之事而倉皇以去，現在開董事會應準
備事項已經辦理妥善，今特正式向主席遞呈請假赴京，至
辭職手續應向財部為之，繼任人應為司徒履光，先保其為
董事，次進行其他步驟，期於兩月內完成。王氏其時正有
客商軍事事，未作長談準備，僅表示十分為難，僵持不
下，其情態設非十分之虛偽即為十足之誠懇，言畢未接公
事即欲謝客，余謂公事辦就，請即核批，以便啟程，王氏
不肯，僅將兩件閱後收下謂尹對司徒不滿，余謂省行不屬
財廳，無理由越過其權限，非別有用心而為何，田好壞為
另一問題，外間鼓譟即因係尹所提，暗示其用尹人問題必
多，王氏謂已告趙季勳董事明日開會不可提總經理問題，
並請其轉達各董事，余謂設非為總經理問題，尹何必以田
為常董而脅劉玉田以之相讓，僅以常董專任者論，田何能
為伍，至此談話時間已無法再事延長，乃退出，瀕行余尚
謂請主席將公事速批，以便三數日內啟程，王氏謂司徒代
理能勝任否，望再為招呼些天，言竟而去，余與司徒辭出
後均甚不滿意，謂尹已成太上主席，真不可解，司徒謂余
決不能先行辭職以讓田，余亦云然。下午，季勳兄在行相
晤，談及今日彼謁王主席曾詳談行務，並將余與財政部之
關係不同尋常一節相告，王氏深為瞭解，但謂明日之會照
開，常務董事亦可照推，但決不能研究總經理問題云，與
晚間王氏與余所談相同，渠意明日之會最好流會，渠甚後
悔此次之來，來又不能不出席云。晚飯時靳鶴聲與余談行
事，渠自前日即已電話約余晤面而始終未能接通，可見其

有隱情，今日渠謂王氏託彼轉達速辭，並謂尹曾為此事碰
王氏釘子，謂渠交辦之事竟辦不到，可見此事非尹之主
動，但余以今晚王氏態度觀之，殊不類事實，蓋尹之所
託，而田固與靳有經濟關係也，此等人皆卑鄙無聊之政
客，不足齒也。

9月4日　星期四　晴

職務

　　今日董事長尹文敬召集第三次董事會，余因其計畫
在產生田叔璠為常務董事，以為進一步攫取總經理之企
圖，故未出席，關於應報告之總行業務，已有書面，同時
另託司徒副總經理到席說明。下午司徒來談，會前董事靳
鶴聲與尹密談良久，蓋其策劃有待趙兄之諒解，至開會時
劉玉田果提辭常務董事，提出後靳先發言主張准辭而以田
為繼，於是投票，出席者為尹文敬、劉玉田、張敦鏞、趙
季勳、田叔璠、靳鶴聲、丁基實等七人，另據報告為丁代
王仲裕，劉代劉道元，劉健夫代李青選，但兩人均未到，
故為九席，投票結果除田投趙外，其餘均投田票，共得八
票云，司徒談竟，僉任此事關鍵竟究為王主席是否仍有維
持以田接本行之意，故彼將於下午謁見報告並請示。傍晚
余到行，司徒已至王主席處返，謂王氏仍主由司徒代理而
後真除，但須善為運用，以免夜長夢多，至余請假一節，
認為一月已足，司徒謂如一個月時間不夠，屆時不妨請
續，目前須候劉道元由平回濟與其商談辭去董事職，由省

府保司徒兄接充，俟文到部，余即在京催辦，令到濟後即
開常務董事會，余先辭常董，以司徒為繼，最後余始辭總
經理云，余對此辦法極同意，蓋如此辦理，行務可不致受
大影響，縱夜長夢多，田之好夢將益愈難成也，言訖即囑
催王氏侍從秘書速將余之呈文檢出呈批云。下午訪陳雪南
氏，請鑑定余所藏一部份碑帖，並告以余近來事態演變之
經過，及今日投票出席者完全為礙於情面遷就現實，陳氏
認為南京董監完全不來亦非甚妥，陳氏昨與王主席痛陳利
害，彼受尹文敬影響實無比之空洞云。

9月5日　星期五　晴、下午雨

師友

上午，訪高注東、劉明順兩兄於省黨部，告以余不
日赴京，當代楊兆允兄備函陳果夫先生與朱國材同學等為
其進行齊魯公司濟南辦事處事，又余備函一件致馮有辰
兄，告以常務董事遞嬗經過，及致沈長泰兄，告以注意萬
一尹文敬捏造余辭職電到部，勿受其愚，此函本欲託人帶
京，以爭時效，但今日赴京之相識者僅有丁基實一人，丁
在此次表現灰色態度，余不欲相託，後交高注東兄另外加
封，託丁帶中央黨部交張志智兄，轉馮兄，另由余代高兄
電張兄往取此信，以免彼有所延誤也。

交際

下午四時，訪魯東行署主任俞濟民。下午五時，新
任威海衛市長龍放之、綏靖區司令部邱副參謀長耀東及辦

公廳副主任岳少輔在石泰岩請客，係與金融界、交通界聯繫之意。晚，同業聚餐在交通行舉行，余與中國行周壽民、交通行季獻之談本月廿一日銀行公會成立時恐余已在假，希望偏勞，此會有理事長須產生，余主由彼二人中之任一人擔任，彼二人又互相推讓，稍遲季兄單獨又與余談，謂可否仍照原議舉余擔任，在余請假期間由彼二人中之任一人代理，此舉無礙事實，但可表示銀行同業對余之好感不變，余見其此項表現甚有道義，即答以無所謂云。

9月6日　星期六　細雨
師友

　　訪林建五太太，受託再行催詢中央信託局處理其住房請速進行，又為其長女作保證人在濟南女師讀書。
交際

　　晚，張景文會計長在青年會請客，皆省府各機關首長，新來濟者有劉巨全、李文齋、趙季勳、俞濟民等。
職務

　　處理例行公事表報以待省府批回請假呈文，但至今未批，日昨司徒副總經理謂係原件王主席未能尋到，已電話聯絡其侍從秘書吳惠匡代為尋查，余意或係王氏又將另有一套手法，即非余在此遞辭呈不可，或即對於司徒之代理將來對尹文敬能否完全配合不無顧慮，致有所遲疑云。

9月7日　星期日　晴

師友

上午，訪杜局長仁山，閒談政情，杜兄對余事極關懷，但謂以前陳雪南先生託王崇五市長向王主席談此事主慎重，又徐軼千兄亦談及此事均有愛莫能助之處，因彼等對於王氏之根本作風發生懷疑也云。訪華子修兄閒談。訪齊杞南參議員閒談，渠對省銀行事不甚明瞭。

交際

晚，登州同鄉在石泰岩公宴新任魯東行署主任俞濟民及段秘書，自七時入席，先後致詞者有五、六人，俞氏則一一致答以示誠懇，直至九時始行席終，謂明日即行赴青云。

9月8日　星期一　晴

師友

上午，馬參議員德夫來訪，談惠魯當改組未成之經過，旋同往訪參議員孫伯棠，承留午飯。楊兆允兄來訪，將上周所備致南京各方信介紹渠為齊魯企業公司濟南籌備處職務者取去發寄航空。

職務

司徒副總經理談遇田糧處長鄭希冉，渠自承對行務為支持尹文敬之立場，但似亦出於被動，司徒自身進行為繼一節即未向其表示，以免發生阻礙，鄭又提及田與南京陳良有關云。德芳聞白峯兄云，防守司令部李杏村司令曾

與王主席提及本行事，王氏頗以為當初建議者輕率而渠接受亦輕率，現在引起風波又無人能有十分妥貼之善後辦法，頗為焦灼云。晚，韓世元兄來訪，談關於本行事，余與之研究王氏對於請假呈文何以不批，韓兄意為非迫余辭職，因尹方之人靳鶴聲表示此項請假辦法甚好，似尹尚未反對余之請假方式，所可慮者即尹是否向部捏呈余有辭職表示，則不得而知也。

9月9日　星期二　晴

職務

余因請假呈文尚未奉批，故尚繼續辦公，但往往不能終日在行，例行事務即由司徒副總經理照料，今日又託司徒詢綏靖區王主席隨從何以尚不奉批，正查詢中，然王氏何以如此不急，亦令人不解也。

交際

晚，張處長戟門在寓請客，到者有劉巨全、趙季勳、畢圃仙、宋志先、王一安等，菜餚極佳。

生女

德芳於今日分娩，生一女孩，此為第五胎，但就存者為第三胎，嬰兒體重九市斤半（連夾衣），可謂奇大，啼聲宏亮，不類初生之兒，自陣痛至降生僅有兩小時，為最速者，生時為十九點半。

9月10日　星期三　晴

職務

上午，劉孝先、王冠洲、韓世元三兄來訪，王兄告週一省府會報尹文敬提出謂因省行事外間頗有傳彼貪污者，望徹查，王主席對報告省行預備易人之醞釀經過，結論為兄弟打架，只好年幼者吃虧，作為仍欲余去之理論根據，並謂余太意氣，主張無論交誰不能由尹所提之人接替，而司徒與余一致，似亦不合彼意云，由此推斷，則王氏不批余之請假呈文，似有待於余更進一步之辭職。又王兄談王氏曾詢尹本月份財政部款至今不到是否受余影響，尹不承認以自掩飾，又王氏謂省行事初以為本省不過二、三千萬之資本未以為意云云，均堪玩味。劉鏡洲兄來訪，仍主苦撐不辭。司徒履光告余，余之請假文已由秘書室尋出，即呈王氏批。石鍊之兄來電謂綿公意仍主不必請假去京，部方仍支持云，余與趙季勳兄談，彼認為王氏不批請假文，似正在考慮後果云。

交際

晚，參加合請趙季勳、宋正軒、劉巨全、畢圃仙等。訪陸空聯絡組王樹法組長，談代辦空運服務事。

9月11日　星期四　晴

師友

上午，訪中央信託局吳松生主任，詢林建五兄買敵產事，據談已送處理局提審議會，一俟通過即可通知備

款，又吳兄談彼個人計畫，將就任中央銀行業務局襄理，但因此間接替人選未定，至今未能實現云。晚，張景文會計長來談，前日省府會報時王主席答覆尹文敬提請澈查外傳其將在銀行舞弊事，謂余對此事顯爭意氣，望在座與余較熟者轉達勿爭意氣，余謂此事已不在余，因已提出請假尚未奉批，如當局認為須向省方辭職，余則不能違法，省府何妨諮商財部調職，尹此次最大失著在謀劃先造成既成事實，使財部不能不予承認，其實此著最拙，設月前余向省辭，省府即派人代理，其所引起部方之反感將更甚於今日，尹思利用地方政權以抗中央，絕不取得財部之同意即行動作，實因其情太急，遂使智昏，尹能發而不能收，實屬咎由自取，否則余雖爭意氣，彼何懼乎？

9月12日　星期五　晴
交際

　　晚，同業聚餐由中國農民銀行召集在上海銀行舉行，席間關於銀行公會問題又作一度商討，交通銀行季經理主張在廿一日大會前再召集籌備會一次，均同意，並定於下星期二舉行。
娛樂

　　晚，應張景文會計長之約到北洋戲院觀劇，為奚嘯伯之全本楊家將，包括李陵碑與清官冊夜審潘洪兩劇，凡兩小時餘，奚伶唱做均有特長之處，且已為梨園界有數角色，但戲院觀眾太多，燈光不亮，奚伶嗓音太窄，聽時感

覺耳朵十分吃力，歸時極為疲倦也。

9月13日　星期六　晴

師友

因昨晚接信，部方反對余請假表示退讓，今晨將此意轉達趙季勳兄，迨晚又接信京方更堅決，復備函趙兄，因彼將與王司令官晤面，余託其將實情反映也，在趙寓時王主席來電話，余以為與行務有關，接時始知係其夫人將來余寓道賀生女，未言其他，辭謝未獲。晚，到劉鏡洲兄處談選舉與行務，在座尚有劉孝先及孫化鵬兩兄，將以數同學聯名請南京關係方面向俞鴻鈞、俞濟時提出此問題，望其表示支持，余本消極，因南京方面仍支持不休，又覺進退兩難，故亦同意諸兄之作法。晚，訪由青來濟接收黨營工廠之邵季平、戴鍾衡兩兄，隋玠夫兄亦在，約定七、八同學合請戴兄於百花村。晚訪由京來濟之監察委員蔡自聲氏，彼已知省行事之演變，余與略談現狀，彼主暫沉靜以觀變。

職務

下午舉行業務會報，尹文敬來行參加，獨對於白彩臣調動事有所發揮，徒見其氣量之小也。

9月14日　星期日　晴

師友

晨，季獻之兄夫婦及宓汝祥兄來訪，詳談此次尹文

敬發動改組本行之陰謀及省府與財部相持之現階段情形。
訪陳雪南先生談部方及山東同鄉意思，陳氏主張繼續相
持，但余謂南京之行為不可免，陳氏亦同意。下午訪成城
中學王蔚庭校長，閒談學校辦理情形，可謂困難萬狀。傍
晚司徒履光副總經理夫婦來訪，候極久方見余歸，與白峯
兄談攝影術最久，薄暮辭去，去後白峯兄談聞司徒兄云行
務似尚有僵持下去之象，此大概亦是一種看法，未知有何
根據。

9月15日　星期一　晴
師友

　　上午訪恆祥銀號張慎修、楊孝孺兩經理，因二人曾
屢來過訪不遇也，談及本行正醞釀之人事波動，楊君謂與
準備來行接余事之田叔璠亦相識，田近來表示並無此事，
又謂縱彼辦此事與尹文敬亦難長期合作，此二語互相矛
盾，殊值玩味也。下午，訪韓世元兄於貨物稅局，閒談，
關於本行事，渠對於靳鶴聲所採取之立場認為值得注意，
但余甚為清楚，因此人現在最為現實，渠與田實有經濟關
係也，又談及本縣國大代表選舉事，韓兄認為林鳴九不放
棄，實是問題，應注意也云。

9月16日　星期二　晴
職務

　　上午，到省黨部出席財務委員會，余因另有他會，

故簽名後即退席。上午，舉行銀行公會籌備會議，主要事
項為討論本星期日之成立大會應準備事項，其最主要為選
舉理監事問題，先行交換意見，決定理事九人由各行經理
任之，監事五人由各行副理中擇五人擔任，常務理事預定
為余與中國行周壽民、交通行季獻之，理事長預定為余，
常務監事預定為農民顧聿頤，至開會日均照預定名單投
票，因同時須產生候補理事三人及候補監事二人，故又推
定交通、中信局兩家於投票時將此項候選人加入票內，其
權數適合候補之數，討論畢已屆中午，即同至五福臨午
餐，並閒談事務方面之事項。

交際

晚，民生企業公司請客，在座為齊魯邵季平主任，
余未終席而退，因另有約會須趕往也。

師友

晚，與隋玠夫、韓兆岐、韓延爽、楊兆允、劉鏡洲
諸兄合請戴鍾衡於百花村，席間並就便將劉兄所備致南京
關係方面函件為余事及同學選舉事表示態度者，由到者分
別簽名蓋章。

娛樂

晚，司徒履光兄約在北洋觀奚嘯伯、慈少泉、張曼
君合演一捧雪，余到時已將近法場一段，旋演審頭刺湯，
奚飾陸炳，作派及說白均尚可觀，似較前一日之楊家將略
勝一籌也。

9 月 17 日　星期三　晴

師友

上午，訪高注東兄，探詢其病，已將痊癒。訪牟采庭君，因聞其子生病，為狀奇窘，贈五十萬元。訪合作金庫陳鏡人、隋玠夫兩兄，徵求昨日南京各函之簽名，遇王文甲同學亦在，均照簽，並留合作金庫在賓宴春午飯。下午，韓世元兄來訪，談奉財政部令調充貨物稅局唐山分局長，明日即赴青島轉京一行，以明此舉之發動者為誰，並希望將來能調青島或煙台云。訪張敏之兄於東方書社，閒談。

職務

下午訪社會局李局長滌生，談各銀行之資本額與攤款事，余聲明資本額無法計算，將來同業經費及攤派均有本身單位可以計算，故此點並不重要，原定明日各行至市府開會之舉中止舉行。訪財政局于局長治堂，渠對尹文敬亦深不滿。訪王崇五市長不遇。晚，請濰處主任龍易華吃飯。

9 月 18 日　星期四　晴

師友

晨，到飛機場送韓世元兄赴京，並遇劉巨全女士亦赴青，據談彼日昨曾向王耀武主席談余事，力言本省金融之不可無此人，王氏自承此事發動有欠斟酌，行政經驗不夠云。林鳴九兄來訪，閒談。晚，訪劉健夫兄於其寓所，

彼今日始由滬返濟，漫談京滬社會動態，各種現象，視昔
益紊亂云。

職務

尹文敬為使本行頭寸緊張，對三數日以前即已到廳
之國庫九月份補助費支付書，捐不轉向中央行轉帳，余初
以為實在未到，故昨日在最緊之時曾向中央行商洽只憑國
庫已到之一聯，即可由財廳備領款書向該行由本行證明轉
帳，同時各同業協助頭寸十餘億，乃得未受影響，迨後知
中央行款係尹故意不轉，有同業頭寸亦無所懼，余正靜觀
其能否即永存央行或轉出自行運用，由前之法，渠對省府
為不忠，對余個人為難不惜以本行供犧牲，其基本立場完
全錯誤，行政風度毫無，真可慨嘆，由後之法彼領款而不
轉入省庫，根本即係違法行為，果有此事，余將密切注視
而相機舉發之，至今日為止所幸本行頭寸已調度得過，無
所恐懼，尹奸謀不成，徒留醜態，聞行內同人亦知其事，
甚至同業中亦有知者，貽笑各方，莫此為甚，今日下班時
將屆，尹忽來電話，謂行內頭寸緊否，如須財廳幫忙，不
妨商量，否則不談，余謂頭寸雖緊已可渡過，而財廳幫忙
向來未曾拒絕，彼即約司徒副總經理到廳一談，余當轉
達，聞尹捐款已感不妥，將先撥一部分繳庫云。

交際

晚，交通銀行宴客，到者中央、中國、農民、中信
局及本人，主客為四聯總處羅君。晚，裴議長鳴宇請
客，到者以參議員居多，飯後余將尹近來窮極無聊情形

告之裴氏。

9月19日　星期五　晴

師友

上午，訪林鳴九兄不遇，與牟尚齋兄之太夫人閒談家鄉情形。訪趙季勳兄，探望其染病情形，已漸告痊，談話間謂日前田叔璠曾往訪，趙兄告以省行事並不簡單，何必勉強，田謂本擬赴京，因恐引起其他誤會，故靜止未動，趙兄又謂病癒後將與王主席再談行務云。下午，戴鍾衡兄來訪，談齊魯企業公司情形，頗不主張畢水源產生為總經理，余謂不妨在京運用以曾養甫氏為總經理，畢與戴兄二人副之，則不致為畢一人所操縱，戴兄謂余可否出任，余謂不願，戴兄又謂總稽核一職頗思不再擔任，而畢薦高希正兄接任云。傍晚劉鏡洲兄與張敏之兄來訪，乃同往訪戴鍾衡兄，談本行問題，託其於明日赴京時將各情向關係方面代達，尤注意於徐堪主計長處，應使勿再為尹文敬所愚云。

娛樂

晚在中信局聚餐後同司徒履光兄到北洋觀戲，為奚嘯伯、張曼君、蔣少奎、慈少泉之全本法門寺，奚有數段唱來頗佳，慈飾賈貴於大審一段穿插亦有意致，此戲配合極佳云。

9月20日　星期六　晴

師友

　　上午，訪劉健夫兄，彼將與尹文敬晤面，為明瞭現在行務情形，詢余有何意見，余將現情告知，並囑京方對尹反應告知，使其稍可清醒。訪戴鍾衡兄，送其至飛機場赴京，並託帶信件。

交際

　　中午，請第廿一集團軍駐濟辦事處、濰縣兵站分監及第八軍軍需人員在行午飯，目的在為濰縣辦事處吸收存款，甚為歡洽。晚，中國銀行與中國農民銀行聯合請客，首席為國防部梁君與四聯總處羅組長，據談二人係銜命來濟查各銀行之帳者，具何目標則不詳云。

9月21日　星期日

職務

　　上午，在交通銀行舉行濟市銀行公會成立大會，推余為臨時主席，通過章程，選舉理監事，余與周壽民、季獻之各得三十六票（共卅七會員代表），以至廿餘票，共九人當選理事，又監事當選五人，復票選余等三人為常務理事，余為理事長，顧聿頤為常務監事，宣誓攝影聚餐散會。馮有辰兄來信，王主席耀武函俞部長鴻鈞主以田叔璠繼余，余則人地不宜，希望調開，初擬覆函對後者贊成，前者反對，後經王氏代表要求，准以田代理，另提適當人選，公文明日可以發出，望余即赴京，余已決定即往，至

辭呈已由馮兄代備送部矣。下午，張景文會計長來訪，
余與談尹文敬揩款不解庫事，渠不甚了然。下午，楊一
飛主任由徐州過南京來濟，頗希望余赴京就合作金庫加
以活動云。

9 月 22 日　星期一　晴

職務

上午，到城內辦事處參與開幕招待來賓，並與司徒
履光副總經理談及余因行務不能再行支持，省方保田可以
勉強產生，事勢日非，決定後日或明日赴京，晚間同至綏
靖區謁王主席，約定明晨見面。

師友

分訪華子修李淑英夫婦、陳雪南氏、中央銀行劉健
夫兄、中國銀行周壽民兄、交通銀行季獻之兄、中國農民
銀行李祖道兄、中央合作金庫陳以靜、隋玠夫兩兄、參議
會裴議長等，分別辭行，並為銀行公會事拜託周、季兩兄
代勞。晚，隋玠夫兄來訪，詳談中央合作金庫之作風問
題。訪恆祥銀號楊孝孺經理，託賣赤金四兩，得一千另
六十四萬元，作為赴京旅費。因不及趨辭而以電話通知之
友人如高注東、劉孝先、趙季勳、宋正軒、劉鏡洲、張景
文等，但高、趙兩人均因病未能通話。

9月23日　星期二　雨

職務

上午，同司徒履光副總經理到綏靖區司令部謁見王主席辭行，候至九時始見，余首謝其因余生子送禮，次以南京來電約余往就新職者陳閔，即報告定須赴京，此間事交司徒兄代辦並可負責交代，至將來無論是否司徒接辦，此人公正廉潔，凡所建白望特予重視，庶不有誤云。王氏謂司徒能否接辦此事，尚不可必，彼非不願意，只因此事演變太多，尹曾託徐堪來信，王氏又對部去信，認為余能力甚強，但不能配合，故不能相容。又談及錢幣司戴司長為徐以前所屬，故亦不能不聽其話云云，全係尹所灌輸，余亦不加答覆，只於王表示余可以赴京後即行辭出，到行辦公文兩件，分致省府及董事會，謂因公赴京，本日啟程，行務由司徒副總經理代理，此兩文俟余成行後即送。

師友

上午十一時，由寓動身赴機場搭軍用票赴京，來送行者有中央銀行劉經理健夫、本行司徒副總經理履光及總務科長李琴軒、儲信部主任洪岳等，陸空聯絡組王組長樹法到場照料，至十二時因機場雨不停，北平亦無飛報，知今日飛行無可能，乃同折返至五福臨吃飯，飯後回寓休息。傍晚，洪岳主任及崔藩五稽核來訪，同至陳雪南先生寓訪張志安氏，張氏因競選於昨日來濟，余因即將動身，故提先往訪，至則談及余事已成定局，不必再謀挽回，言下均對於尹文敬在魯作風惡劣，非加以驅逐不可，表示同

感，而在濟董監事之柔弱無當，尤其丁基實輩之官僚作風亦為此事甚大之阻力云，談竟同崔、洪兩人回寓晚飯，飯後洪君自認對於開罪於尹一節甚覺難過，但認為將來工作方向為不惜一切力量與手段驅尹使去云。

9月24日　星期三　雨

師友

上午，接陸空聯絡組王組長電話，前往機場候機赴京，送行者有司徒履光、洪岳、李琴軒、龍易華、楊一飛諸兄，至下午一時余已登機，後因駕駛人員認為過重，又復折返，其時送行者已返，而王組長尚在機場，乃乘其吉普車回寓，下午未外出，休息。畢鴻達與湯人挈兩主任先後來訪，閒談將來行務。

感想

今日秉政者之最大危險為無知與有權之不能相併而終於相併，於是差一毫釐謬以千里矣，余今日所遇者即此等當局也，閱報見有詩句云：「我本將心向明月，誰知明月照溝渠」，為之冷入骨髓。

9月25日　星期四　微雨

飛行

上午到空軍站，知有天熊號已行飛濟，候至下午二時起飛，此機有沙發座位九個，設備甚精，四時廿分到達南京明故宮飛機場降落，到場迎接者有馮星北兄及德光

弟，晚宿行內，京氣候猶熱。

師友

在京行不期而聚者有高希正、韓世元、牟尚齋諸兄，高及馮有辰均贊成余就中國工鑛銀行副總經理事，並謂爭者甚多，不可放棄，彼兩人亦有將來參加之表示，但高兄須先回至青島。

娛樂

晚，牟、馮、高三兄約至中華聽戲，有烏盆記、臨江驛兩齣，老生、青衣兩角尚可聽。

9月26日　星期五　晴

師友

上午，訪汪茂慶兄，不遇。訪劉道元兄，據談在濟所購通天外匯，出國尚難攜帶。訪楊署長綿仲及石鍊之兄，綿公對余事認為可告一段落，果夫先生將命余為齊魯公司事赴青云。訪李參事青選，對兩月來支持之忱表示感謝。訪高希正兄於介壽堂，同進中餐。訪崔唯吾先生，詳談行務演變經過。訪朱秘書國材，謂齊魯企業公司已列入為常董，工鑛銀行事又有周承緒擔任之主張，但未明言係何以發生變化。訪虞克裕兄，閒談財委會內容情形。訪林建五、牟尚齋兩兄於民生旅社，不遇。

9 月 27 日　星期六　陰

師友

　　晨，汪茂慶兄派車接談，認為工鑛事周承緒為不可能。到空軍醫院訪劉超然兄，不遇。訪王仲裕、孔澥庵二氏，不遇。訪王立哉參議員，略談。訪龐鏡塘主任委員，告以即將交代，田叔璠往接，彼甚關心，而深惡王主席之欺騙謂不用田也。林建五兄來訪，談至深夜。劉超然兄來訪，談經營空運事及此次被處徒刑四年之經過，劉兄明日即將赴滬，其空運事仍繼續進行云。

交際

　　晚，開源銀行張雪賓兄請客，在座皆山東旅京人士，地點太平洋，有女侍，但甚規矩。

9 月 28 日　星期日　陰

師友

　　上午，謁果夫先生，氏認為魯省行事係尹文敬所為，言下甚表厭惡，對於京濟各方對余之完全同情，表示欣慰，繼告余齊魯企業公司已通過余為常務董事之一，及寫一信介紹與董事長曾養甫氏見面，余詢談話有無應注意之點，氏謂可明言因畢天德之社會關係不夠，余去當能對此有所幫助云，余繼詢工鑛事，氏謂將來該行事可兼，俟確定即辦，似頗猶豫，余不能面詢其中原因，但與朱國材所談大致相同。訪董成器兄，略談中國農民銀行內人事情形。訪周天固兄，不遇。晚，石鍊之兄請客，在座幾皆為

政校同學，席間戴鍾衡兄詳談齊魯企業公司將來經營上之困難，人事為先，可為余前往之參考。虞克裕兄來訪，探詢關於余之出處事。

9月29日　星期一　晴
師友

　　上午，汪茂慶兄來訪，余與談及上海工鑛銀行事，朱國材秘書謂趙棣華總經理主張周承緒兄前往辦理，此事可能甚小，但彼將於星期四赴滬，對趙氏及吳任滄氏有所說明，希望由余去辦其事云，旋同訪壽總經理勉成，不遇，又同訪吳先培兄，久候未返，乃至太平路買書，與吳兄及唐季涵兄途遇，又同至合作金庫訪汪兄，閒談至十二時返。午，前省府辦事處長吳小園請吃飯，席未終接周天固兄來信，謂今晨來訪不遇，今午請至其寓便飯，乃前往，今日中秋，菜餚甚豐而可口。晚，在行內參加秋節聚餐，凡兩席，其中一席為中秋旅京無家可歸者，飲酒猜拳，直至夜分始罷。

9月30日　星期二　晴
師友

　　上午，牟尚齋兄因昨夜住行未返，乃同出游，至介壽堂訪高希正兄不遇，遇戴鍾衡兄略談。午，汪茂慶兄來介壽堂宴客，在座皆同學，飯後至會長室小睡，傍晚與希正兄同到行內晚飯。

職務

在介壽堂遇朱國材兄，謂在滬與吳任滄、趙棣華兩氏談中國工鑛銀行副總經理事，兩氏均對余表示歡迎，但董事長為何人尚不能決定，故此事須容緩始能實現，又齊魯企業公司常董，因曾養甫氏不能久在青島，其意為產生一較能代表其本人之人為駐青常董，故初提張自立，後又提嚴家淦，果爾則余駐青將無作用，故將來仍以工鑛為宜，至齊魯副席將提周承緒，但曾氏反對，故尚在商洽中云。交卸在即，以前在濟曾擬有告別全行同人書，文字太多，牟尚齋、馮有辰兩兄均主簡單，且逕用書柬為宜，乃於今日改寫，計信箋三紙，僅表惜別與勉勵之意，未涉具體行務。

10月1日　星期三　晴

職務

上午，到平倉巷十五號訪曾養甫氏，持陳果夫先生介紹片往談齊魯企業公司事，曾氏表示因病冬季不能住北方，希望余至青島代為負責照料，並詢余何時可往，余告以俟知濟南交代情形後即可赴青，並述以前在濟與畢天德君相處甚得之情形，表示對畢印象甚好，曾氏並強調經營事業應以具備事業心為前提，實與余同其見識云，今日與曾氏係初次見面，未涉及具體問題。

師友

上午，訪劉振東、王德溥兩氏，均不遇。訪張靜愚氏，略談此次在濟交卸經過，並表感謝關心之意。訪丁惟汾先生，告以兩年來經營省行之立場，但對省府未加批評。訪朱興良兄不遇，下午朱兄前來答訪。晚，楊綿仲氏召宴，在座皆同學七、八人，外客為國府袁參議及中央銀行刁副局長培然，席間楊氏對省銀行之不能走上軌道，十分氣憤。晚，同吳先培、高希正兩兄訪楊孝先氏，談安徽軍事情勢，甚為混亂，楊氏已卸皖田糧處任肩，頗悠然自得云。

10月2日　星期四　晴

師友

上午，到合作金庫訪唐季涵兄託其代為通知楊綿仲公館，代為準備明晚請客。訪壽勉成氏談離魯經過，並請

為張振玉、馮有辰兩兄注意將來如不能在山東省行繼續時，另謀工作。同高希正兄參觀國貨展覽，並同至介壽堂進餐。下午同高希正兄訪金戒塵兄於皖省行宿舍，閒談。

交際

晚，吳先培兄請客，菜餚甚佳，在座有胡次威氏等，其餘皆政校同學，席間胡氏談歷來所遇命相家之言必有中者，頗多奇蹟，甚至時間與遭遇，不爽分毫，均為感嘆不置。

10月3日　星期五　陰

師友

上午，金戒塵兄夫婦來訪，談及皖省行經營之困難，對吳先培兄主持該行之作風，頗有微詞，但余意其作風之所以如此，乃係決定於接任之事，因應付目前之省政府，非無此作風即不能就也。上午，吳先培兄來訪，談對於皖省行之工作已感厭倦，將另謀他職，渠自承最大失敗者為人事，蓋舊人太多，既不能令，又不受命，所添新人又多只能生事不能了事，省府與參議會又在夾攻，愈能速去愈佳也。

交際

晚，假堂子街九十三號宴客，到者錢幣司長戴立庵氏、國庫署長楊綿仲氏、中央行業務局副局長刁培然氏，此外均為同學，計有沈長泰、石鍊之、吳先培、汪茂慶、董成器諸兄及唐季涵兄，未到者李青選、崔唯吾、朱鼎諸

人，席間楊氏談皖、鄂兩省行事甚詳，頗多趣味，而余此次之去，實不辱命也。

10月4日　星期六　雨
師友

中午，到青石街金戒塵兄處應約吃飯，在座尚有高希正、馮星北兩兄。晚，應董成器兄之邀在其寓所吃飯，在座全係同學，計有高希正、石鍊之、朱曾賞、姜啟炎、蔡洪範等十餘人，八時半散。

娛樂

下午，約金戒塵夫婦及其太夫人與女公子又馮星北兄到新都觀王丹鳳、嚴俊、李芳菲主演之「青青河邊草」，為一悲喜劇影片，寫一對情人之由離而合，經過種種波瀾，悲痛處令人酸鼻，但故事本身有若干牽強處，如一善良女性之突然墮落，而意志復十分堅強，不無矛盾也。

10月5日　星期日　雨
職務

下午四時，陳果夫先生約談，主要為齊魯企業公司事，因常務董事七人中曾養甫氏必須提出一人能長駐青島，始提張自立，不就，繼提嚴家淦，亦不就，故其人選迄今未定，但無論曾氏提出何人，陳氏意余須亦為常駐者，而為表示不同於一般常務董事，便於控制一般事務，

將由余兼一董事會秘書長或秘書主任等名義，詢余意見如何，余謂無所不可，遂即確定。余詢何時開會及余何時赴青，謂俟此項人選等決定後即可前往開會云，余復重申願從事金融機構，將來工礦銀行仍願參加之意，陳氏謂當前齊魯最關重要，工礦事頗複雜，容後再談。余未詢係人事否，因不能再詳詢也。繼表示目前無工作之同學尚有高成書及山東省銀行已不安於位之馮有辰、張振玉兩人，陳氏謂齊魯可按插同學，但俟余到後加以運用較妥，馮、張兩人在魯局開展之時，不必輕退云，談約十五分鐘，余因陳氏係病中接見，不願再行多談，即行辭出。

參觀

　　參觀國貨展覽會資源館，為資委會及經濟部各單位出品之展覽，有煤礦、金屬礦、電工、化工等出品，又煙草、紡織等成品，甚為美備，惜因參觀者太多，未能詳閱其說明，僅走馬看花而已。

娛樂

　　晚，同高、于兩君看評戲「殺子報」，劇情甚累贅而不近人情，唱做亦無甚可取之處，十二時散。

10 月 6 日　星期一　晴

雜務

　　德芳由霍邱去年帶至蚌埠寄存之物件，因蚌埠緊張，昨託德光弟取回南京，今日前往檢視整理，便中將舊衣及用品取出一部分分贈德光、銘祥兩弟應用，此項物件

均係立煌事變後所置物品，在立交卸時帶至霍邱者，今日
見舊衣中尚有紹立用過之圍涎與斗蓬等，此兒不育，已
四、五載，恍如隔昨，怨哉！

娛樂

晚，應于仲崑兄之約在蜀中飯店觀雜耍大鼓，計有
所謂「潮流滑稽」與相聲、說水滸、西河大鼓、梅花大
鼓、滑稽大鼓等，最精彩者為王鶯英之西河大鼓與高元君
之說水滸等，座位亦甚雅潔。

10月7日　星期二　晴

職務

晨，到中央財務委員會訪朱國材兄，據談因周承緒
兄參加齊魯公司為副總經理之議為曾養甫董事長所堅決拒
絕，其所提人選又不為果夫先生所願，同時曾氏準備不久
住青島，其所擬議將來代理董事長之常務董事由張自立、
嚴家淦均不就起，正又覓一曾任鄂建廳長者尚不可定，故
果公認為必須將董會加強，決定派余常駐，以常董名義兼
秘書長，而工礦銀行方面則吳任滄氏曾提他人，如余不能
往兼，即難為非同學所得，故同時決定周承緒往接，余表
示無意見，蓋余對工礦事可就可否，初不介懷也。談竟，
與虞右民兄談會內人事，併分別拜訪兼一組長樊中天、二
組組長瞿嘉猷、三組組長夏忠羣、將任總會計胡希汾、專
員夏敷章（辦文書）、惲國鈞、羅遠才（辦稽核）等，其
中二組管各事業之行政，總會計管財務調撥，三組管黨之

經費，其中樊、夏、胡、羅均係同學云。徐處主任楊一飛來見，堅欲余向合作金庫為其介紹工作，余囑其沉以觀變，勿多所張皇云。

交際

晚，吳先培、汪沛然兩兄約宴，在座有刁培然副局長及中央黨部會計處張翰蕃等，餘為同學數人。

10月8日　星期三　雨

師友

晚，約馮星北、高希正兩兄在同慶樓便飯，因馮兄將於明日赴杭州也。王文甲兄來訪，不遇，留字將於十三日回濟。

娛樂

下午，應高希正兄約至世界戲院觀電影，片為胡蝶、陳娟娟、舒適等主演之「春之夢」，此為胡重上銀幕之作品，表情及台詞均非一般演員可及，但身軀臃腫，極不和諧，而此片故事甚牽強而不能近人情，編者勉欲表現一種聖潔的主婦之情，惜故事不能達出也。晚，應希正兄邀至奎光閣聽戲，彩排為蔣韻華之落馬湖與醉玉娟之打櫻桃，尚可一看，其餘清唱者，竟無一有腔調字眼者。

10月9日　星期四　晴

師友

下午，訪汪茂慶兄於中央合作金庫，詢知交通銀行

趙總經理棣華與中央信託局吳局長任滄均已來京，將約定
同往拜訪，但其時因合庫今日下午舉行常務理事會，須候
會後再往，故余至外間瀏覽，四時復回合庫，值趙、吳二
氏亦在，乃道將往拜候之意，但事即作罷，余與吳任滄係
初次晤面，彼今日即回上海，乃約定俟赴青島如經過上海
時必當往訪也。汪茂慶兄談中國工鑛銀行事本已決定為以
周承緒為副總經理，但今日吳任滄、趙棣華二氏有所密
商，而趙氏又告周君為該行內容太過複雜，望知難而退
云。上午，吳先培兄來訪，談在皖經過情形，似有消極之
意云。

10月10日　星期五　晴

游覽

上午，林鳳樓兄來電話，約赴後湖游覽，乃與高希
正兄同至民生旅社約同前往，今日為國慶節，全市休假，
湖中游人甚多，余等在湖內盤桓至下午三時，其中曾就美
洲草坪上聽廣播收音，乃今日國慶特別節目玉堂春與大登
殿也，出湖後，為游人最多之時，熙來攘往，甚有一番太
平氣象也。

交際

晚，合作金庫汪茂慶同學請客，在座為趙棣華氏及
在金融財政方面服務之主要同學凡十餘人，據談今日請客
意思為交換意見，及可否將來有固定辦法加以聯繫，趙氏
並致詞強調民生主義金融制度設計之重要，希望勿作成市

儈式之銀行家，頗有見解，但在當前則陳義過高也。

娛樂

晚，同高希正、林建五兩兄至群樂聽戲，為王熙雲之紅樓二尤，唱做尚佳，上座頗盛。

10月11日　星期六　晴

師友

上午，到勵志社訪王文甲兄，不遇，留紙包一件託帶至濟南，計有紹南用英文字典一本，德芳用雪花膏兩瓶，又嬰兒用方糖兩磅，下午經王兄來電話，謂已收到，將帶至濟南不誤云。下午，西北實業公司張靜愚氏來訪，詢山東一般情形及青島齊魯公司經營情形，西北方面最困難者為交通問題云。

交際

晚，趙葆全同學在農行總管理處請客，在座皆同學，余託其將來在該行謀相當職務，因現在齊魯企業公司僅有空洞之常務董事名義，絕非可以長久之計，故如赴青島不能發生作用，自不可不另謀也。

娛樂

晚，同高希正、林建五兩兄到介壽堂觀中央廣播電台音樂組表演，計分兩大段，首段為各種器樂，以中國樂器為多，次段為聲樂，有獨唱、合唱等，會場秩序良好，燈光亦佳，空氣極和諧也。

10月12日　星期日　晴

師友

　　上午，許體森君來訪，談在滬參加市銀行工作，內容完全政治化，大官女眷干涉業務，內部亦朋分低利放款，認為省市銀行殊無前途云，許君談吐與在皖時腔調不同，對是非尚有辨別也。上午，王文甲兄來訪，談將於明日回濟，談及山東通訊處尚未有指導委員事，頗主由同學會聘王耀武主席為之，以便掩護同學工作，余甚贊成，但王兄認為王為人甚單純，則係粗淺看法，一般始皆如此看法，久之則知甚狡獪也。下午，訪丁霄漢秘書於省府辦事處，又訪佟金秋處長不遇，彼又答訪，亦不遇。訪牟君誥兄於大光新村，不遇，留片。

交際

　　晚，應崔唯吾先生之邀宴於岳麓路十四號，在座有處理局及行政院關係人員，十時始散。

10月13日　星期一　晴

師友

　　上午，到中央財務委員會訪朱國材秘書與虞右民專委，本欲與朱兄同訪徐堪副主任委員，後因彼有事他往不果，在該會遇安徽省銀行總務科長袁傳彥君，袁君具道該行之每況愈下，而許餞儂到行月餘即請假他往，鄧光烈與柏大權亦採同樣方式，引起若干閒話，現在有發傳單攻擊吳先培總經理者，此亦所指罪狀之一，而吳先培在京滬時

為多，亦為各方不滿意之原因之一，袁君又強調行內對余在行時之去思，迄今益深，余聞後頗覺安慰，但此種不合時宜之作風，難行於今之世，無奈之何哉！

作文

　　下午，撰恢復煙台先志中學並紀念于範亭先生捐啟，凡五百餘字，事先崔唯吾先生送來他人所作兩件，囑另擬，余見此兩件，一則駢四驪六，全係應酬文字，一則浮泛空洞，未道出此校之時代意義，故另由完成一合乎學制之中學與宣導三民主義之正確思想兩點立論，而強調此刻之迫切需要也。

10 月 14 日　星期二　晴

師友

　　上午，到國民政府主計處訪會計局聞局長亦右，據談不日將有濟南、青島、天津之行，監督並視察中央財委會各工廠與公司之交接與經營云，又因謁徐主計長未遇，託聞氏轉達約定時間。下午，齊魯企業公司主任秘書黎超海來訪，謂本日即須赴滬，希望余過滬赴青時準備通知上海分公司照料一切云。

娛樂

　　晚，同高希正兄到中華戲茶廳吃茶，節目有歌曲清唱，惜無一佳者，末為捉放曹及大劈棺，大劈棺為劉蕙琴所演，劉伶唱工做風，均為清唱館中所不可多得，即在舞台表演，亦有足觀也。

10月15日　星期三　晴

師友

上午，到岳麓路十四號訪崔唯吾、張志安兩先生，張先生由濟南甫返南京，談此次在濟競選監察委員，頗多曲折，而勝負尚在不可知之數，因女委員只有一人，劉巨全競選於前，丁基實夫婦本於其派系思想又慫恿秦鳳緣女士競選於後，其以此偶像打擊屬於中央組織部系統之劉巨全，如此情形，須向兩方對抗，惟由投票參議員分析，秦氏之票不致太多耳；又談及尹文敬陪田叔璠至省銀行接事，致詞謂此後省行事渠可不再詳細過問，意若今後可以串通一致，為所欲為，既失態而又淺薄之至云。崔先生將余昨日送往之先志中學募捐緣起加以修正，前半段補充太多，因當時事實余亦有所模糊，後半段則大致照余文。下午，周異斌兄來訪，閒談此次同學參加競選，恐成績不會太佳云。

參觀

下午再度參觀資源館，今日為招待各機關首長，分散說明較多，且有招待員隨時說明一切。

10月16日　星期四　晴

職務

上午，到國民政府主計處訪中央財務委員會徐副主任委員堪，因將赴青擔任齊魯公司事，徐氏係主管人之一也，徐氏詢余省銀行接任者係何如人，余告以係兵站軍需

處長，又問王主席何以用軍人辦銀行，余答以各人看法不同，至此余不能再將尹文敬在此事中之情形故意諱言，乃謂余本早擬辭職，因地方與財部均不容許，故遲遲至今，惟此事尹廳長之看法與余不同云，徐立將余言打斷，謂全係王主席意思，尹在此曾提及，可見其有意掩飾周內，故即未再續談，辭出時請後隨時指示一切云。下午訪朱國材兄不遇，與虞右民兄略談，余赴青前設公事不能辦出，虞兄意可用果公名義將余任常務董事及秘書長之事向公司當局介紹，以免在董事會未成立前遽行前往頗顯唐突云。

師友

上午，同高希正兄偕來訪之石鍊之兄同至財政部訪楊署長綿仲，告以不日赴青島，但欲言余將來之旨趣，因有客而未來得及。中午與高、石兩兄至蜀中便飯。下午訪汪茂慶兄略談高希正兄事，聞高兄自云，合作金庫預備成立煙台支庫，約定由渠前往，但日期暫尚未定云。

交際

晚，張靜愚總經理在寓請客，座中皆山東同鄉，計有國防部次長秦紹文、水利部張含英、衛戍總司令部褚道庵、監委杜聿伯，此外為甫經卸任之友人如尹作聖、王志超、劉道元等人。

娛樂

晚，應馮星北兄之約至大華電影院看電影，係美國片「郎才女貌」，自首至尾，極感沈悶，但該院設備最好，余初次進入，其燈光及影片發音均達最理想之境地，

不可多得也。

10月17日　星期五　晴

職務

接濟南來信云，省行交代事已料理清楚，又新任接事後已將各科部科長、主任更動半數，計三人，即總務科長李琴軒、稽核科長譚慶儒及儲信部洪岳均調為業務專員，連司徒履光代理期間所派駐上海之業務專員及余在濟時所派在京之吳炎，業科專員已有五人，其地位均與科長相埒，則科長層之人員已達十餘人，造成冗員日多及按插閒人與私人之怪象，此即官營事業之最特殊處，蓋無過失之人員不能驅令使去，必任用之私人又必須招之使來，於是主管人多一交替，此種累積即多加一層，久而久之寖成生寡食眾之象，工作者無興趣，混事者無工作，風氣敗壞，此機關即危矣。

師友

吳挹峯先生來訪，談及奉諭辦理工作競賽，將擇定模範省縣鄉鎮，此事大不易為云。

娛樂

晚，同高希正、馮星北觀全安彩排，吳豔琴臨江驛，平平，清唱有胡燕飛等數名尚佳。

10月18日　星期六　晴

交際

晚，京行同人公請劉主任德光為其餞行赴濟，余亦被邀參加，其他客人為高成書兄及德光弟婦等。

感想

閱近人書有「大丈夫」者，記黃石齋事，黃與絕色妓被嬲同榻，酒後寐旦不亂，方望溪云，為聖為佛，成忠成孝，終歸黃公，然其下場則被崇禎帝九審四拷，黃樹賣師求榮，被洪承疇提獲斬首，復引宋人詩云，孔子之文滿天下，孔子之道滿天下，得其文者公卿徒，得其道者為飢夫，云云，今日之世風固尚不若明末，然縱在宋世，已有孔子之道不可行也之嘆，則今日之士大夫即孔子之文已不可幾及，固無足怪，思之可發一嘆！

10月19日　星期日　晴

師友

上午，同崔唯吾先生到黨史陳列館謁見張溥泉先生，因張氏為中央財務委員會委員，故將即赴齊魯事向其報告，張氏對於有主張齊魯山東人參加者太少，須予以破壞一節表示不可，因係不識大體也，按作此主張者為丁惟汾先生之少數左右，張氏所指者乃此，足見此公所見較之丁氏為有眼光也。

游覽

下午，同崔唯吾、張志安先生游中山陵及苗圃，陵

墓今日開放將陵寢亦開放供人瞻仰，此習慣不知始於何時，苗圃養有玳瑁一隻，大如磨盤，其形如龜，無腿有翅，游泳時展動，殊希罕也。

10月20日　星期一　晴

師友

崔唯吾先生來訪，係接洽由省行承兌以工廠名義向中國銀行辦理票據承兌先貼現事，以作建築房屋之用費，余與崔先生並談及胥傳禹君謀為山東省行煙台分行經理事，崔氏主張緩辦，因目前雅不願向新任田叔璠提出也。以電話託張志安先生向山東支團部書記介紹競選事，因余素不相識，其他方面均已直接聯繫也。

娛樂

晚，與韓學玉兄同至蜀中聽大鼓，計有李香君之皮黃，孫大玉之梨花大鼓，王鸞英之西河大鼓，高原君之快書水游，筱金茹之京音大鼓華容道，山藥旦之滑稽大鼓，及蕭玉蘭之梅花大鼓等，頗可觀。

10月21日　星期二　雨

師友

上午，朱國材兄來訪，談齊魯企業公司董監事因食油公司購進轉帳事尚未辦妥（轉帳價格原定540億，現行政院有意增加），同時曾養甫氏所約之常董譚嶽泉尚不能肯定參加，故尚未發表，但希望能於周內辦妥，否則亦將

由財委會給余其他公事前往，余與約定以月底前為動身前
往之期云。朱兄又分析趙棣華、吳任滄二人對吾校同學之
立場甚詳，而同學中情形則對吳邦護兄頗有微詞，陳果夫
先生對吳兄作風頗有不諒之處，云云。下午，韓學玉兄來
訪，晚為雨所阻，又逢停電，乃與希正、星北飲酒宵夜，
縱談一切，至為歡暢。

10 月 22 日　星期三　晴曇
游覽

今日為重陽佳節，秋高氣爽，上午與高希正兄搭公
共汽車赴燕子磯游覽，經過邁皋橋、曉莊一帶，凡一小時
到達，此地於民國十六年黨校肄業時曾經遠足，屈指計
之，已二十年，而河山無恙，人事已非，此廿年來，無非
飽嚐人世辛酸，平添雙鬢白髮而已。燕子磯在江之南岸，
畫立如小山，下臨深潭，危險處均攔以鐵絲網，防自殺者
之下投也，平坦處有茶肆，乃坐飲移時，見下關在望，幕
府山立前，而七星洲、八卦洲在江之中心，風景如畫，至
下午二時始乘車返城。

10 月 23 日　星期四　晴
師友

上午，周嗣賈同學來訪，談將任四川中央合作金庫
襄理，頗不願就。下午，皖省行倪鶴齡兄來訪，談將調重
慶中央合作金庫云。下午與高希正兄至中央作金庫訪汪茂

慶兄，催為希正兄發表名義，當經確定與壽總經理言明先派專員，再候外放。又關於隋玠夫兄事，隋曾來函請調，謂壽氏不肯同意云。晚，陳以靜、許餞儂兩兄先後來訪，係由濟南及西安來出席合庫會議者。

交際

晚，參加山東省銀行京行宴會，被請者有第四兵站石處長及聯勤總部魏司長等。

10月24日　星期五　陰

師友

訪許餞儂兄於介壽堂，不遇。遇沈玉明同學與柏大權君等，柏述在西安中央合作金庫距家太遠，頗願到青島工作，余允代為留意。到安樂酒店訪陳以靜、杜元信、馬懷璋諸兄，不遇。傍晚，杜元信兄來訪不遇，許餞儂兄來訪，備述現在西安各銀行為吸收存款而用之種種利誘存戶方法，等於以銀行為官吏開貪污之門，飾之以更巧妙之方法，使主管方面不易察覺，萬一察覺則銀行且分擔一部分責任，為之慨嘆不置。

娛樂

晚，同許、高、馮諸兄觀新都電影「美艷親王」（Yolanda and the Chief），全係歌舞場面，無甚意思。

10 月 25 日　星期六　晴

交際

　　下午，汪沛然兄來訪，約同馮星北兄同至夫子廟萬全菜館吃飯，飯後汪兄並約至石壩街歌女陳秀英家閒坐十數分鐘，汪兄與之頗有來往，但此等人談吐多為其社會與教育所限制，殊無意味也。

娛樂

　　晚，山東省政府秘書駐京辦公之丁霄漢君在首都戲院約觀電影，片為環球公司出品「血染金沙」（Canyon Passage），蘇珊海華 Susan Hayward 主演，描寫一女郎轉移其愛情之經過，其中有數場打武及騎術與外景攝製甚佳，但由整個故事批評，殊屬不令觀眾引起興趣者也。

10 月 26 日　星期日　雨

師友

　　上午，劉超然兄來訪，謂日昨由上海來京晤王叔銘副總司令，明日即須回滬，所進行空運業務不久即可與軍方簽字云，談頃辭去，余約其午飯在小巴黎吃飯，至時並以馮有辰兄為陪，甚暢。

娛樂

　　晚，應馮有辰兄之約至都城樂府觀樂隊及獨唱表演，甚佳，其中有男高音獨唱數曲，最佳，完結後為京戲清唱，有張蘭芬、陳秀英等，尚佳。下午與劉、馮兩兄至金門聽大鼓等，其中較精彩者為高元鈞之快書武松打蔣門

神，及王鸞英、章翠鳳之大鼓寶玉探病及游武廟等。

10月27日　星期一　晴
師友

上午，訪劉道元兄於東方飯店，不遇，後通電話，余告以司徒履光頗欲為省行董事，劉兄謂十日後當回濟，彼何時可產生即何時再遞辭呈云。傍晚，林建五兄來約余與馮星北兄同至豫豐泰菜館吃飯，飯菜均不甚佳，而酒則美而廉，惟樓上唱揚州戲，頗為嘈雜耳。

娛樂

飯後同林、馮兩兄至中華戲茶廳聽戲，彩排節目為胡繼譚之打嚴嵩，劉惠琴之斬經堂，此劇為海派最易見做工之戲，但均草草了之，余等所坐之位較後，聽看均不清楚，頗掃興。

10月28日　星期二　晴
職務

上午，到中央黨部訪華壽崧同學，不遇。本擬為選舉事謁余井塘先生，因訪華不遇，故亦未果。訪財務委員會秘書朱國材兄，據談為余以何方式赴青事曾於日昨再詢之陳果夫先生，陳氏表示持信前往本無不可，但仍以暫候數日為宜，云云，余忖度陳氏之意，不外因常務董事尚差一人，而曾養甫氏由張自立而嚴家淦而譚嶽泉，迄無成議，陳氏仍為遷就其人選，等候一同發表，或竟俟開創立

會時一併發表，回憶余來京業已月餘，在濟時曾向外聲揚即就新職，而交卸之後久住省行，亦未見十分相宜，今日之處境實感覺相當狼狽，設月底再無成行之期，又當如何乎？

師友

下午，明少華兄來訪，談及山東當局之貪污已無可疑，因其由余之交卸一事，可以反證萬般皆假也，又關於山東明日如何，全視行政而定，但行政表現之低能，已暴露無餘，軍事前途大可悲觀也。

交際

晚，吳先培兄在寓宴客，全係與皖省有關人士，計到有劉廳長貽燕、楊署長綿仲、郭副行長子清、陳參事覺民等人，席間酒量最宏者有楊、郭二人，均一再對飲，郭氏此次參加競選失敗，活動皖行總經理又失敗，滿腹牢騷，楊氏則自稱長為幕僚，亦有悵觸，余亦為之喟嘆不已也。

10 月 29 日　星期三　晴

師友

上午，同馮星北兄到逸仙橋訪范予遂氏，不遇，與其夫人談參加競選事，因范氏刻正召集北方各省之小組審查會也。下午，到介壽堂訪戴鍾衡兄，渠日內即赴建新公司任總稽核，日前到青島將齊魯公司事辭卸，戴兄於畢天德君仍多不滿之辭焉。在介壽堂訪陳長興兄，已移居，但

因其參加宴會，仍相遇，互道別後情況，時汪沛然兄亦在座，余提及赴齊魯恐仍為一過渡，將來須回至金融界服務，兩人提及中央合作金庫不久將成立稽核處，其人選以余為最相當，余請隨時注意。

交際

傍晚，郭子清、張樹人兩兄來訪，約同至堂子街楊公館赴楊署長與韓總經理鈞衡之宴，在座人員與昨晚相似，多一李一平氏，係雲南仕紳，富正義感，其處事為人，據談直係三代以上之人物，為之心折，此外則所談多皖省故實，郭兄於其不能繼任皖行總經理一節，仍不免耿耿於懷，謂設不能主持該行，則希望能得一常務董事，從此告老，連副總經理亦辭卸之，其語甚哀。

娛樂

晚，到介壽堂觀政衡月刊社演出之京戲，政衡乃余在校時所創辦，現母校又復刊，覩及此日，殊多感喟，今晚戲目為蔣韻華、吳豔琴之梅龍鎮，余至時已至尾聲，李榮宣、侯少奎之古城會，平平，醉麗君、筱虎臣、曹四庚之烏龍院，醉伶尚可一觀，但不甚緊湊，筱虎臣飾宋江，一種麒派啞嗓，畫虎不成，有如驢鳴，本帶殺惜，余以為時過晏，同時無可觀者，乃未終場而返。

10月30日　星期四　晴

師友

聞中央派赴山東選舉指導員丁惟汾氏不日出發，意

料山東競選會報不久即將舉行，而丁氏及其左右有舉足重
輕之勢，乃於晚間同馮星北到藍家莊訪王仲裕君，不值，
其夫人云，與丁氏同往者或為王子壯氏，三數日內即可動
身云，余即留字請轉陳丁氏到濟主持一切，因山東各方對
余之競選棲霞代表均願支持也。同馮星北兄訪沈長泰兄於
其沙塘園新居，其房落成甫三、四月，甚精緻合用，房屋
本身約佔十二方，空地則十八方，共半畝，其房屋結構大
致為三開間，西端伸出略長，大門在焉，此間深度為三十
英尺，餘兩間為廿四尺，寬各十二尺，最深之一間為客
室，有套間佔小半為飯廳，中間一間為兩平方，前為書
房，後隔為二，一為小客房，一為洗手間並夾一小儲藏
室，東端一間前大後小為臥房，除中後間外均有陽光，支
配甚為經濟而容易，聞房價春間建築只三仟餘萬，陳設在
外，多為各省行所贈者，因沈兄主管省行也，又談及民生
銀行事，聞已簽送部次長轉行政院核辦云。

10 月 31 日　星期五　晴
集會

　　下午四時，在京校友為慶祝蔣校長六十一歲誕辰，
在介壽堂舉行儀式，由顧校長毓琇致頌詞，攝影留作紀
念，參加者約有四、五百人，佔在京全體之三分之一，十
餘年來，參加母校大規模集會，在余尚係首次，到會者十
之七八不相認識，亦無法一一接談，而相識者有白髮盈
鬢，女同學更多人老珠黃，歲月不居，使人頗增無限感

慨，會後聚餐，有菜數色及壽麵三道，每人納費不過三萬元，頗合節約之旨也。

娛樂

晚，接開游藝會於介壽堂，首為大賜福，麻姑獻壽，均極短促，次為票友同學與莫萱女士合演武家坡，均有舞台經驗，惜乎不夠緊湊，胡琴尤劣，難獲好評，再次為兩同學合串落馬湖，飾黃天霸及樵夫酒保者均尚能有適當之表現，在票友中為不可多得，復次為繆鴻宇與一校友合演之游龍戲鳳，繆飾鳳姐，年甚幼，做工扮相均佳，唱則嗓窄，飾正德帝者則雖甚純熟，但行腔不佳，扮相尤壞，與旦角竟成強烈之對照，大軸為醉麗君等合演大英節烈，由豪傑居茶館起至團圓止，凡兩小時半，全係伶人，頗為精彩，行頭尤新，醉伶之花衫極好，反串武小生之唱與打武稍遜，但已不易矣，最後有賣弓及夫妻相會一段，為前觀所無，散戲近夜一時矣。

11 月 1 日　星期六　晴

師友

上午，到岳麓路訪崔唯吾、張志安先生，因事前未先以電話詢問，故均不遇，乃至鼓樓中央銀行與崔先生見面，主要為談選舉事，現所知者為山東會報指導員丁惟汾氏將俟立法院將綏靖區補充辦法通過後始能赴濟，此項補充辦法在立法院方面頗反對所定全部收復舉行再選，因為此將造成無窮糾紛，故主張只能註明於必要時再選，大致可如此規定，此間同鄉頗有主張將全部名單由省抄來在京先行交換意見，再按正式手續進行者，關於棲霞一節，聞競選人頗多，最好能先造成一妥協局面，余亦知其然，但因所處甚為分散，故不易妥協，在地方言，余之可能性自較為大，所可慮者，丁惟汾之左右難免有提出林毓祥者，則情形將較為複雜，談頃決定余與榮成高希正、平原馮星北均將名單開送轉丁氏於赴濟時注意。泊晚崔先生來電話云，此事已決定先由王子壯氏代表丁氏赴濟交換意見，即作為具體決定，望在濟方速行運用，因此次決定將不再有何變更也云。

交際

晚，省行行員趙蔭茂在行內為其生女請滿月酒，在座皆同人，余因知悉太晚，臨時送禮廿萬元。

娛樂

晚，同星北兄觀評戲槍斃小老媽，太低級。下午同星北看電影「天橋」，王元龍、杜驪珠主演，尚佳。

11月2日　星期日　晴

游覽

　　中央合作金庫庫務會議結束，今日有集體游覽棲霞山之舉，汪副總經理沛然約余參加，余因無他事，乃往，由太平路出中山門先經京杭國道轉入支路，凡一小時至山麓，上棲霞寺，過寺登山，過千佛岩，有小路可攀，惜太狹而游人多，至半路而退循他路向三茅宮方向前進，至山勢較平坦處折返，而未登極頂，此處遇李慶泉同學，拍照數幀，用留鴻爪，由此下山回寺，在合庫準備之地點用茶點休息後登車返。今日例假，南京來山游覽者，絡繹於途，半山以下，徑為之塞，行路之難，視鬧市為有加焉，婦女則爭奇鬥豔，花枝招展，亦奇觀也。今年京市氣候尚未甚涼，霜未降而楓葉猶綠，游人雖折取者多，其實均黃葉也，所見紅葉本已稀少，而人跡所經則被折無餘，亦世上煞風景事之一端也，回程已下午三時。

師友

　　汪沛然兄語余，中央合作金庫東北分庫經理俞銓將有調動，已與壽總經理研究，有意以余接替，前日汪兄本談及稽核處事，余詢其何時可設，汪兄謂即將實現，因壽氏主張東北頗有規模，望余前往，同時稽核處將位置一計政學院之同學，余表示仍以在總庫為較佳，否則東北亦可前往，惟青島齊魯企業公司事望能由壽氏向陳果夫先生提出作罷，因余不願表示係余之意見也。訪許餞儂兄於安樂酒店，並同至百齡廳進麵點，許兄刻在西安中央合作金

庫，因人事不甚協調，情緒極為不寧，表示仍將辭卸公職
為自身有所打算云。

娛樂

晚，與高希正、馮星北同至中華觀劇，為劉惠琴、
胡繼譚之販馬記，劉飾桂枝，胡飾趙寵，另一配角飾李
奇，均能相稱，劉之寫狀一段，唱音嘹亮，做工細膩，殊
為不易，吹腔配笛亦佳。

看書

閱范文欄「大丈夫」一書，序文有引劉祈歸潛志云：
「南渡之後，為宰執者，往往無恢復之謀。上下同風，止
以苟安目前為樂。凡有人言當改革，則必以生事抑之。每
北兵壓境，則君臣相對泣下，或殿上發嘆吁。已而敵返，
解嚴，則大張筵宴，會飲黃閣中矣。每相與議時事，至其
危急處，輒罷散，曰俟再議。已而復然。因循苟且，竟至
亡國。」又呂氏春秋：「武王使人候殷。反報岐周曰，殷
其亂矣。武王曰，其亂焉至？對曰，讒慝勝良。武王曰，
尚未也。又復往，反報其亂加矣。武王曰，焉至？對曰，
賢者出走矣。武王曰，尚未也。又往，反報曰，其亂甚
矣。武王曰，焉至？對約，百姓不敢誹怨矣。武王曰，
嘻！……其亂至矣，不可以加矣。」不禁有感，蓋與今日
情形何其相似也。

11月3日 星期一 晴

師友

上午，崔唯吾先生來，談及國民大會代表選舉，山東省級會報即將舉行，丁惟汾氏為指導員，先派王子壯氏赴濟與省當局交換意見，除丁氏之親信數人必須當選外，其餘概採無可無不可之態度，故省方之運用極關重要，余競選棲霞國大代表，崔先生已與王子壯氏談過，竭力幫忙，但須顧慮省方有無阻礙，所謂阻礙即指王主席耀武而言，因余之脫卸省行，彼係強取而去，初未奉命唯謹也。余憶及八月上旬曾與王氏當面提及競選事，彼無異議，乃於今日備函一件致王氏，申述此一段經過，請為此事盡量支持，效果如何，當置之度外矣。上午，前濟南成大紗廠副理高翰臣來訪，談及該廠兩年來為省府接收經營，存貨日少，係由李子厚經手，不無弊端，但仍將不了了之，蓋其中有省府與建廳之複雜串通關係，非李一人之責，但現在因民生銀行執行追償債權，倍數無從確定，改為以股本三成抵充，則全部財產所餘若干於舊股東及民生銀行籌備委員會均有關係，將來仍難免爭執，可能將全部責任推之李子厚一人，官場中為大人先生之顏面，往往以低微者供犧牲，殆屬司空見慣者也；又談及青島糧業因在蕪湖購米尚未啟運，蕪地糧業受糧食部之命令以低價供應軍糧若干，將其差額七十餘億元加諸青島所購之糧，始准放行，但結果蕪市缺糧，該地糧商對此項軍糧仍難辦齊，糧部又扣其存糧，此糧乃青市所有，因而引起爭執，連帶發覺上

項七十餘億被糧官吞沒廿餘億之數，不免引起官箴問題，
乃為息事寧人之計，由糧部將所扣之糧照青島市價收為公
有，至青市所出之溢價如何處理，則不得而知，亦齷齪政
治中之一怪事也。

11 月 4 日　星期二　晴
娛樂

　　晚，應高希正兄之約，至蜀中飯店飲茶，游藝有高
元鈞鐵板快書，說水滸傳陸大買肉，神氣活現，又說嫖客
為妓女送錢過節，亦極其刻畫入微，次為小金茹京韻大鼓
百山全圖，以故事引出山名，極為有趣，編者之天才有足
多者，最後為山藥旦滑稽大鼓二本藍橋會，尚佳。

11 月 5 日　星期三　晴
師友

　　上午，程國英君來訪，程君乃安徽地方銀行已故程
行長鑄新之少君，近日由無錫來京，接洽該行行務，談及
將移靈安葬無錫，並不舉行儀式云，程故行長創立省行，
奠定基礎，其清廉不阿之作風受其感召者大有人在，余即
其中之一，惜程氏晚年受若干小人包圍，不免為盛德之
累，但瑕不掩瑜，其功固不可沒也，談及近今皖省政情，
省行又將易人，乃至今日各省省行之不易辦理，余等效法
程氏之作風者竟覺無一事可為，咸為欷噓不置也。陳長興
兄來訪，暢談四小時，上下古今，無所不及，陳兄春間曾

游東北，對日本人在東北建設之工業規模，可謂全國疆土不如遼寧一省，談及余本身出處問題，余詢其合作金庫稽核處如成立時可否參加，陳兄認為可以參加，並認為齊魯企業公司情形複雜，駐青島而無實權，斷不可久，陳兄現任河北分庫經理，一、二日內即赴滬轉津，別來兩年今日暢敘甚快。

交際

晚，應許餞儂兄之約，至新味腴吃飯，在座有汪沛然、吳先培夫婦、周嗣貢夫婦、高成書諸兄，余因汪兄提及中央合作金庫將來在台灣設庫，詢其可否由余擔任其事，余詢問題態度不甚切實，彼謂須能先擺脫青島事，未知其是否已因星期日所談事向陳果夫先生處探詢意見而云然也。

娛樂

晚，應許餞儂兄之約在國民大戲院觀電影，片係盧碧雲、蔣天流等主演「母與子」，寫一私生子被社會漠視終於與其母聚首之故事，內容殊為平淡，演技雖有數鏡頭尚佳，大致則平平。

11月6日　星期四　晴

師友

上午，到中央財務委員會訪朱秘書國材，詢其余可否準備赴青島，據談容再與陳果夫先生商量後決定，此事所以如此拖延，實因食油公司尚未辦妥購進轉帳手續，而

常務董事七人中曾養甫氏主張參加一人駐青，此一人一再約請仍未定局，曾函請果夫先生另覓，而尚未作決定，朱君曾提出吳挹峯氏，未蒙採納，同時此刻公司情形仍甚複雜，余等保持冷靜，延長時間，反可使現在運用曾氏關係而求自固之黎超海、畢天德等易於就範，云云。訪朱興良兄於玄武湖，不遇。到中央合作金庫訪汪沛然兄，不遇。到黨公巷訪陳長興兄，不遇。晚，倪裕驥君來訪。

記屑

　　下午，因出外訪友不遇，途中在小飯館吃飯，亦因長久在行內用餐，介乎同人與來賓之間，身分頗為難處，在飯館見種種社會相，如衣冠楚楚之男女在館用極簡單之飯點，擦皮鞋及報童穿梭來往，受飯店之白眼，吃飯者與償官之因一、二千元小帳有極認真之喜怒哀樂，無非種種單薄利害之都市社會人情，而都市中人特重表面，若干無隔夜之糧者，亦衣錦繡而不能食珍饈，公共汽車站之行列多有衣冠極為整齊之男女，囊中實甚羞澀，表裡不一，至於如此。

11 月 7 日　星期五　晴

師友

　　上午，同馮經理有辰至紫金坊第二綏靖區司令部駐京辦事處，訪此次隨王主席耀武來京之劉茂華秘書主任，不值，遇司令部秘書主任鍾曉岑及隨從陳參謀等，此外尚有副參謀長錢伯英，留片致候，並託鍾、陳兩君將留片呈

王主席，表示前來奉候之意，余對於王主席之來京本無必須往見之理由，因恐發生誤會，甚至有人挑撥，故不能不作此形式，至則知其外出，實合初衷也。下午，馮有辰兄赴省府辦事處參加山東同鄉歡迎王主席茶會歸後，謂今日曾與其單獨談話，詢馮兄年齡及是否學財政金融者，一若表示其用人唯才，但其用田叔璠為省行總經理，既非財政界亦非金融界中人，不知又當何說，又當馮君面對余有所批評，謂余能力甚強，獨不知何以總不服財政廳長尹文敬，此語實自相矛盾，余對尹初無閒言，余揭露其短，蓋因其攫行自謀之一種保衛上應有之義，何得倒果為因，又言外在暗示此事仍係尹之所為，彼初無成見，一種政客辭令，聞之作嘔也。到東方飯店訪劉道元兄，彼居旅邸候外交部與美國大使館之簽發護照，又便中訪新由濟南來京交涉民生銀行復業之齊杞南、趙華林及張少鶚三君於東方飯店，均不遇。晚，同高希正兄至白下路東段訪張志聖醫師，張君係在屯溪舊相識，刻移京行醫，憶及在屯係住院為戴天兒療治肺炎，而終於不治，屈指計之，業已八年，戴兒若在，已將近小學畢業，今日與張君相晤，無端引起愁腸，不勝傷感之至。晚飯本與希正兄共同約馮星北兄夫婦吃飯，因彼堅辭，約定後日待其另一夫人來京合併辦理，乃改於行內三人小酌，余近來利用悠閒時光，飲食作樂，酒酣耳熱，藉有奇趣。

記屑

余來京居京行已一月有半，而赴青島之期仍未定，

頗有進退維谷之感，近來由馮經理之態度及若干小動作觀察，已表現十分冷漠，因而更覺感想萬千，余本有意赴滬以待中央財委會通知即行，又慮中間有須面洽之事仍不免返京，同時阮囊羞澀，至滬有困處逆旅之慮，後有意移至介壽堂居住，又恐為行內同人批評為氣量太小，且此等小節不加忍耐，亦不免貽人以氣量不夠之譏，反覆思維，殊有無以為計之苦，亦只好設法催促青島之事早日實現而已。

11 月 8 日　星期六　陰

師友

上午，到中央合作金庫訪汪茂慶兄，不遇。訪楊甲兄，閒談，並與該庫輔導處長彭師勤介紹相識，但未深談。到青石街訪金戒塵兄，不遇，知今晨去滬矣。到介壽堂訪尹作聖兄，據談貴州稅局交卸後仍未確定工作，中央財務委員會本有囑其赴濟南辦理興濟公司之說，係偶談未置意，余則認為此事大可進行，因津浦路不久即通，工廠甚有前途，且可進而等待省政府之改組，謀財政廳長一缺也，談竟至同慶樓吃飯，並遇劉道元兄，由余一併會帳。下午，到高家酒館訪吳先培兄，不遇。下午再度訪劉秘書主任茂華，仍不遇。訪韓學玉兄不遇。

娛樂

下午，到世界電影院看電影，片係國產，龔秋霞、陳娟娟、陳琦、呂玉堃等主演之「苦戀」，描寫一對同父

不同母之子女之錯誤戀愛，係一悲劇，情節間有牽強處，
但大致尚平妥。

記屑

余自交卸省行後，即度休閒之生活，已一月有半
矣，此期間內可謂飽食終日，無所用心，友人相遇者無不
謂已肥碩豐潤，較昔煥發多多，攬鏡自顧，實屬不虛，
往昔余每有不如意事即覺不終夜，近年涵養功夫稍稍進
步，縱極煩惱之事亦能置之度外，眠食無缺，誠養生之
大助也。

11月9日　星期日　晴

師友

上午，林建五兄來訪，並應高希正兄邀同至金鈺興
進麵點。上午，吳先培兄來訪，談及皖省行將交馮達璋接
任，其常務董事底缺問題尚未完全解決，故手續尚屬未完
成云，又談及政府對於北方共軍勢力之燎原及蔓延至長江
流域而無根本戡除之道，遂有前次任命宋子文接主粵省政
之舉，聞宋將黨政軍一元化，中央將不惜人力財力以保障
之，廣西重要性從同，故現在主皖之廣西派將更鞏固，此
看法如屬不虛，則今後國內時局恐將更日趨惡化，共軍殺
人放火，政府則內政不修，長此糜爛，吾民將無噍類矣。

游覽

中午，應吳先培兄之約，與友人十餘人同至陵園音
樂台賞菊，其地為一圓池形，可謂萬紫千紅，洋洋大觀，

有若干花朵之形色，為夙昔所未見，如某盆名為金盤龍，黃花全係屈曲，盤結為蒲團，又有金龍虎爪，乃黃花瓣之邊緣有極細而外刺狀圍繞之，此外奇葩極多，難逐一詳記，游人乘假日而來者，絡繹不絕，徜徉其中，直如仙境，設無遍地烽火，真太平盛世之景象也。下午二時新疆歌舞訪問團在音樂台表演歌舞凡八節目，其時仕女聚集如雲，萬頭鑽動，歌聲與音樂節奏悠揚，極為悅耳，余尚為初次領略，樂器中有笛極高亢，而女高音復響徹雲霄，雖室外仍嘹亮如黃鶯出谷，殊為得未曾有者，在四十分鐘後於熱烈掌聲中結束，盛況真空前也。

交際

　　晚，與高希正合請馮星北兄新近由杭州移居來京之崔、朱兩太太於六華春菜館，凡五人飲酒三斤餘，當時尚未覺過量，迨半夜就寢後，即覺酒意發作，而頭略痛，蓋今午在陵園野餐，吳先培兄備有雙溝大麴，痛飲於黃花叢中，至晚猶未全消，兩種酒作用全發，遂覺難以消納也，馮兄之兩眷均有相當學歷，惟彼對現狀仍極不滿意，諒尚有難言之隱無從排遣也。

11 月 10 日　星期一　晴

記屑

　　下午，出外散步，夙知南京狀元境為舊書肆之區，乃往一觀，但所見書店不過兩三家，且內容空虛不堪，復有一部份僅賣鄉間街頭之低級讀物，而又僅供託售，不營

零賣，此外則舉目所見皆中下級旅館，街道湫隘，行人稀
少，聞此街之所以取名，謂係秦檜故居，不知有無根據，
由此折往夫子廟泮池書社，此書社專賣金石碑帖書籍，瀏
覽珂羅版碑帖二、三十種，非余所已有，即無甚當意者，
有日本平凡社書道全集八、九本，余因前已有一本王氏父
子之墨跡，因而頗感興趣，此數冊中有羅入唐碑數種，印
刷頗精，但摻入若干日本墨跡，且索價高，不取焉。

11月11日　星期二　晴
師友
　　上午，金戒塵兄來訪，閒談安徽省行正在遞嬗之
交，尚無具體眉目，金兄原任襄理，現其一部分皖籍董事
頗主由渠接主董事會所轄之稽核室，藉以發揮業務監督作
用，金兄謂此事可否擔任，詢余所見，余謂若不甘寂寞，
不妨一幹，否則仍不若續任領錢不負責任之襄理，駐京奉
養老母，以省精神，蓋安徽六、七年來受貪污政治之剝削
已至不可翻身之境地，其前門之金銀財寶已被攫淨盡，僅
在消極方面注意此一銀行，可謂明察秋毫而不見輿薪也。
談頃約高希正、馮星北同至晉南香吃麵，飯後並約數人至
新都觀電影，金兄本謂到行一行即來，結果以票轉贈高炎
君屆時轉來，高炎君乃在皖所識，據談刻任霍邱東西湖官
產清理處處長，因匪患已不能辦事，又談數年前曾於在立
煌時為省府主任秘書王丹岑所辦兩間書屋約集股份，余亦
有之，詢余結果，余對此已不復省憶，僅有模糊印象，謂

自離立煌後即未聞有何下文，高君即大罵王丹岑之以騙人
為事，余唯唯，其實現在流行官場之所謂樹立經濟基礎
者，大半皆此類也，余知之已多，早已置之腦後矣。下
午，同高希正兄訪周天固兄於中央日報社，並訪馬星野
兄，此馬兄乃廿年前同學，歷次來訪均不遇，遇亦只忙其
本身事或巡逡而去，亦從未見其答訪任何人，此作風頗近
於上海人或西洋人也，高兄與周兄談及蕭繼宗兄有意謀接
安徽省政府新聞處處長事，研究如何進行，周兄頗不以再
幹皖省之事為然，因與李主席相處者，結果多不歡而散，
且聞李氏又有不穩之說，則前往為一過渡，又有何許意
義，余亦同意此種見解。繼又閒談此刻之大局，均認為不
能樂觀，北方不論矣，即如安徽之共軍流竄遍省，其勢未
因國軍之攻擊而稍殺，反之更有根深蒂固之態勢，安徽尚
且如此，北方各省局面更屬澄清無日矣，相與欷噓久之。
娛樂

　　下午，約高希正兄等在新都觀電影，為中國片「南
島相思曲」，由王豪與季禾子主演，寫一對男女結婚後為
家庭勉強拆散，重逢之時，此女郎已病危無救，結局以斷
腸終，其中穿插歌曲三數首，尚佳，女角季禾子演技雖平
平，而面貌頗美，攝影技術尚佳。晚間同高希正兄至群樂
吃茶，有胡玲玲、白雪之歌曲等，最後為王熙靈、王慧娟
主演之全部紅娘，王熙靈飾紅娘，雖有合身分之活潑，而
身段台步及唱工均屬平庸，其餘配角則無足觀者矣。

11月12日　星期三　晴

師友

　　上午，湖南省銀行楚湘匯兄來訪，閒談近今種種社會現象，多有啼笑皆非之感，如涉及政治問題時，均認為前途不能樂觀，而余則得一結論，認為當前知識分子最為可鄙實亦最為可憐，蓋現在無論國民政府以至共產黨政權，皆未足以代表此輩之利益，共黨視此輩為沒落，國民黨則種種措施只代表一切新發的官僚資本利益，知識分子之為公務員者，不過恃不健全財政中之餘饞為生，政府不過雇傭此等分子以表示並維持其存在而已；又如談及現在政界之技術多用於營私舞弊，而此種營私之伎倆，世上最難之事乃為大善與為大惡，為大善者如放賑最難澈底，為大惡者如分贓最難均勻，故今日之為大惡者類皆具有為大善者之條件，而今日政治之不能改善，殆真所謂是不為也，非不能也云。上午，石鍊之兄來訪，約定下午到陵園游覽。上午，郭祥芝兄來談將出發徐州一帶督辦敵偽產業處理事務，謂尚有若干工廠未能標售，似有利可圖，余意此所見者非完全有當，因軍事情形已屆瞬息萬變之境地，除非用最滑稽之方式買到後即行拆散變價，欲在此時期經營工業實為自尋煩惱也。下午，司徒副總經理履光來京，談一月餘以來行內之形形色色，其中最可笑者為新任儲信部主任高連佩在行內探詢余以前在行時是否利用該部為余個人牟利彌補開支，目的在供新任者作為藍本，又常務董事靳鶴聲用壓力向行借五億元放款牟利，而新任總經理田

叔璠以行款充分供給其有股份之孚貝銀號，於以見皆孳孳
為利，故其本人出外觀察完全為秋季旅行性質，以逃避此
種種不愉快之事實而已，晚飯由京行招待在萬全吃飯，暢
飲甚快。

游覽

　　下午，同石鍊之兄夫婦、高希正、馮有辰兩兄至國
父陵園游覽，因今日為國父誕辰，各機關且放假，故仕女
如雲，盛況空前，但靈寢因游人太多反而未開，不若星期
日前往瞻仰為較易也，由此至音樂亭觀菊花展覽，與星期
日所看者同，有數棵如金盤龍、綠牡丹等開放情形視前數
日又有不同，風姿宜人，觀而不厭，盤桓良久轉至靈谷
寺，先入寺吃茶休息，見有盲啞學校旅行啞生亦在休息，
均以手勢代言語，有女教員某君附坐於余等吃茶之桌邊，
馮兄誤以為亦係啞者，彼因而失笑，遂閒談該校辦理情
形，此人具有教育界者之風度，談吐清楚爽朗，甚可佩
也，由此轉登後山，謁譚祖庵墓，其地曲折清幽，頗有園
林之美，猶憶十年前曾與德芳來游，夏日天變遇雨，在亭
台暫避，恍如隔昨，而現在舉目所見，游人猶是，孩提老
耄，行色無殊，但今日平添若干白髮者，皆當時洋溢於青
春中之過來人，其時曾率紹南來游，置於花叢，尚不能覺
察大人之匿離，今已入中學而漸近人生之現實階段矣，時
光老人，真無情也，下譚墓後轉至陣亡將士紀念塔，此塔
在十年前來游時僅著手建築，尚未落成，現在則矗立山麓
矣，塔凡九級，按現代建築原理由中央循螺旋形之扶梯攀

登，以至極頂，最上層八面有門通至外廊，由此鳥瞰城南市廛櫛比，更南為江東門，長江如帶，東南一帶則體育場、孝陵園歷歷在目，惜北阻於山，僅能見其比鄰之陵墓而已，塔之一至八層，各有四門，除第一層外，均各隔嵌石碑，為吳敬恆、于右任兩氏所書革命文獻，分作小篆與草書，尚無摹拓跡象，大約刻工不佳，或兩氏尚存之故，由此重返靈谷寺，與朱兄同車進城，其時已日薄崦嵫，而游人在候公共汽車者尚如長蛇陣蜿蜒里許焉。

娛樂

晚同高希正、馮星北、司徒履光諸兄同至都城樂府聽音樂與清唱，余等到時較遲，音樂已近尾聲，清唱歌女十數人，以陳秀英、尹弟弟、張藍芬為殿，歌唱殊少精彩。

11月13日　星期四　晴

交際

上午，請司徒履光、馮有辰兩兄到中華門外馬祥興吃飯，菜有美人肝、松鼠魚、燴牛筋、核桃雞等，皆係該館特殊供應，飯間遇安徽省銀行張樹人君宴客，所請皆安徽舊相識，如黃同仇、劉貽燕等，尚有馮達璋經理，已兩年不見，即所傳將接省銀行總經理職者，又有許漢三君，聞已接任企業公司總經理，頗有種神經過敏之揣測，認為彼以前與章乃器氏有聯繫，章與共產黨接近，藉此可與共匪交換物資，彷彿抗戰期間之企業公司總經理羅園仙曾與

偽組織蚌埠皖省長羅君強有關係因而進行貿易，又遇金戒
塵兄，謂已正式辭謝該行一、二常務董事之請擔任稽核主
任，蓋採納余之意見，認為政治風氣如此，辦理此等事
務，徒費心血而絕無裨實際也。

師友

下午，同司徒履光、馮有辰兩兄到首都看電影，片
係羅蘭、嚴化、吳驚鴻等所演之「玫瑰多刺」，寫一因民
族鬥爭而殺害其夫及被殺之故事，意識頗正確而演技不足
以副之。

見聞

余由中華門乘公共汽車至新街口，車為市府所辦，
人極擁擠，而多穿軍服不肯買票者，女售票無如之何，鄉
人有與售票員講論票價者，車人多訕之，但不知較根本不
買票者又如何乎？

11 月 14 日　星期五　晴

師友

晨，楊博聞兄來訪，彼係安徽省行老同人，數年來
辦理安徽省行與江蘇農行合營之皖南實業公司火柴廠，頗
著辛勞，最近到上海、常州一帶參觀火柴、紡織等廠，除
紗廠而外，多因原料及銷路與通貨膨脹等問題正在不死不
活之掙扎途中，皖南之火柴廠亦同此命運，諸如梗片、赤
磷、白藥等均不易儲存，而資金愈用愈多，金融界無此力
量可以協助，有力量者又未必肯於扶助，辦理多年之事業

又未可一朝停頓，均極感苦悶云。又楊兄對於工業官營與
私營者所表現之差異，謂深值注意，蓋民營廠有數十年逐
漸擴充而來，種種設施皆有百年大計之圖，官營者則多存
五日京兆之心，列舉許多事實，說明此中利弊，極為發人
深省，今日兵戈擾攘，國營民營之爭，方興未艾，如國營
確屬不可救藥，則我國經濟勢須仍走資本主義之道路，則
國父之民生主義理論殆未深思今日之國民性也。下午，因
張敏之兄日昨過京來訪，崔唯吾先生約於今晚餐敘，乃與
高希正兄同往，張兄昨日未遇，今日談話始知已決心擺脫
徐州山東臨中事，其步驟為先赴青島就市政府參事，再行
言辭，則教育廳即非准不可矣，此次赴徐尚有一任務，即
為尋覓房舍準備先志中學復校，此項復校問題自上月余草
擬緣起經崔先生修正後，因送丁維汾氏簽字領銜，不蒙贊
助，以致擱置至今，現在決心自籌，不煩此等人之領導
矣。崔先生又談及煙台收復後社會部本已允撥賑款三十億
賑濟煙、威，但須購雜糧運往，始能應付需要，而此點省
方與部方意見不一，王主席在京時亦遷延未決，故迄今未
能實行，此間同鄉又生枝節，認為不應以煙、威兩地為對
象，因循坐誤，為之痛心。又王耀武主席之油滑據稱已有
口皆碑，此次在京招待同鄉談話，有謂彼非為敷衍官場而
任用外省人，實因過去未在本省服務，不知本省人才之
眾，故今後對此點當注意云，此實為欺騙麻醉之一種口
調，蓋因彼知近來一部分山東同鄉對彼不滿，故作此言以
為緩和之計，至其本身則正倒行逆施，即如財政廳與省銀

行之易人與今茲所談實大相矛盾，設非其當初之虛偽挽
留，趙季勳又與余當早已告退，設非二人不能勝任其職，
即係彼故弄玄虛，至欲去之之時，則假惺惺面孔最易為人
信以為真，此套手法，已數見不鮮，何得委為不知山東有
人，是真欺人之談矣。又談及余赴青島齊魯公司尚有待
時，因涉及現在公司籌備處主任秘書黎超海之為人，重慶
中國製鋼公司及山東民生企業公司之由畢天德主持，皆崔
先生之力，但黎之於畢則如影隨形，其實此人最為狡猾，
藉公濟私之事，當不可免，余因憶及夏末在濟出席民生企
業公司該公司提董事會報告有在滬購進腳踏車若干部因中
央銀行結匯價格予以優待，故以一部分為報效云，因謂此
事為之有無弊端，崔先生聞言大驚，謂此項交涉為其一手
所辦，並無報效之事，今竟有此，當查明其經過，予以檢
舉云，此事乃偶然提起，竟是一弊，可見現在任一機關任
一事業，舞弊情形之多而不能發覺，或不勝其發覺，真如
秋風之掃落葉，無窮無盡也。因而又談及目前社會各角落
之種種藉機自肥現象，奇特者竟於匪夷所思，如此政治與
社會而謂能立於大地，天道運行，其有斯哉！晚，代高希
正兄擬中央合作金庫對於中央銀行提高四行二局一庫拆款
利率之意見，緣照去年底四聯總處所定各行局庫拆款辦
法，比較寬泛，至今日息五角，亦即月息一分五釐，現則
將範圍擴大，利息提高，日期抽緊，範圍擴大者即分為三
類銀行均可拆借，一為國家行局，事先定一額度，由當地
央行隨時無抵押照借，但認為必要時得降低其額度，二為

省銀行亦得呈准在其存款準備金額度內另提供押品拆借，
三為商業行莊之參加聯合準備庫者亦得呈准後另提押品拆
借，利息提高者即照當地中央銀行掛牌同業日拆七折算
息，期限抽緊者即按日計算，但如連續或在卅天內有繼續
五天者均不打七折，各行局對此項辦法，皆表示反對，其
中交通銀行所提甚為完備，合作金庫交希正兄擬提，彼囑
余屬稿，余所提凡四點，各行局概括者兩點，一為現行低
利政策是否放棄，且不放棄，似不可單獨解決此一拆款問
題，二為目前各行局之信用政策皆受中央控制，既無不合
理之信用膨脹，則此舉於收縮信用絕無裨益，合作金庫特
殊困難兩點，一為扶植合作事業有低利貸款之必要，此項
貸款之資金除一部分取自央行轉質押重貼現外，自籌頭寸
亦佔重要成分，拆款亦為來源之一，利率若高，自有不勝
負擔之苦，二為合作貸款期限較長，利率固定，修正拆款
辦法隨市息而異其利率，則營業期中頭寸張弛無定，既不
能不有時以拆款補足，勢使營業成本無從計算云云，以上
所擬根據現在四聯總處之種種一般措施為依據，所閱參考
資料不多，然大體相差無幾，但若整個檢討當前經濟態
勢，則低利政策之無有是處，實至為顯然也。

11月15日　星期六　晴

參觀

　　上午，到香舖營文化會館參觀李忠恕堂家藏書畫展
覽會，出品數百件，頗多佳者，其中何子貞對聯有兩副，

其一副為「迎風翠果擎枝重，得兩圓荷舞葉涼」無一敗筆，且用筆豐潤，顏意特重，更無鼠尾式之筆鋒，殊罕覯也，其次精品有鄭孝胥大中堂、伊秉綬小三尺聯、文徵明長卷、康熙帝手寫心經、劉石庵四幅長軸、董其昌緙絲小幅等，均值一觀，畫則有余秋室鶯曉樓之美人圖多幀，頗佳，此外則山水花卉，均有佳者，惜無如許力量可以購買耳。晚，同司徒履光到介壽堂參觀大學週報社主辦之大學歌樂會，由國立音樂院教授黃友葵女士主持，音樂院男生臧玉琰、魏啟賢、王福增、女生曹承韻、黃凜、梁培愷、勞淑德等演唱，全部音樂會由徐環娥女士伴奏鋼琴，手法老練，不可多見，此次節目計分男女二重唱，女高音獨唱，男中音獨唱，女聲二重唱，女中音獨唱，女高音獨唱，男女四重唱等，末為歌劇荊軻中之插曲，包括男聲四部合唱，男獨唱，女聲三部合唱，男女二部合唱等，此劇顧一樵編，梁實秋歌，應尚能曲，頗平淡，惟以上各項吹奏多西洋名曲，則不易也。

11 月 16 日　星期日　晴
師友

　　省行副總經理司徒履光閒談其來京之任務，表面為視察行務並逃避責任，實際彼對於田叔璠之繼余為總經理，不惟表現不佳，且財政部根本對其資歷不合一節書諸公文，財部對田永無派令，反之司徒本人已接派為副總經理之派令，故擬運用財政部及省參議會之關係，謀取而自

代，彼與俞部長鴻鈞之子婿現任中央銀行副局長者有舊，
將往滬一晤後，即行謁見俞部長請求此事，參議會方面則
因十二月間集會，此會對尹文敬、田叔璠為難關，故亦擬
加以策動，在十二月間造成一種攻勢云，目前第一步在先
取得劉道元辭董事呈文，俾謀為遞補云，余認為此事不妨
進行，但不能謂定有希望，因根本關鍵在省而不在部，目
前省方對田之有無派令並不置意，部方意見均非王主席所
願，因彼曾表示彼所請來之人不能再行請走，田之來係彼
與尹文敬所為，田之缺點如受指摘攻擊，即等於彼等之瘡
疤被揭，是非事小，意氣事大，此刻非有特殊重大之原
因，田決不能動搖，至司徒謂在離濟時王主席曾詢因何出
差時，彼曾答謂無法與人共為私圖，此言雖有分量，但絕
非王主席所願聽也，王氏非不知田之並不適於接任余事，
余辭職前裴鳴宇、龐鏡塘曾建議田不可用，王氏亦曾表示
決不用田，而結果適得其反，則其虛偽至於如此，其於田
之必須支持到底，從可知也。余對司徒談話本不可如此露
骨，因彼為王主席之左右，所謂疏不間親者，但彼仍以此
事與余相商，余即不顧一切矣，但於其熱中之處尚不能過
分打其高興，故謂仍不妨進行，其實無用也。司徒又談及
在行服務以來絕無額外收入，中秋節協和勝花行送五千萬
元，立即退回，至今所多者僅節餘所購之黃金二兩，他無
所有，余亦表白從無此類收入，勝利之初收購偽鈔可以發
財，余未屑為，即今年已決心不幹之初，大可利用時機藉
放款差息圖謀下台地步，然余亦不為也，所得到之唯一利

益，即住宅由行轉售本人，明年開始還款，貨幣貶值之無
形所得而已。余順便與司徒研討此款將如何付還，彼謂余
將來赴青，此房不用，擬由彼承租，房價遲早並無關係，
只需逐次交付，隨即生息，俟足三千五百萬時即可歸帳，
余繼問其此款由王主席送行收帳時係從何款而出，司徒謂
係當時王主席囑其往取，但彼又不敢向索，故臨時劉子珍
處息借而來，後又籌足四千萬之數還清，此兩月出差費可
以挹注也云，余聞言未予明朗答覆，因余所考慮者，一即
王主席、尹文敬等對外聲言送余房屋，設此款果為司徒所
墊，其責在王不在余也，二即余已開始還款五百萬，司徒
持送王主席後退回，一若確係請示後而行者，則與今日所
談不甚合節，惟由今日談話觀之，此款之必須償還，實無
甚疑義，房屋之主權，並不發生動搖也。又司徒談行內將
此房賣出，實曾報董事會備案，故在彼代理行務期間，已
以不能使用為理由原價轉賣報請備案云，司徒兄又談及其
本人計畫，請余為其在齊魯企業公司按插一不支待遇之空
名義，彼今日已第二次提及，故余不認為其為戲言，謂須
與曾養甫氏商洽辦理，其提出此意者，為將來謀所以進攻
退守，又如現局不變彼將請以指揮煙、青之理由常駐青島
云。又彼談其此次離濟出游前存款吸引至三百餘億，十一
月份盈餘可達二十億，在將離之時，田叔璠至感不能應
付，此行所以將成績表現予以強烈之對照云，余對此點
認為並無用處，因此正可使尹、田據為己有互有表功之
資料也。

娛樂

下午，林建五兄來約與司徒履光兄同至金門聽大鼓書，節目甚多，較精彩者有高元鈞之滑稽快書、趙匡胤鬧飯店，筱蘭英之梅花大鼓寶玉勸黛玉，程玉蘭之河南墜子羅成算卦，何硯樵之單絃水漫金山寺，及章翠鳳之京韻大鼓馬鞍山聽琴，張韻霞之京韻大鼓坐樓殺惜等，前後計四小時，其中河南墜子余以前從未聽過，由唱片中覺其無甚趣味，今始知有其特長，大抵用音高亢，為北調特色，豫陝之梆子，情調相類也。

交際

晚，司徒履光兄約余與林建五兄在龍門居吃飯，其地有嚮導社掮客來必欲介紹侑酒，二人均同意，余不便峻拒，遂亦聽之，席間二人均有粗俗不堪之語言調笑，嚮導二人中亦有一人極善應付，其名為「小時代」，但江湖氣奇重，貌亦不揚，誠不知樂趣何在也，聞此輩嚮導均出身貧賤，無以維生，乃操此業，每小時代價萬餘元，其中老闆伙計提分其大半，餘歸其本人者則極微細矣，聞嚮導不過其名，實際賣身者極多，亦可憐也。

采風

南京今日始有深秋意味，但仍以夾衣為多，夜間則薄被已足應付，出外之時，街頭乞丐較昔為多，聞與共產軍之戰事日在擴大，難民難胞，麕集都市，此問題正不可小覷也，目今塞外早已入冬，華北亦冰雪荐至，都市中之虛榮，市民之苦悶頹廢與麻痺享樂，正與老弱之轉於溝

壑，流浪於途，為強烈之對照，可不悲哉。

11 月 17 日　星期一　晴曇、晚朔風細雨

師友

　　下午，訪韓學玉兄於市立第三中學，並便中初步參觀其圖書館，內容甚充實，據稱藏書有十一萬冊，為全市所無，緣此校在抗戰前為一小學，淪陷期間偽官陳羣辦一正式中學，書籍皆其所捐贈，線裝書數萬冊，尚未編目，外文書亦數萬冊，僅大英百科全書即有數部，各大學或且無之，余今日因時晏不及參觀其書庫，僅就其閱覽室略加巡視，散架雜誌不為多，參考書除字典外，計有四部叢刊（洋裝）、四部備要、叢書集成、萬有文庫、初中學生文庫及十三經各一部，共計近萬冊左右，不過其全部藏書十分之一，但僅此部分已為他校所無矣。

感想

　　余連日度極悠閒之歲月，因余能體認乃生平所難得，故非但不以為苦悶，且深覺乃係一種享受，蓋極繁忙中往往極豔羨此種優游心情也，時人談及顯宦，恆有不甘寂寞之一語，余揣摩此種心情，殆有兩種，一為受事業心之驅使，此種不多，二為受虛榮心之壓迫，此種佔極多數，余則鑑於遍地烽火之神州，對事業破壞多而維護少，根本無熱中之念，而為存心熱鬧顯赫，非做官不可之輩，自始即與余之觀念有異，余固所謂「童僕歡娛賓客飽，始

知官職為他人」之過來人也。

11月18日 星期二 晴

參觀

　　下午，到市立第三中學由韓學玉兄引導參觀該校圖書館，計藏書十餘萬冊，中西文參半，多數為前陳羣所藏後贈正始中學，勝利時被市教育局接收交該校者，其中一部分已編目，大部分尚在整理之中，由架上所插者察視，內容甚為美備，英文百科全書有數部，專科學典亦有若干，專著尤多，中文則圖書集成、四庫全書珍本、四部備要、四部叢刊，為數均在一部以上，有若干零星不足部者，亦甚繁多，至於西文教科書有每種十數冊者，係備課堂講授之用，此種設備，即視之大學圖書館亦不多讓也，余等瀏覽一過，費時計兩小時，其中尚有一部大清會典各朝實錄，係日本影印，書套作黃色，內用美濃紙印刷，紅格黑字，套印極美，亦別有意味。

交際

　　晚與周局長曉東、司徒副總經理履光及馮經理有辰同至大集成酒樓吃飯，此館為南京紹酒最佳之所在，有竹葉青、梅花凋兩種名色，竹葉青價低而良，菜亦可口，有女招待，但對賓客頗怠慢，至付帳時始略殷勤，極現實也，聞于右任院長對此酒樓極贊許，且有法書贈某女招待，又有若干同好，賦詩題跋，裱成冊頁，想見六朝金粉之太平盛世，但惜不倫耳。

娛樂

晚，與周、馮、司徒等人同至中華戲茶廳吃茶，為劉惠琴所演拾玉鐲，做工極細膩，但較之一般有微別者則孫玉姣驅雞時並未見雞合而動春心，又戲末孫玉姣與劉媒婆告別時有門栓插上拉出之色情對白，此則僅於鐵弓緣有此穿插，拾玉鐲中無之也，最後為胡繼譚之空城計，唱做均尚可觀，飾司馬懿者則扮相太壞，此劇能演出於茶廳，固非易事也。

11月19日　星期三　晴

師友

上午，牟尚齋兄來訪，甫由青、滬來京，謂外匯已買妥，不久可出國，中午同出至晉南香吃山西麵，飯後至其所住之民生旅社休息並訪林建五兄閒談，辦公時間到後即同至外交部訪李琴同學，因其所簽之護照須延長日期，又現在美國大使館需要考察計劃，此計劃擬就呈部請核轉也，經李兄將原件送主管科一閱，認為可行，大約明日即可開始辦理一切云。馮有辰兄告余，今日晤楊綿仲署長，據談準備至齊魯充常務董事之譚嶽泉已在京即轉青島云，但余不知何以中央財委會至今對余毫無表示，豈其中又有新變化歟？

交際

晚，林建五兄在別有天請客，在座者有山東高等法院胡院長章甫、省立醫院王院長寶楹、省公路局周局長曉

東及省行司徒履光、馮有辰諸兄、牟尚齋兄，席間有廿一號女招待，頗安詳，但司徒與周二人則多口出輕薄之言，其餘在座者均感覺過分，應酬應有分寸也。

娛樂

晚，應林建五兄約至金門聽大鼓書，較好節目有筱蘭英梅花大鼓，張韻霞京音大鼓，高元鈞快書水滸及劉寶瑞戲名相聲等，單絃二本胭脂亦佳，十一時返。

11月20日　星期四　晴

交際

中午，前省政府辦事處長吳小園請客，在座尚有司徒履光與馮有辰兩兄，因備酒三種，勸並飲，飯後頗為不舒。晚，山東省政府辦事處佟處長金秋請客，在座十餘人，皆與山東有關者，遇徐伯樸君，乃廿年前在泰安時期之老友，現在教育部社會教育司任科長，近年並學畫甚勤，席間徐君有對客失言處，聞之刺耳，可作參考之助，緣徐君酒半酣後，謂山東、湖南、廣東朋友性情直率，不分彼此，在座雖有三籍貫，而如一家人，較之江浙大不同，座中有山東高等法院胡院長章甫寄居河南，原籍寧波，徐君誤以為係湖南人，余亦向以為係河南人，故在交際場中最好不涉及各地民性，縱有涉及，非摯友相聚，審知其籍貫者不可，此點關係甚重，不可忽也。

師友

上午，牟尚齋兄來訪，本約余等到南門外吃飯，因

余等有約會而罷，彼自回旅邸。

娛樂

晚，同司徒履光兄到蜀中飯店吃茶聽大鼓，到時已八點，正由孫大玉說梨花大鼓，此為在京說山東大鼓者之唯一人，聞已十數年，但藝不見佳，以次有高元鈞之水滸傳，為武松裝新娘，極緊張，小金茹之京韻大鼓戰長沙，平平，山藥旦之新辭獨占花魁，甚雋永有味。

11 月 21 日　星期五　晴

職務

上午，到中央財務委員會訪朱秘書國材，談齊魯公司事，余之所以守候至今，在果夫先生意即因創立會遲未成立，過渡期間名義甚難著筆，如加派為籌備處副主任，亦與催促該公司結束籌備之旨不符，創立會所以遲不成立之原因，與曾養甫氏所提之一常務董事人選迄未確定有關，渠初提為張自立，不就，又提嚴家淦，亦不就，第三次提譚嶽泉，遲遲未決，其中一度有不就之說，朱國材兄因曾氏電請陳果夫先生選人，提出吳挹峯氏，而陳氏又不同意，最近譚由湖北來京，謂曾得萬主席同意辭去其建設廳長職務，即改就斯職，萬欲改組省政府，而中央又不允許，故譚已赴青就商於曾氏，刻尚未返，如此情形延至何日毫無把握，故朱君主張可不必等待亦不必要過渡名義，可立即準備動身，其手續則由果夫先生備函持往，余對此亦同意，即請其照此意轉商，關於公司本身問題，將來必

多演變，因曾氏不能在青久居，其意在於臨行時以董事會
事託付於譚，故將來余側身期間，深淺輕重，必須恰到好
處，平時終以不露聲色，多注意少說話為要著，此點余與
朱兄所見相同也，又食油公司已與行政院洽妥購進，正在
行文準備交接，價款照原估加五成，此公司接收後屬於齊
魯，抑屬於中央財務委員會另成機構，刻尚未定，前者之
意自應併入，後者之意毋寧獨立，因會方對當前之齊魯頗
多不滿意也，又朱君對齊魯大有付託非人之感，謂若余早
能脫離省行，或不至由曾氏約畢、黎一般人來任其職，
其實此語不過表示其一種感想，實際情形固未必若斯之
簡單也。

師友

張少薵兄來訪，談山東省民生銀行復業事，已經由
行政院指復財政部照准，作為農業專業銀行，但將來具體
問題甚多，決不能簡單就緒，又此行之股份中隨糧帶徵部
分究竟將來作為商股抑作為公股，又在新省行條例即將實
行之前夕，應如何因應，亦為大須斟酌之問題云。

交際

晚，山東公路局長周曉東在大集成請客，到者有牟
尚齋、林建五、司徒履光諸兄等。

娛樂

晚，同六、七友人到中華聽戲，戲目為胡繼譚之
失印救火，此劇從未聽過，甚別緻，最後為劉惠琴紡棉
花，便裝唱生旦淨小生及歌曲又老旦等（一段為三人二進

宮），雖極雜糅，而頗有趣。

攝影

上午，到大中華電影材料行攝影部拍照，為四寸半身美術相，為應銀行通訊月刊之索登。

11 月 22 日　星期六　晴

師友

中午，牟尚齋兄與王春芳君來訪，約同至南門外馬祥興吃飯，飯後並同至大行宮大明湖洗澡，余久不進浴堂，故頗不習慣，但既來則安，由此出後到新街口大中華看所照相片之底版，尚佳，由此復至夫子廟大集成吃酒，並詳看文人雅士所題冊頁等，有女招待名雅雲者為于院長右任所賞識，確甚玲瓏活潑，乃此中翹楚，飯後至街市散步至七時半分別散去。

娛樂

晚，到都城樂府聽西樂及清唱，至則西樂已近尾聲，而京戲清唱則無一佳者，十一時返。

見聞

前日在市立第三中學見有大清實錄一種，乃影印套色，極為精美，日昨閱大公報出版週刊談及敵偽時期之出版界情形，涉及於此，知此書係滿洲偽國時期羅振玉所印行，初不准進入關內，故流散不多，又羅印書之精品尚有三代吉金文存及遼陵石刻兩種，皆同時在東北所印，文內提及而余未之見也，以後有機會至東北時，當為蒐羅及

之，以飽眼福。

職務

　　陳果夫先生送來一信託帶至青島齊魯公司曾養甫氏，謂派余赴青，請指派臨時工作，余知其意一為在創立會前無法加派正式名義，二為對曾氏仍存客氣謙遜之餘地也。

11月23日　星期日　晴

游覽

　　下午，同司徒履光副總經理及馮星北經理游玄武湖，由翠虹堤散步至翠洲而返，並看溜冰者。

師友

　　下午，訪張靜愚總經理於西北實業公司，不遇。到民生旅社訪牟尚齋、林建五、王春芳三兄，不遇。

娛樂

　　晚，同司徒、馮兩兄到群樂聽戲，為王熙靈演荷珠配，乃一花旦戲，余從未看過，玩笑場面居多。

看書

　　擇讀馮武編「書法正傳」，此書包括翰林要訣、書法三昧、永字八法、大字結構八十四法、纂言上中下、書家小傳、名跡源流、鈍吟書要等部分，鈍吟書要頗多高論，如謂「書是君子之藝，程朱亦不廢，我於此有功，今為盡言之，先學間架，古人所謂結字也，間架既明，則學用筆，間架可看石碑，用筆非真跡不可，結字晉人用理，唐

人用法，宋人用意，用理則從心所欲不踰矩，因晉人之理
而立法，法定則字有常格，不及晉人矣，宋人用意，意在
學晉人也，意不周匝則病生，此時代所壓，趙松雪更用法
而參以宋人之意，上追二王，後人不及矣，為奴書之論者
不知也，唐人行書，皆出二王，宋人行書，多出顏魯公，
趙子昂云，用筆千古不變，只有宋人亦妙，唐人難得也，
蔡君謨正書，有法無病，朱天子極推之，錐畫沙，印印
泥，屋漏痕，是古人秘法，姜白石云，不必如此，知此君
憒憒，黃山谷純學瘞鶴銘，其用筆得於周子發，故遒健，
周子發俗，山谷胸次高，故遒健而不俗，近董思白不取遒
健，學者更弱俗，董公卻不俗。」又云：「學前人書，從
後人入手，便得他門戶，學後人書，從前人落下，便有拏
把，汝學趙松雪，若從徐季海、李北海入手，便古勁可
愛，見汝行書，如攬秋蚓，意不喜，汝學顏書大署書乃有
似東坡處，此從上學下也，汝作多寶塔體，多用死筆，所
以不好，要看他活處，如貝字有字，橫處全無俯仰，如一
張梯，此失也，小處用功，便不死。」又云：「本領者，
將軍也，心意者，副將也，所謂本領，只是規模古人，然
須有取捨，不得巧拙兼效，雖欲博涉諸家，然須得通會，
不可今古雜出，唐人書法，用心意極精，宋人解散唐法，
尚新意，而本領在其間，米元章書，如集字是也，至蔡君
謨，則點畫不苟矣，坡公立論，亦雅推君謨。」又云：
「魯公書如正人君子，冠佩而立，望之儼然，即之也溫，
米元章以為惡俗，妄也，欺人之談也。」「顏書要畫中有

筋，其用筆與徐季海父子相同，多寶是少年時書，點畫皆有法，不知者學之，正與布算相似，須要看他墨酣意足處，與朱巨川浩泰君，最得。」「唐人用法謹嚴，晉人用法瀟灑，然未有無法者，意即是法。」「本領精熟，則心意自能變化。」均有致。

11月24日　星期一　晴

師友

　　晨，同高希正兄到中央組織部訪華壽崧兄，不遇，又訪于錫來處長，雖係初次見面，但彼此相知已久，余與高兄合請將前日山東省黨部送來之省級會報國大代表名單一查，于君轉請主管之鄭君查明，知尚在秘書處呈秘書長核閱，故一時未能查出，辭出後乃往廣州路訪張志智兄，渠今晨甫自台灣回京，乃託其於到組織部辦公時代為一查，旋略談即辭出。

看相

　　過廣東路時，高希正兄力為介紹一李半仙者看手相，乃往看最複雜之終身細斷一種，包括妻財子祿，父母兄弟等，據云由余手紋及面相看出，四十一歲以前為顛簸運，四十二歲以後直至六十五歲全係好運，壽長可至八十八歲，有妻二，如已死或已離即不再剋，兄弟太多則受累，兒子有三，兩好一平庸，四十一歲前不能有財，多有多破，少有少破，此後之兩年以不動為宜，動亦是妄，今年冬季前舊運未終，尚可動，余之官為簡任職，如文武

夾雜，更有成就云云，余對此種命相之論，向不相信，且
不自動問卜，今日亦違情作戲而已，此等人完全由求卜者
之言語風度揣摩立論，如問余為山東籍即謂祖業不能保，
問余為行一，即謂兄弟多累贅，皆未有何根據之論也，李
談迄後詢余是否正確，余謂所言過去甚少，無從斷定，渠
乃詳審余之手後，謂卅歲時有厄運，余詳憶卅歲時只有立
煌事變僅以身免，但此非余一人為然，恐不能列入也，談
凡半小時餘，余覺毫無意趣。

師友（二）

　　中午與高希正兄在晉南香吃飯。晚與司徒履光、馮
有辰兩兄到小巴黎吃飯，遇王春芳同鄉及國立窯業職業學
校鄭校長，鄭校長係初次見面，但堅執會帳，固辭不獲，
甚覺冒昧也。

娛樂

　　下午，同高希正兄到新都大戲院看「甦鳳記」，由
項堃、路明主演，寫一冒充空軍之騙子用手段使一女伶受
其愚弄，憤而欲在高樓墜下自殺，其所愛之新聞記者趕至
亦不回頭，但此時已有消防隊用大帆布帳接之，縱下後竟
未死，結局自為團圓，但墜樓後即劇終，頗有餘味，演員
中以項堃之反派角為最精彩，路明則稍差，配角均佳，此
劇較之天橋之寫伶人者，有相似之處，但描寫則較為深
刻，其中有京戲一場，甚短，天橋則太多，如折衷之，則
有當矣。觀群樂演戲，為王熙靈、李小雲等合唱之戲迷小
姐，此劇由京戲舊本戲迷傳蛻化而出，近年風靡海上，余

尚係初次領略，其中各角色均有精彩唱段，如王熙靈唱大面尚不惡，又有三花臉唱老生亦有精彩之處，但有若干地方則不免生硬強湊，尤其女伶著便衣做老生台風，極不美觀也。

11月25日至27日　星期二至四
【缺，原件撕去。】

11月28日　星期五　晴、夜雨
師友

上午，分訪中央組織部張志智兄，請查膠東各縣國大代表候選人名單，又訪馬吉甫、朱國材、虞克裕諸兄一一告別。訪崔唯吾先生於中央銀行，請於本屆中央選舉指導委員會開會時向張溥泉、丁鼎丞、范予遂諸先生處為余縣代表事提其注意。訪楊綿仲氏於國庫署，告以明日將行，此次為一過渡，將來出處仍願為金融界，望為注意，楊氏亦同感，允予隨時留意。訪石鍊之兄於國庫署，告別。訪汪沛然兄於中央合作金庫，不遇，晚間於吳先培兄處相遇，談及將來仍願入國家銀行，請為注意一切。晚，吳先培召宴，在座有謝隆宇、朱國材兄等，朱兄告謂今日財務委員會已將齊魯企業公司董監會章程及人選正式通過，常務董事為七人，其中能到青島者只余一人，曾養甫氏所約之譚嶽泉，雖亦通過，但恐不能離其鄂建廳長職，故此公司將來仍大可運用，望先從事實上謀根基，將來必

有改觀之一日，又本年畢業派往服務之同學三人，望均能安於其位云。又先培兄曾於日昨趨訪，提及中央信託局即將改組，局長權限擴大，現在吳任滄氏主持局務，或可有一部分友人參加，此點大可注意。晚，馬吉甫兄等來訪。

11 月 29 日　星期六　晴

旅行

上午八時乘京滬路錢塘號車由南京動身赴滬，同行者有魯省行司徒副總經理履光、俞主任慰萱，送行者有省行京行馮經理有辰，車於下午二時三刻到達上海北站，在站迎接者有省行滬處主任程度及齊魯企業公司上海辦事處主任褚保三，又有劉超然兄，乃乘齊魯車同至預定之山西路南京飯店休息，均在七樓，余住七一二號，今日來迎者獨不見三弟玉祥，蓋余曾於前日告四弟銘祥函玉弟事先向程度主任取得聯繫，今日不來，或係所忖有病果屬不虛歟？深納悶也。

師友

下午，以電話通知王春芳君告余到滬，王君即來晤見，並贈明日戲票兩張，一交司徒兄。

交際

晚，程主任度在蜀腴請客，在座有司徒履光、褚保三、俞慰萱及山東民生企業公司副理虞正光等，按節約菜一百廿萬元辦理，菜餚尚佳，飯後並應司徒兄約到永安公司粵商俱樂部吃咖啡，在座尚有其同鄉張華國君，係經營

進出口貿易者，晚間來訪，余因倦極，略談即就寢。

11月30日　星期日　晴
交際

　　中午，齊魯企業公司上海辦事處處長褚保三君在紅綿酒家約宴，在座尚有司徒副總經理履光、俞主任慰萱、程主任度，公司方面尚有業務處副處長張葛霖等，係粵菜，甚可口，尤其色澤分明，為其特色。晚，王春芳兄在悅賓樓請客，在座尚有司徒履光兄及林文軒老先生，林氏談與父親及伯父皆相熟，彼且甚知以前祖父經營德興成之詳細情形，所談甚多。

游覽

　　下午，由褚保三君發起赴法國公園今復興公園游覽，其中以法國梧桐為最多，但全園面積並不甚大，環行一週，需時不過二十分鐘，其中有若干假山假水，假山乃人工製成，假水則引自來水而成小溪小池，且有由假山內流出之假象，在未見真山水者，或引以為奇，但見造化之奇者，其彫鑿與弱小情態，殊不值一觀，在十里洋場之上海，有窮年不見山水與草木者，則亦慰情勝無耳。

娛樂

　　下午，應褚保三兄之約到金都電影院看電影，片為田漢編劇，應雲衛導演，周璇、馮喆主演之「憶江南」，寫一意志不堅定之文化人先後結婚兩次，恰為其同母改嫁前後之姊妹兩人，結果均不圓滿，而以其希望寄託於下一

代之兒子，全片甚緊湊且富詩意，乃田氏之作風也。晚，
應約觀劇於天蟾舞台，有李多奎之游六殿，楊寶森、茹富
茹之打棍出箱，梅蘭芳、劉連榮之霸王別姬，因座位在樓
上，故觀看均不真切，梅戲為初次聽，唱白音均極低，但
配角行頭全新，有花枝招展之觀焉。

12月1日　星期一　晴

師友

晨，王興華同學來訪，渠現調山東省銀行上海通匯組辦理會計，據談現在共有行員七人，其中有二人為尹文敬之戚誼，其中之一不負責而攬權，一則為女性，乃其胞姊，根本不肯辦公，又關於業務方面毫無門徑，而頂用寫字間已用去一億餘元矣云，余對於上海成立單位，始終表示懷疑，於此益信。上午，到大中銀行訪楊志瑩兄，適遇趙董事長亦即交通銀行總經理棣華氏亦在，遂與談此次過滬赴青，但對於工鑛業毫無經驗，恐不能有所成就，有機會時仍當參加金融界，希望趙氏多為注意，趙氏乃曩年業師，惟平日殊少接近，余觀察彼談話時意志不甚集中，而在辦公室內之小動作亦有此情態，彷彿前山東省府主席何思源氏之情形，不知是否任務繁鉅時即係此種結果。在楊兄處午飯後即同到亞東銀行訪顧竹淇兄，不遇，遇其副總經理余建寅及總稽核高明強兩君，分別交換問候之意，又遇工鑛銀行新任副總經理周承緒兄，據談接事後大感困難，因中央財委會亦即亞東銀行出面之投資只佔七分之一，其餘兩方股東相垮，故均欲拉亞東以自固，現在處境尚須擺脫種種煩擾，過問行務甚覺困難，周兄力言當初余之不來為一大幸事，余詢其外部分行能否按插同學，據謂目前尚不可能，余之所以詢此，乃因馮星北兄有意謀為青島分行經理也，但據云青島分行為該行業務最盛之分行，于希禹乃該行中堅，動搖頗為不易也。到老靶子路空軍新

生社訪劉超然兄，不遇，余晚歸始知劉兄亦來訪，旋通電
話，約定明晨來訪。到交通銀行訪吳柏芳兄不遇。到中央
信託局訪吳局長任滄，在京時曾晤面，未能深談，今日單
獨談話，謂赴青將來有無把握尚不可知，將來仍願在金融
界服務，希望吳氏予以注意，蓋余知中央信託局條例已經
修正，即將公布，將來局長之權限擴大也。晚，興濟企業
公司籌備主任邵季平兄來訪，渠昨日由濟南來滬，明日轉
京，接洽公司創立事，而與余再三研討公司總經理人選一
節，謂劉茂華君不能來公司專任，陳果夫先生又無他人可
選，余對此等事不願表示意見，又談及該公司經營計畫，
預計必須麵粉廠開工始能自給自足云。晚，前皖地行同事
許體森君來訪，談將脫離市銀行，因該行為現當局內眷之
外府，設長此不去，辦理稽核殊難也。
交際

　　晚，參加中央財委會在滬各機關聚餐會，到有建
新、永業、樹華三公司及亞東、大中兩銀行與齊魯、恆大
兩公司辦事處之代表人十餘人，今日係由建新季源溥、王
匯百兩人召集，九時散。

12月2日　星期二　晴
師友

　　上午，劉超然兄來訪，據談渠現在不任公職後生活
反覺優裕，蓋目前交通阻滯，空運貨物極多，商人多不得
其門而入，或不能把握時間，彼辦理介紹運輸工作，已辦

數十噸，可收一億餘元，無論航空公司或空軍人員均係老
部下居多，連絡甚易，毋庸多費腦筋，亦可見上海社會複
雜，只須肯用腦筋，任何角落均是發財機會也。旋至南京
路游覽市塵，並承約至新雅粵菜館吃飯，此菜館甚雅潔，
菜餚亦佳，而取價不高，又滬市菜館節約，自少年警察實
施勸導以來，頗奏奇效，今午吃飯係依照規定兩菜一湯，
動箸時或以為不夠，食後始知恰到好處也。下午，許體森
君來訪，約後日吃飯，又談及製絲棉被事，承自願託其夫
人代為辦理一切，盛意可感。

家事

　　下午，三弟玉祥由江灣國防醫學院前來探視，詳談
約兩小時，校內現為三學期制，不久即將結束第一學期，
玉弟刻在四年級，後年即結束學業，再有一年實習，至畢
業及之服務年限，聞至今尚未具體規定，玉弟身體甚健，
且不似以前之瘦，惟據談關節痛疼終不見癒云，談至五時
餘，余因有兩處應酬，故先行外出，著旅館為玉弟備飯，
食後自行回校。

12月3日　星期三

【缺，原件撕去。】

12月4日　星期四　雨

交際

　　中午，許體森君來約至老正興館吃飯，此為地道上

海館，菜有魚下巴、魚土肺、草頭（秋田所出小草之葉）等，皆為特色，其餡肉微有臭味，聞亦係一種特別做法，但余不覺習慣，其他各菜則均佳也。

家事

下午，玉祥弟來，閒談關於衛生醫藥及營養等問題，玉弟頗同感其重要，晚飯後返。

娛樂

晚，觀天蟾舞台京劇，為梅蘭芳、楊寶森、李多奎、姜妙香、魏蓮芳等合演之全本四郎探母，角色配合極為合宜，陣容為不可多得，但座位太遠，主角之唱做均只見聞其大概，為可憾耳。

12 月 5 日　星期五　晴

交際

上午，劉超然兄來訪，約在新雅午飯，其所請者尚有其友人之眷屬馬太太、馬小姐及兩俞小姐等。晚，許秉榮君請客，在座有司徒履光、孫光宇諸兄等，許君為王耀武主席之襟弟，在滬經營商業甚得法，今晚為福建菜，甚精美，與粵菜又有一番不同，飯後同至孫光宇家吃咖啡，並約其後日吃晚飯。

娛樂

下午觀電影，為屠光啟導演歐陽莎菲主演之「處處聞啼鳥」，寫一夫多妻家庭之悲劇，此種事實在舊家庭乃

至新家庭均為習見，主題在諷刺社會，惟片甚短，演來亦
甚散漫鬆懈。

12月6日　星期六　晴

師友

上午，到慈琳大樓拜訪王春芳同鄉，面約明晚吃
飯。到齊魯公司訪褚保三處長，知華聯船票已買到，惟報
載船期為十一日，但公司方面則謂係九日云，又取來零用
金五百萬元，旅館船票等則由公司開支。下午，到永嘉路
訪許體森君，不在家，遇其夫人，詢代翻絲棉被價格，許
太太謂係贈送，余面邀明日晚飯，許君乃在皖同事，此次
承代備絲棉被，感情至為可感，憶昔在皖行時並不融洽，
但均係因公，現在晤談，渠對關子高當時及以後種種，頗
有微詞，對余反極親切，亦正義所感也。

交際

中午，山東省行同事俞慰萱及其叔父俞劍池君在蓬
萊路請吃飯，全座皆係徽州菜。晚，參加同學余建寅與陶
芬女士之婚禮於新生活俱樂部，形式甚簡單，由周佩箴證
婚，無長篇演說者，入席凡十餘桌，余遇同班同學有姜柏
如、孫家祺、朱興良、楊志瑩、周承緒等，又有由南京來
滬之汪茂慶、壽勉成、朱國材等，余飲啤酒頗多，歸寢時
頗有頭痛，蓋中午所飲係老酒，至晚並未全消，余本抱定
節酒之旨，但遇友人稍有勸飲者即覺無術應付，遂每次有
節飲之念而不能成為事實，此種情形在酒量已為人所習知

者，尤其特別困難也。

12月7日　星期日　晴

家事

上午，玉祥弟來旅社閒談，本約有族弟增祥亦來，臨時改於下午再來，及晚九時，增祥來訪，余與其已廿年不見，渠現已卅六歲，在滬經商，未至中年而頂已禿，余託其注意船期，父親回煙。

交際

中午，百佳公司謝傳銘君請客。晚，與司徒履光兄在紅棉酒家聯合答請來滬後招待之友人，計到許秉榮夫婦、許體森、孫光宇、王春芳、楊潛齋、褚保三、程度、謝傳銘等人，未到者有林文軒、俞劍池等人，又許、孫兩兄之夫人本亦被請，亦未來，余今日因飲酒較有節制，故未覺醺醉。

娛樂

下午同程度兄到黃金大戲院觀京戲，戲目為高盛麟與王玉讓之連環套盜雙鉤，麒麟童、李玉茹、姜妙香、芙蓉草合演之全本臨江驛，余等到時連環套已出場，其主角高盛麟飾黃天霸，甚為老練，但無精彩，聞高為已故名伶高慶奎之子，飾竇爾墩者為王玉讓，頗有做派，可以一看，麒麟童飾崔文遠，做工鬆懈，未肯賣力，而唱則更一無可聽，李玉茹為後起青衣，嗓音柔潤，做工細膩，身段台步，尤稱工穩，姜、芙兩伶均為老手，一唱彩旦，一唱

小生，雖已年老，仍可鑑賞，今日因座位在前，故較前數日觀梅戲為有興趣也。

12月8日　星期一　陰

師友

上午，到大中銀行應約與楊志瑩、孫家祺、朱興良、周承緒、姜柏如諸兄共到沙利文進餐，諸兄皆為在滬之同班同學，談及對外工作情形，均多感觸，周兄現任中國工礦銀行副總經理，謂因舊股東已勾結一致應付財務委員會亦即亞東銀行，致此銀行已不能掌握，又該行本存有一部份山東人股份，現在增資之中，揚言如山東出資不夠，將請王耀武主席參加，此則未必為一種雙方同意之計畫云。孫兄現在擔任亞東銀行之附屬貿易公司，人力、資力均極有限，由副總經理余建寅為董事長，而總經理顧竹淇亦問其事，二人皆六、七期之政校同學，氣焰已高，此中頗多畛域之見，言之痛心也。

交際

晚，代表齊魯企業公司與褚保三處長兩人，召集在滬財務委員會各公司銀行聚餐於漢彌爾登大樓樹華公司內，到樹華、建新、永業、恆大等公司及亞東銀行人員，大中銀行則未到。

娛樂

晚在中國觀馬連良、張君秋合演全部蘇武牧羊，配角尚有馬富祿、袁世海，此劇及角色均為初次見過，馬唱

做均好，嗓稍嫌悶，張則嘹亮而微有童音，此劇二小時半，甚有可觀，又有葉盛蘭轅門射戟，扮相及做派酷似姜妙香，而嗓音則高亢可聽，博得彩聲不少。

12月9日　星期二　雨

師友

上午，劉超然兄來訪，談及將於十二日赴香港辦貨一批空運來滬銷售，可有一倍以上之利益，談頃承約至新雅吃飯，在座尚有其女友俞小姐及其堂妹又其同學柴小姐等，下午並同至劉兄所寓之空軍新生社閒談，又於路過北四川路時訪俞小姐之嫂家，晤馬君與其妹馬小姐正準備訂婚者，稍坐即辭出。晚飯約劉超然兄到西藏路一北平菜館吃飯，食家常餅及和菜等，此等飯館完全北方口味也。

娛樂

同劉超然兄到山西大戲院觀電影，片係三女性，由王豪、李麗華、陳琦、羅蘭主演，描寫三個不同作風之女性，一為社會事業家，一為舞女，一為交際花，後二者絕無前途，前者則經歷若干艱辛，始有日積月累之成績，編劇者用意甚善，但演來極其鬆懈，不能予觀眾以深刻印象也。晚，與劉兄到龍門戲院觀越劇即紹興戲，戲本為新編「國破山河在」，計五幕，寫劉禪亡國時之種種朝內弊政，而以北地王哭祖廟為終結，其置布景分幕等辦法，皆為話劇，而服裝則類似京戲，唱之調門甚簡單，伴奏用二胡洋琴，演員動作表情緊張時則佐以鋼琴與小提琴，此為

改良越劇之中西摻和，並不十分和諧，唱白用紹興官話，僅懂一部分，主角徐玉蘭唱做服裝均佳。

12月10日　星期三　晴

師友

下午，到塘沽路市政府民政局訪李主任秘書學訓同學，係十餘年未見，閒談朋友間情形，至多感喟。下午，到圓明園路中國茶葉聯營公司訪壽總經理毅成，因余昔在立煌時曾蒙派為專員，駐該地辦公，而年來復甚少晤面機會，今日特往拜候，並知錢祖聞兄亦在，留片。

家事

下午，玉祥弟來閒談，余告以確定後日成行，明日校中有課，務不必前來，玉弟談及前日交其五十萬元已定書備用，洎詢下學期用書，始知尚未全備，乃再付壹百萬元，渠向不自動索款也。

12月11日　星期四　陰

師友

上午，到大中銀行訪朱興良兄，代劉超然兄詢問託匯款至廣州事，承代由業務部向上海銀行接洽妥當，可優待承匯，迨往新生社相告，又不在家，渠下午一時半到余處，余又未返，至晚未能相遇，乃留字送往。午飯至李學訓兄處，在座尚有卜昇華同學。晚，程度君來，共進晚餐。

娛樂

晚,到天蟾舞台觀蓋叫天、葉盛章、曹畹秋合演全
部武松,由張大戶遣嫁金蓮起,至武松發配遇孫二娘十字
坡鬧店止,蓋之武生為南方冠,確甚乾淨,葉亦佳,曹蹻
功尚好。

12 月 12 日　星期五　陰

旅行

晨,到召角二號碼頭登華聯輪,因引擎修理,延至
明晨始開駛青島,不能折返,晚宿船上。

師友

下午,到大中銀行訪朱興良兄,承約至會賓樓晚
飯,在大中並訪楊志瑩兄,又遇劉支藩同學。

娛樂

下午,到山西大戲院觀影,片為林彬、懷錦、嚴
俊、喬奇合演之「吉人天相」,以歌唱為主,內容甚為沉
悶。晚,與朱興良兄等同至共舞台觀海派戲「三本宏碧
緣」,布景甚多,唱做則頗差,主角有王椿柏、于素蓮、
吳小蘭、趙如泉、戴鸝鶵等合演,各段不甚相聯繫,余未
終場而返。

12 月 13 日　星期六　晴

旅行

華聯輪船於上午十時由上海黃浦碼頭啟椗北行,至

晚為止，雖已出長江口，而海水仍為黃色，午晚兩餐在船
上用，晚飯時因微有風波，餐廳更起伏最甚，故未能大量
進餐，略食麵包及湯類，六時即行就寢，若非海行，斷無
如此悠閒也。華聯輪原為英國船，船上應用器物，無一非
係英製，多笨重而欠靈活，損壞更未見即時修理，余所乘
為特等艙十八號，室內無人，在船腰，屬中層，搖蕩較
輕，而顫動稍甚，上層為一部房間及客廳，與此相反，下
層為飯廳，此三層皆在船之前半段也。

12月14日　星期日　晴

旅行

華聯輪繼續北駛，因風平浪靜，船身甚穩，於下午
四時入青島港，五時靠碼頭，在岸相迎者有齊魯企業公司
畢水源、黎超海、山東省銀行張振玉諸兄，又有振祥弟及
表妹姜慧光等人。

交際

晚飯，畢水源兄約在順興樓吃飯，在座除張振玉兄
外尚有齊魯公司黎超海及兩處長等。

師友

晚，到山東省銀行訪張振玉兄，據談自田叔璠接任
行務後，尚未通何消息，微聞田有派私人來青接替之意而
為尹文敬所斥，至尹之基本態度亦尚未知之，又張兄對於
司徒履光來青之行觀感不佳，謂其輕浮，又恐不容於尹
田，其本人有意在青居住云。晚，行員李德民、吳伯誠等

來訪。

家事

　　晚，由姜慧光表妹引導至振祥弟家探望，振弟婦五胞弟及七弟又銘祥弟之大兒均見面，振弟婦已四十，極見衰老，而膝下無子女，銘弟之子在彼處撫養，亦慰情勝無耳。

居住

　　晚，住於金口一路齊魯公司宿舍，同住者尚有譚嶽泉、蘇雲章等，余之居室與黎超海為比鄰，南窗外即為海濱之萊陽路，若在夏季，必涼爽宜人，現入冬季，反覺冷清難耐也。

12 月 15 日　星期一　陰

師友

　　上午，到魚山支路訪高希正夫人，並遇前中茶公司朱羲農協理。到縣黨部辦事處訪于永之兄，據談棲霞縣長甫易人，但公文未到，尚未接事，國大代表選舉事已奉令於廿一日開始投票，但一切均未準備，又于君尚不知余為圈定之第一候選人云。到族叔振吉處探望，並與振弟同至福源樓午飯。到市政府訪張敏之、石鍾琇、宮全青、張秀峯諸兄，又訪李先良兄不遇。到臨邑路訪呂廣恩兄，慰問其前次囹圄之災，據談至今尚未全告結束云。到宋志先夫人周叔明女士處探訪，並晤其太夫人及其二姐，閒談彼此年來情形，極為詳盡，承留晚飯後辭出。晚，張振玉兄來

訪，不遇。

職務

　　晚，與齊魯公司主任秘書將來副總經理黎超海閒談公司事務，彼似度余已知青島各界對公司有若干不能相諒之處，故力言其立場，綜合其基本觀念為本公司雖為黨營事業，但事業與黨、職員與黨員應為截然兩事，故如接收之始之認真，黨政各方介紹人員之不予接受，處理工潮之以公司利益為前提等，皆冒各方之大不諱而毅然為之，余則表示，余向來對公營事業之減少政治意味乃為一貫主張，且身體而力行之，前曾將此見解面陳於陳果夫氏，甚蒙採納，但近來陳氏又深以為由黨的幹部內培養人才，且認為過去已有成效，故吾人對於黨與事業間之人事問題，尚應有更深刻一層之看法也。

12月16日　星期二　陰

師友

　　上午，到萊陽路三號訪葛覃、劉巨全夫婦，葛氏赴京未返，僅與劉氏閒談濟南、青島政情，在座尚有信用合作社寶經理，午飯後始辭出。下午，到山東省政府魯東行署通訊處訪俞主任濟民，赴浙未返，訪段秘書啟山，談各縣情形及國大代表選舉事，請其幫忙，聞簽署提名為棲霞候選人者尚有警察局林萬秋督察長，未知是否黨員，設非黨員而選舉在青島舉行，則為勁敵云。到北方書店訪王玉忱兄，現任市訓練團教育長，但經費未定，故尚未開始籌

辦任何班次云。

職務

上午，到棲霞路與曾養甫氏談話，渠亟盼公司創立會早日成立，年底前可以告一段落，彼早日赴台灣養病，將來董事會成立後，希望與譚嶽泉氏共同負責，並劃分職權，目前公司無其他問題，曾氏認為內部已經就緒，當前最大困難為財務方面，亦即籌措資金之不易，余為金融界人，希望對此方面多加注意，至於目前公司之用人行政均甚簡單，曾氏對此點甚強調，或係鑒於外間所傳之種種，免余有先獲之印象，余即表明余之態度，謂公司內外老友均多，當盡力聯繫云。

交際

晚，省行青島分行全體同仁在青島咖啡公請晚飯，到廿餘人，余並致簡單之勗勉之辭，甚歡洽。

12月17日　星期三　晴曇

家事

上午，振祥弟來談家事，對於其本人一年來經商盈虧及受父親拖累情形，敘述甚詳。中午在振弟處吃飯，在座尚有族叔吳振吉。

師友

下午，到黃海水產公司訪宋玉亭總經理及韓質生、李俊杰兩兄，均不遇。下午，到山東臨時中學訪王秋圃校長，道謝其收留瑤祥弟上學之至意，承約至聚福樓吃飯，

在座尚有敵偽產業清理處之丁德先組長等。齊魯公司總務
處副處長戴興周來訪，謂曾聞余有任公司副總經理之說，
余謂並無其事，戴君對現在公司主持當局不無微詞云。

12月18日　星期四　晴

師友

中午，張敏之兄來訪，談及渠所主持之撫卹會將以
基金辦一工廠，余介紹振祥弟出任其事，尚無定局。到大
信化學工廠訪趙智遠經理，不遇。到棲霞縣政府辦事處訪
新任縣長劉安泰，談縣政及國大代表選舉事。到萊陽路訪
叢芳山兄，閒談濟青師友等情形。晚，同張振玉兄到民言
報訪楊天毅兄並約畢圃仙兄閒談，其中有關選舉者為多，
因丁惟汾氏所主持之省級會報均認為不公也。

職務

下午，到齊魯公司與畢天德兄閒談，渠談話較多，
自接收各廠以至對外各種應付之困難，均曾提及，彼特別
強調處理工潮之不能與黨部同一見解，甚至不能涉及黨派
鬥爭之內，又認為戴鍾衡擔任總稽核一段時期之作法實屬
莫知所以，又認為財委會對資金控制不佳，對本公司之需
要亦不之知，綜合所談則大體上自是之處太多，對他方見
解能平心考慮之處太少，其所抱見解與黎超海君可謂毫無
區別，又畢君認為此刻有曾養甫氏主持一切，外間不諒者
則多向彼出發，覺無以自解，不知此為完全社會上一種避
重就輕之看法，甚為了然也。

12月19日　星期五　晴
師友

　　上午，于潔如女士及蕭繼宗兄與趙少文君來訪，蕭兄現任市府秘書，其實根本不必前往辦公，現又移居魚山支路，計到青後已五遷其居云。逢化文兄來訪，談有意謀齊魯公司接收食油公司後之工作，余謂以後當留意，因此刻公司尚未創立，余亦未到公司辦公也。下午，同蕭繼宗兄到財政局訪趙振中同學及孔福民局長，均未遇，又同到亞細亞旅社訪朱羲農經理，閒談良久。晚，同張振玉兄到棲霞路訪杜元信經理，至時彼已就寢，稍談即返。

　　（補）昨晚，省銀行張振玉兄在銀行公會約宴。

交際

　　晚，孔士勸經理及史逸民襄理在青島路一號約宴，在座尚有參議會正、副議長李代芳、姜黎川等。

12月20日　星期六　晴
家事

　　上午，張振玉兄來訪，轉來德芳電一件，謂今日乘行總空運大隊機來青島，乃同至省銀行詢問飛機時間，遂與振弟同至滄口機場等候，至下午一時半到達，率有紹雄、紹寧兩女，旋應張振玉兄約在青島咖啡午飯，飯後移至金口一路齊魯宿舍居住，振弟婦及五弟、七弟均來談家事。

師友

杜元信兄來訪，稍談即去。今日來訪不遇者有于永之、劉安泰、李俊杰、宋玉亭諸兄等。

交際

晚，于潔如女士請客，德芳同往，余未入座。晚，畢天德兄請客，在座尚有譚嶽泉等三數人。

12月21日　星期日　晴

交際

中午，大信化學工廠趙經理智遠在青島咖啡邀宴，在座皆齊魯企業公司各處同人，該工廠為製造碳酸鈣者，與齊魯之關係最為密切，但聞在價格上一向發生若干爭議，成交不多云。

師友

上午，李市長先良來訪，談及目前軍政大勢，論調殊為悲觀，彼認為目前之黨務工作最為失敗，軍政則系統紊亂，非外人所能了解，緣是在青島應付外國海軍最為困難，蓋中國系統之紊亂現象，非其所知亦非其所問也，談約二小時辭去。呂涵生劉亞琪夫婦來訪，談前次告余周叔明女士出任扶輪小學校長事，彼本人堅決不肯承認，因而頗有發生誤會之處，余前次係與周女士無意中談及，竟似傳播口舌，實出意外也。韓質生兄來訪，未詳談即去。

娛樂

晚與張振玉兄及高希正太太、蕭繼宗太太到新新觀

劇，為顧正秋、胡少安之紅鬃烈馬，此二角余均初次觀看，顧之嗓音行腔均有可取，扮相與身段則平平，胡之嗓音甚高亢，但有時失之於野，又最後有反串之蚆蠟廟一齣，顧反串黃天霸，架子及武功均不足以應付，其他角色亦無可取，不過無理取鬧，甚至加編新詞，俚俗不通，以此劇為大軸，殊嫌不妥也。

12 月 22 日　星期一　晴

師友

下午，同德芳到此間各友人處拜會，先到臨邑路呂涵生劉亞琪夫婦處，僅呂兄在家，繼到黃台路逢化文陳翻新夫婦處，僅逢兄在家，又到李先良趙士英夫婦處，二人均不在家，以次到宋志先夫人周叔明女士處，拜會其太夫人及其二姊等，到華山路訪韓質生兄夫婦，並見龔舜衡、孫典忱兩太太，孫太太曲蘭華女士已十餘年不見，竟互不相識，而望之若二十許人，咄咄稱奇，又到畢天德兄處，晤其夫人，因二人昨日曾來訪問也，今日凡往六家，每家僅逗留十分鐘左右，歸時已六時矣。

交際

晚，新任棲霞縣長劉安泰兄在夢香飯店請客，在座多半為本縣人，此外即為卸任縣長楊洪普兄及縣政府有關人員，又遇有岳善昌兄者，乃二十年前先志中學同學，道及舊校友之種種情形，頻增若干感喟，余因本縣有關人員今日均到，乃面約明日原時間原地點由余邀約一次。

起居

所住金口一路宿舍房屋，地點甚軒敞，但因距市內過遠，非有汽車代步，不能出門，而公司汽車凡兩部，用者有五、六人，宿舍又無電話，呼應自感不便，有時乃借用張振玉兄之省銀行汽車應用，始免捉襟見肘，又宿舍內工役太少，有時呼喚不靈，余居此主客參半，亦只好遇事將就也。

12月23日　星期二　晴

交際

晚，在夢香飯店宴客，到有棲霞縣長劉安泰、卸任棲霞縣長楊洪普、書記長于永之、黃海水產公司經理李俊杰、縣參議會秘書劉作三、救濟院院長韓質生、市南分局警察局長蕭漸逵及同鄉張志傑、宮杜衡、縣府許冠中、中學同學岳善昌，未到者張團長季倫及李滌生君等，余因在寓候車，到時已有數客人先至，甚覺失禮，飯後劉作三君談及關於本縣國大代表選舉事，政黨提名已定為余與林毓祥兄，但另有五百人簽署者之韓質生、林萬秋兩君，應如何妥協始無問題，不能不先為慮及，余亦對此顧慮及之，決定俟改日先行與于永之兄及劉君商洽云。

娛樂

晚，韓質生君約至新新戲院觀劇，為顧正秋、胡少安之全部四郎探母，今日為該劇團義演之最後一日，故角色均齊整而賣力，顧正秋飾全部鐵鏡公主，中間反串楊宗

保，一段小生唱詞甚為精彩，又顧伶唱青衣甚婉轉動聽，
但有時不甚清晰，最清楚者為說白，只欠清脆耳，胡少
安飾四郎，但由見娘至別家一段則由他角替演，胡反串
老旦，數段唱詞，高亢入雲，韻味又絕似李多奎，較其
鬚生功夫有過之無不及也，此外飾蕭太后及國舅等配角
亦復甚佳。

12 月 24 日　星期三　晴
師友

　　下午，張敏之兄來訪，值振祥弟亦在，遂與談關於
以賑濟基金辦理縫紉工廠事，據談計畫尚未完全核定云，
又張兄現任青島交通公司董事長，因公司內部弊竇太多，
而無票乘車之軍人亦無法管理，故繼續經營即等於繼續賠
累，而關係公用事業，似又不能倒閉了事，現政府雖有心
遣散後重新組織，但缺乏流動資金，故希望有其他方面合
作，市府現有官股實值在二百億以上，可以全部奉送，詢
齊魯公司及各銀行能否參加，余謂齊魯大事須決定於中央
財務委員會，且事實上公司亦無空餘之資金，又此項公司
之管理特別困難，亦為外間不願投資原因之一云。到市政
府訪姜秘書長可訓，不遇，訪社會局牟乃紘主任秘書閒
談。到中山路一八六號元成商行訪郭叔濡兄，互詢各同學
近況。同張振玉兄到中國實業銀行訪孔士勤經理，到中國
工鑛銀行訪于希禹經理，又到青島市農工銀行訪史逸民副
理，此皆友誼關係之拜訪，因不可或緩也。

交際

晚，到臨邑路赴呂涵生兄之約宴，余未入席，但德芳參加。晚，赴順興樓應山東棲霞同鄉之聯合公宴，客方為縣長劉安泰、卸任縣長楊洪普及余，主方為李俊杰、于永之、王紹文、劉作三、宮杜衡、韓質生、張志傑、蕭漸達及崔子健等，主人中有與該樓有關者，故菜餚特別豐盛焉。

職務

與常務董事譚嶽泉閒談公司情形，余未發表任何意見，譚兄則認為公司內部相當複雜，最主要者為總公司與各廠之關係，其中如橡膠廠及啤酒廠、玻璃廠等直屬公司，但橡膠廠由畢天德自兼，尚屬一致，啤酒廠經理宋梅則與畢互相詬淬，玻璃廠開工不久，廠長不甚問事，工程師剛愎自用，至今未能出貨，超過預期目標遠甚，此外麵粉廠則另有麵粉部，另設經理，財務與經營均與公司分歧，而新接收之食油公司似又將採取此方式，則將來公司如何管理統籌，殊為問題，又譚兄談及將來董事會之職權，彼認為將來係採總經理制，董事會殊無事可問，只可在公司設一辦公室，隨時前往照料即妥，余對於此點未置可否，因公司章程草案如何規定，余未之見，未可臆斷，譚兄又發表其對於公營事業之意見，認為失敗之癥結多在於應付人事太多，對事業注意太少，現在黨營事業之困難有甚於此，蓋公營事業只對其上級機關負責，黨營事業則似乎眾目睽睽，人人得而有所指摘甚至干涉，余對此點亦

頗在原則上同意，但實際情形未必如此機械，此非片言可
罄者也。

12月25日　星期四　陰
師友

　　上午，徐希珍同學來訪，為告其生活狀況，仍帶幾
分誇張，余唯唯而已。晚，石鍾琇同學來訪，閒談選舉及
關於外間對齊魯公司種種觀感，反應往往不佳，希望今後
能有所改善。下午，到黃台路七號內訪山東省黨部駐青辦
事處邱青萍兄，並遇由濟南來青之省黨部副書記長劉孝義
及于笑山兄，二人乃為宣達中央及省方對於選舉之指示而
來，據稱有手令，各縣市黨部政府必須照中央核定之名單
予以當選，余又遇煙台市黨部鄒鑑兄，余託其於回煙時設
法協助選舉，因棲霞國民大會代表之投票係在福山或煙台
舉行也。到高苑路四號訪縣黨部書記長于永之兄，並約同
至桓台路卅六號訪副書記長兼縣臨時參議會秘書劉作三
兄，談關於選舉問題，內涉及投票之掌握問題，國民黨內
競選人不致有何困難，省黨部已轉奉中央命令通令凡非提
名為正式代表之同志於投票前必須備文聲述放棄其為正式
代表，所可慮者為簽署提名部分，本縣有韓質生、林萬秋
兩君，林近來且甚積極，但如彼二人均為黨員，則簽署提
名亦為無效，林現在不在青島，故不易接洽，但須注意及
之，投票日期大約在下月五至七日，地點為縣選舉事務所
所在地，或在青島另設一分櫃亦未可知，聞韓、林兩人當

初辦理簽署提名時，其提名一為七百餘人，一為九百餘
人，均係在青同鄉，如二人之簽署不受政黨提名之限制，
則為勁敵，蓋簽署者大致必投彼票，目前在青同鄉不足
二千人，惟如其提名無效，或青島不設分櫃時，則情形有
所不同，實際最重要者為黨部與政府之控制，故余仍可操
勝算也，此外為選舉經費問題，省方只發三百萬，實際需
要達二千萬，如何籌措，至今尚無成議，于永之兄表示同
鄉籌款有困難，競選人墊款亦於理不合，且易滋糾紛，余
表示競選人雖可共同設法，但如何避免嫌疑，不能不顧慮
也。又聞于笑山兄云，此次棲霞代表提名時余所以列正式
第一名，係得力於陳果夫先生曾電王主席有所表示，同時
中央會報時林毓祥兄為求挽回曾電丁惟汾氏設法改變亦未
發生效力云，不知確否。到嘉祥路訪膠東貿易公司關文晉
氏，不遇。到中紡公司訪梁鷟同學，互道契闊。

交際

　　中午，應大信化學工廠趙智遠氏之約在青島咖啡吃
飯，在座皆煙台美豐公司同人，到有王伯平、李志俊等。
晚，應李俊杰、郭叔濡、王雲閣三兄之約在大同西菜館吃
飯，到者有張敏之、王玉忱、岳善昌、于志渤、李世忠
（律師）、劉煥新（青島地方法院推事）、王少民（醫
師）諸人，皆煙台先志中學同學，當推李俊杰及王雲閣籌
備校友會，飯後並同至臨時會址河南路九十二號和泰號小
坐始散。

12 月 26 日　星期五　雨
師友

　　中午，宋志先夫人周淑明及其二姊來訪，談將於明日偕往濟南，並承贈糧餅水果等物。下午，到山東省銀行訪張振玉兄，贈照片一張，張君告謂已分函陳果夫、壽勉成二氏進行轉職至合作金庫，但余意元旦後渠應至濟南一行，藉觀省行對此間人事究竟有無其他打算，又新省行條例業已頒行，董事由民意機關產生者十人，有舉足重輕之勢，如此則運用縣參議會推選一節極關重要，蓋照新條例之規定縣參議會每縣推出一人送省參議會選定共十人，省參議員不得當選，尋繹法意則凡非省參議員者均可當選，決不以縣參議員為限，在縣參議會希望其所推出之人能為省參議會易於推選，須由資望上著眼，則此項競選自極關重要也，惟此項條例已經立法院修正條文，其中有關董事條文如亦在修正之列則民選董事人數或將減少，特與此問題之本質，並不變更也。下午，到公司訪畢天德兄，談余移居萊陽路之準備事項，又涉及元旦舉行黨股代表人大會問題，余詢其資本額如何規定，據稱尚無協議，又關於董事會辦公地址及經費劃分，亦尚未訂，實際現在公司經費根本無預算，故上項問題尚係次焉者也。

12 月 27 日　星期六　晴
師友

　　上午，梁鷥、王玉忱兩兄聯袂來訪，閒談。上午，

中國工鑛銀行青島分行經理于希禹兄來訪，詳談當前金融業之一般困難，並及戰前存款加倍償還辦法之內容，于君在青商業銀行中為最活躍者，聞在該行分支行處中其業務亦最發達，超過上海分行，計現在共有單位近十處云。

職務

　　齊魯公司之業務，余到時未久，尚未知其詳，但已知有若干重複衝突與摩擦現象，其總務方面則十分零亂，而機構亦十分龐大，該處設正副處長各一，下分三科，各職員不過十餘人，明顯的為官比兵多，但事務上反不上軌道，即就新來兩常務董事譚嶽泉君與余兩人之態度言之，彼等根本不瞭解余等非總公司本身之職員，但飲食起居乃至種種公司事務，直視余等為職員，譬如宿舍支配，先儘各處長選擇，決定後再支配余等，布置器具亦照職員例借款購辦，即目前暫居時間，既無固定伕役，用飯又附於其他有眷屬者之家中，復因無電話設備，交通工具亦復呼喚不靈，甚至一報紙之微，亦須自行訂閱，公司主持者之不漂亮不通達，由此等瑣事中均可觀之，在余等既不能為此等雞虫小事斤斤較量，然種種不便殊不可忍也。

12月28日　星期日　晴

師友

　　晨，棲霞縣黨部副書記長兼縣參議會秘書劉作三兄來訪，談及國大代表選舉事係於下月五日至七日舉行，劉縣長今明即啟程赴煙台，但選舉經費有限，不足之數約

二千萬元仍屬無著，其意即屬由余設法籌墊，余允於今明設法，但余之籌措此款係以同鄉資格，競選人原應避此嫌疑也。上午，郭叔濡兄來訪，談及所營進口貿易頗有利益，但依人做嫁，終屬有限，故頗欲另行組織，但先決問題為能取得限額外匯，此點當與中國銀行方面先行交換意見云。上午，中學同學劉希梓君來訪，係劉超然兄來函通知，渠現在尚無工作，託余設法云。下午，社會局主任秘書牟乃紘兄來訪，漫談山東選舉事務情形，並及社會局處理社會行政情形，關於市政府協助齊魯公司處理工潮及公司當局之固執不化等情形頗有微詞云。晚，今年畢業政校同學余繼祖君來訪，備述自派來齊魯公司後之受歧視種種情形，希望能予以掩護，余允相機辦理。下午訪張振玉兄。

娛樂

　　晚，觀勞軍義演戲，奚嘯伯演打嚴嵩，做派極佳，吳素秋演孔雀東南飛，吳為以前之名伶，但余為初次觀，唱工極佳，水袖功夫亦好，道白略遜，配角演小生者甚能相稱，彩旦略差。

12 月 29 日　星期一　晴

師友

　　上午，到高苑路四號訪于永之兄，面交代籌本縣選舉經費二千萬元，渠將面轉縣長劉安泰，手續將託一字號代辦，仍希望將來收回，選舉事據于兄表示可有九成把

握，煙台方面均已去信，此間有參加競選之林萬秋君，雖
用五百人簽署手續提名，但彼亦為黨員，照章無效，于兄
將通知其停止活動云。訪劉安泰縣長送行，不遇，留片。
訪十三區專員孫典忱兄，不遇，聞已回即墨。訪卸任七區
專員龔舜衡，閒談。訪齊魯公司麵粉部經理吳風清兄，彼
對於事業之黨營根本懷疑，而又置身於黨營事業之中，其
見解不無鳴高之處，而公司行政之不劃一實犖端於此也。

職務

　　下午，譚嶽泉兄與余研討公司章程及組織規程事，
章程余未之前見，今日見之，其根本精神為採董事長制，
而組織規程則又以總經理為主，奉中央財委會電令修改，
應顧及董事長總稽核之地位，又公司與各廠如何劃分權能
亦應訂入，關係各廠對公司不滿反映於中央，又譚兄云，
畢天德兄有意辭任總經理，譚兄又認為本公司總務處組織
龐大，其實只一秘書室已足，余亦同情此項見解，又上兩
項條文所用文字均屬支離，可見公司辦理總務者確無人
才，譚兄頭腦甚清楚，為人似亦公正。

12月30日　星期二　晴

職務

　　與譚嶽泉兄研討其所草擬之齊魯公司組織規程，其
基本精神為各廠長只掌製造技術而經營方面則統之於總公
司，廠內則只有廠長不設經理，此原則就純理論言之，自
屬甚妥，但於各廠實際情形頗不相符，且更將造成內外之

對立，尤其與財委會今日所來公事指示總公司應採總管理處制之原則不符，今日公司主任秘書黎超海由滬返青，謂在滬晤朱國材秘書，申述公司集權之必要，已蒙採納，其實是一種遁詞，又財委會對稽核制度甚注意，亦與黎等意見相左。啤酒廠廖毅宏兄來談公司內黎超海所引起之人事不和與黨同伐異等情形，至為詳盡。

12月31日　星期三　晴

師友

杜元信兄夫婦來訪，談明日齊魯公司黨股代表人大會，渠將兼代李耀西、高成書等出席，詢屆時是否有須先行準備或交換意見之處，余謂目前公司與廠之權限問題頗起爭執，明日所提之組織規程有所規定，不知是否引起問題，但公司人員已包圍曾養甫氏使其袒護彼等，而中央財務委員會之意見亦不受絕對尊重，在此情形之下，欲有建白，實甚困難，惟大體上吾人應以財委會之意見為意見耳。

居住

預定今日移居萊陽路六十三號宿舍，自晨起準備，至下午四時始獲遷移，因公司無閒車，叫汽車行之車亦等候良久也，遷移時由公司派職員戴君照料，而並未另帶勤工，致搬上搬下，均由此人及振弟等為之，移居後即通知振弟夫婦亦遷來，飲食方面始未感何不便，暫時居住正房兩間，余與振弟各一間，余室則連會客室暫時合併應用，

此部分為全幢房屋四分之一，本應有住房、會客房、書房
各一，因橡膠廠陳廠長暫時住此，故未能皆用，東端為玻
璃廠孫廠長，樓上東端為主任秘書黎超海，西端為總務處
長吳君，其眷屬尚未到青，而預佔房屋，此人對於同人福
利事項雖屬分內而鮮有注意，其個人則種種籌劃周到，自
私與零亂乃齊魯公司之特殊作風也。

附錄

發信表

日期	人名	地址	事由
1/7	周異斌	南京交通銀行轉	存款事暫無頭寸
1/15	張振玉	青島	對家人毋庸過分招待
1/15	振祥弟	青島	不可將家事多煩他人
1/21	振祥弟	青島	青行錢不可隨便借
1/30	高希正	青島	已託平友介紹其弟轉學
1/30	趙翔林	北平銀行	託代希正弟介紹轉學
1/30	馮有辰	南京	詢人事情形
2/2	振祥弟	青島	盼來濟一行
2/4	張振玉	青島	青行人事等問題
2/4	劉超然	南京大光新村九號	託事已託牟赴平進行
2/4	虞克裕	南京浙府西街小學轉	金望榮歉難延用
2/11	劉振東	南京	王瑞平事另謀
2/11	馮有辰	南京	人事確定經過
2/11	馬兆奎	南京	劉世貴不能用甚歉
2/11	夏忠羣	內政部	王瑞平事緩圖
2/12	崔唯吾	南京	崔仲燦事緩圖
2/13	石光鉅	南京國庫署	裴澤浩事已發表
2/21	振祥弟	青島	公私交困不日赴京
2/21	張振玉	青島	此後交款以振弟為限
2/21	高成書	青島	其弟在平轉學事
3/7	父親	青島	望迎張氏離青
3/14	振祥弟	青島	張氏事立據解決
3/14	明少華	南京	薦人事容設法
3/14	劉振東	南京	易君事可否回省
3/14	林毓祥	北平	託買淳化閣帖
3/18	梁騖	青行轉	通候
3/18	馮有辰	南京	尹介紹人事，京行人外調事
3/18	張敏之	臨泉	詢王慶祥等現況
3/30	振祥弟	青島	與張氏立據之證人問題
3/30	張振玉	青島	請為證人
3/30	高希正	青島	請為證人
4/1	傅瑞瑗	北平	請介紹空軍友人
4/6	振祥弟	青島	張氏事仍以律師作證
4/18	德芳	濟南	到京經過

日期	人名	地址	事由
5/25	振祥弟	青島	請父親往京
5/25	銘祥弟	南京	請父親往京
5/25	父親	青島	請赴京游歷
6/8	振祥弟	青島	託建五帶青父親衣物
6/8	張振玉	青島	請候接託帶之件
6/8	馮有辰	南京	財委會之苦悶
6/11	汪國弟	六安	詢茶葉託何人帶
6/11	尚振江	青島	通候
6/11	高希正	青島	崔藩五仍應在總行
6/11	陳長興	天津合作金庫	通候
6/16	馮有辰	南京	頭寸情形
6/20	崔唯吾	南京	崔藩五不外調，大選事
6/24	馮有辰	南京	望相機為尹找房
6/24	振祥弟	青島	請補律師手續
6/24	張振玉	青島	請代請律師並為表妹謀事
6/24	吳和生	青島	找事困難
6/30	喬殿祥	平湖嘉興師範	通候
6/30	玉祥弟	上海（30）國防醫學院	郭弟事無辦法
6/30	馮有辰	南京	請獎事等
6/30	振祥弟	青島	託查詢青行有無弊端
6/30	瑞香表妹	青島	已託張振玉謀事
6/30	銘祥弟	南京	託購物
7/1	馮有辰	南京	望注意尹文敬在京情形
7/16	孫河瑞	漢沽工廠	通候
7/16	張振玉	青島	出納主任即派往
7/16	李先良	青島	推薦楊紹億長社局
7/21	劉超然	南京空軍醫院	通候
7/21	劉能超	北平市府	通候
7/21	蕭繼宗	青島新聞處	楊自謙暫難調青
7/21	周天固	南京中央日報	周紀堯暫無機會
7/21	沈玉明	六安省銀行	通候
8/3	馮有辰	南京	行務動蕩，請洽有關方面
8/3	裴鳴宇	南京	請函轉果公信
8/3	陳果夫	南京	請在中農予以位置
8/4	崔唯吾	南京	詢中央銀行有無機會
8/7	馮有辰	南京	請與裴議長聯繫
8/7	裴鳴宇	南京	揭穿尹文敬之奸
8/7	韓學玉	南京	詢中學投考事
8/7	振祥弟	青島	瑞香事俟余事動向明瞭再定

日期	人名	地址	事由
8/7	王秋圃	青島山東臨中	介紹七弟入學
8/9	趙棣華	青島	現況不能不去
8/10	馮有辰	南京	董事補缺應另運用
8/11	馮有辰	南京	（電）索諸公函尹稿
8/14	馮有辰	南京	（電）請五公電雪老
8/14	高希正	青島魚山大路六號	通候
8/14	呂涵生	青島	慰出獄
8/20	馮有辰	南京	訪洽綿、立兩公
8/20	石光鉅	南京	訪洽綿、立兩公
8/20	楊綿仲	南京	報告行務動蕩來由
8/21	馮有辰	南京	余尚未辭，請商布署
8/21	李青選	南京	尹文敬擾亂經過
8/21	馮有辰	南京	董會開會前布置
8/21	李祥麟	青島福聚和	復候
8/21	李先良	青島	介紹祥麟競選
8/22	趙季勳	青島	（電）請下月來濟開會
8/22	劉健夫	上海	下月董事會問題
8/25	石光鉅	南京	請綿公電尹囑余勿辭
8/25	趙季勳	青島	請與振玉謁果公談余事
8/25	張振玉	青島	請與季勳謁果公
8/25	陳果夫	青島	請謀國家行職
8/26	張振玉	青島	（電）日內不宜離濟
8/26	張振玉	青島	近日尹已四面楚歌
8/26	馮有辰	南京	尹已受打擊
8/26	劉健夫	南京	（電）請如期回濟出席董會
8/27	張振玉	青島	行務演變情形請詢志先
8/27	馮星北	南京	尹動態、田事望注意
8/28	馮星北	南京	促各董監開會
8/28	李青選	南京	競選事、促開會
8/28	王仲裕	南京	謝關注促開會
9/3	王至忱	洛陽	競選事已轉洽
9/3	朱興良	南京	託介紹人已轉介
9/5	馮有辰	南京	常董改選
9/5	沈長泰	南京	請防代余辭職報部者
9/5	朱興良	南京	王百川事警局約談
9/5	張志智	南京	請索丁基實帶去信，用高注東名義
9/7	馮有辰	南京	洽部嚴防奸人捏報余辭職
9/8	張振玉	青島	勸勿鬧人事糾紛
9/8	史紹周	青島	勸勿鬧人事糾紛

日期	人名	地址	事由
9/8	振祥弟	青島	昆祥事洽段秘書
9/8	馮有辰	南京	望與京人士研討繼任人，由青島轉發
9/11	劉超	南京	謝贈板鴨，運輸事可辦
9/11	石光鉅	南京	請假未奉批，陳文實事
9/11	朱國材	南京	兩事均可就，到京面洽
9/11	孫河瑞	漢沽	出處
9/15	朱國材	南京	（電）挪擋赴京，先託馮兄談
9/15	吳邦護	合肥	（電）慰匪警
9/17	楊綿仲	南京	向省請假之苦衷、韓世元事
9/17	崔唯吾	南京	向省請假之苦衷、韓世元事
9/17	馮有辰	南京	必要時請向部報出差
9/19	馮有辰	南京	必要時請向部報出差，鍾衡帶往
9/20	馮有辰	南京	尹小技，非驅之不可，鍾衡帶往
9/20	李青選	南京	博處房屋事、行務，鍾衡帶往
9/26	德芳	濟南	告到京
9/26	陳雪南	濟南	外匯事正探詢中
9/30	德芳	濟南	託陳文簹帶奶瓶與襪
9/30	裴鳴宇	濟南	告現狀及民生行事
9/30	司徒履光	濟南	請以致全行同人書公諸同人
10/1	德芳	濟南	衣收到，託帶「家醫」二本
10/2	王樹法	濟南	謝代洽機位，介紹韓世元
10/3	德芳	濟南	職事，南京物價
10/3	張振玉	青島	正代洽合庫
10/3	振祥弟	青島	父親與張氏能回里否
10/3	劉健夫	濟南	辭職改就情形
10/3	隋玠夫	濟南	彼可調他處
10/7	邵季平	濟南	介紹高成書
10/7	德芳	濟南	德光調濟事有不妥
10/7	洪岳	濟南	託買阿膠
10/7	振祥弟	濟南	速遣張氏
10/7	鄧光烈	西安	將赴青，望聯繫
10/7	宓汝祥	濟南	近況
10/7	高注東 劉孝先	濟南	近況
10/11	牟尚齋	上海	詢赴青否
10/14	德芳	濟南	託王文甲帶物
10/16	劉健夫	濟南	令親郭君已報到
10/16	司徒履光	濟南	劉道元辭職無問題
10/16	高注東	濟南	請注意競選會報

日期	人名	地址	事由
10/16	陳雪南	濟南	外匯事困難
10/17	德芳	濟南	德光廿一日去濟
10/19	德芳	濟南	託德光帶去書物
10/19	張振玉	青島	注意白彩臣案
10/21	謝松雪	濟南	託牟介紹人事希逕洽
10/21	林鳴九	濟南	不日赴青
10/23	高注東	濟南	興濟董事已代注意
10/23	楊兆允	濟南	兼廠有困難
10/23	龐鏡塘	濟南	競選事請幫忙
10/23	德芳	濟南	旅費已另報領
10/23	司徒履光	濟南	旅費事、吳伯誠事
10/23	華壽崧	本京中央組織部	約時見余井塘氏
10/24	振祥弟	青島	月底前到青
10/24	隋玠夫	濟南	內調事有困難
10/27	高注東	濟南	詢候遷入登記事
10/29	德芳	濟南	請查大衣料
10/29	司徒履光	濟南	道元董事事已面談
11/3	王耀武	濟南	請支持選舉
11/3	楊一飛	徐州	勿言辭
11/3	李允莊	濟南	通候，謝告行務
11/4	德芳	濟南	有合作金庫兩職擬議
11/4	衍訓 紹南	濟南	勉勤學
11/4	牟尚齋	青島	民生銀行股東事
11/4	洪小東	濟南	請查財部准辭公文
11/4	宓汝祥	濟南	請詢公會理事長辭職事
11/16	德芳	濟南	衣服帶至青島矣
11/16	劉超然	上海空軍新生社	赴申期未定
11/16	振祥弟	青島中華棧 57	先送張氏走
11/21	胡能靜	青省行	請安於位
11/23	張敏之	青島	請與封翁通消息
11/23	郭子清	蕪湖	競選事當協助
11/26	程度	上海	星期六到滬
11/26	劉超然	上海	星期六到滬
11/28	德芳	濟南	託帶毛線舊衣事
11/28	紹南 衍訓	濟南	勉勤學
11/28	劉幼亭	濟南	告明日赴青
11/28	喬殿祥	平湖	不必回省

日期	人名	地址	事由
11/28	汪國弟	合肥	謀合庫可，尚未成議
12/1	馮有辰	南京	告到滬
12/3	馮有辰	南京	工鑛內情複雜
12/7	張振玉	青島	告到青日期
12/11	德芳	濟南	告明日赴青
12/16	德芳	濟南	到青概況
12/16	高希正	南京	請查候選人情形
12/17	德芳	濟南	房價事
12/26	馮有辰	南京	詢省行條例修正條文

收支一覽表

月日	收入要目	收入數額	月日	支出要目	支出數額
1/1	上月結存	1,511,422.00	1/2	同學聚餐	25,000.00
1/7	預收本月薪	1,000,000.00	1/2	陔餘叢考	10,000.00
1/15	收清本月省行薪	201,500.00	1/2	鄧篆	5,000.00
1/17	去年 9-12 董事費	600,000.00	1/2	窸齋釋文等	9,000.00
1/17	又去年董事酬金	330,000.00	1/2	栗子	9,000.00
1/17	去年行員酬金	3,850,000.00	1/5	涉聞梓舊	20,000.00
1/17	去年合作社股利	46,000.00	1/5	封泥考略	10,000.00
			1/5	金石錄	5,000.00
			1/5	三希堂法帖	160,000.00
			1/5	昭和法帖大系	55,000.00
			1/5	家用	100,000.00
			1/7	家用	100,000.00
			1/7	枕頭一對	50,000.00
			1/11	家用	200,000.00
			1/12	商務書廿種	164,000.00
			1/14	張德成借	10,000.00
			1/14	韓延爽借	100,000.00
			1/15	麵十袋	280,000.00
			1/15	理髮	3,000.00
			1/15	中華少年等	9,090.00
			1/16	雜用	3,000.00
			1/16	家用	200,000.00
			1/17	窸齋集古錄補缺	20,000.00
			1/21	襪子兩雙	10,000.00
			1/21	父親在青用	600,000.00
			1/21	家用	200,000.00
			1/22	守歲錢	75,000.00
			1/22	賞行役	40,000.00
			1/22	賞尚齋勤務	10,000.00
			1/25	雜用	2,000.00
			1/26	表鍊	28,000.0
			1/26	聖詠譯義	3,500.00
			1/28	山東考古錄	15,000.00
			1/29	春節守歲錢賞錢	400,000.00
				本月餘存	4,518,332.00
	總計	7,538,922.00		總計	7,538,922.00

月日	收入要目	收入數額	月日	支出要目	支出數額
2/1	上月餘存	4,518,332.00	2/1	父赴青車票	33,300.00
2/15	補收去年酬勞金	8,000.00	2/1	又零用	100,000.00
2/15	省行本月薪	520.00	2/1	贈健夫聖詠譯義	3,500.00
2/15	加成數	494,000.00	2/1	丸藥	3,200.00
2/15	生補基本數	140,000.00	2/3	理髮	2,000.00
2/15	米貼	780,000.00	2/6	兒童書	16,000.00
2/15	公費	170,000.00	2/6	黨員月捐	20,000.00
2/15	一二兩月董事費	300,000.00	2/15	愛的教育等	19,000.00
			2/15	曝書亭集等	82,400.00
			2/15	別石齋等	77,000.00
			2/15	中國藏書家考	15,000.00
			2/15	毛公鼎拓片	25,000.00
			2/15	棕欖皂等	17,600.00
			2/19	布三種等	131,000.00
			2/19	麵二袋	60,000.00
			2/19	佩文齋書畫譜	50,000.00
			2/19	綴遺齋彝器款識	265,000.00
			2/19	雜用	6,000.00
			2/19	捐林悅慕	100,000.00
			2/19	本月午飯	30,000.00
			2/19	本月儲金	31,726.00
			2/19	其他扣款	24,794.00
			2/19	家用學費等	208,000.00
			2/23	同學聚餐	30,000.00
			2/23	教科書	6,000.00
				本月餘存	5,054,332.00
	總計	6,410,852.00		總計	6,410,852.00

月日	收入要目	收入數額	月日	支出要目	支出數額
3/1	上月結存	5,054,332.00	3/4	家用	400,000.00
3/15	本月薪	520.00	3/5	當代名人書林	16,000.00
3/15	生活補助費	140,000.00	3/7	縫工兩套	350,000.00
3/15	同上加成數	494,00.00	3/7	領帶兩條	40,000.00
3/15	米貼及膳費	975,000.00	3/7	牙膏、小毛巾	14,000.00
3/15	特別辦公費	170,000.00	3/15	本月儲金	31,726.00
3/15	董事交通費	150,000.00	3/15	本月膳費	25,300.00
3/20	退回所得稅	36,300.00	3/15	本月扣制服費	30,000.00
			3/15	本月家用	1,240,094.00

月日	收入要目	收入數額	月日	支出要目	支出數額
			3/17	山東通志殘本	30,000.00
			3/17	神州國光集等	37,000.00
			3/17	玉虹鑒真帖	15,000.00
			3/19	德芳生日贈鞋	80,000.00
			3/22	理髮	3,000.00
			3/22	飛機場食物	23,100.00
			3/26	煙	3,600.00
			3/26	叢書集成 123 本	123,000.00
			3/26	兒童書、紙夾等	26,000.00
			3/26	敬使君碑、康字等	103,000.00
			3/26	合送尚齋照像	20,000.00
			3/28	贈放之書林	17,000.00
			3/30	郵票	2,000.00
				本月餘存	4,390,332.00
	總計	7,020,152.00		總計	7,020,152.00

月日	收入要目	收入數額	月日	支出要目	支出數額
4/1	上月結存	4,390,332.00	4/2	多付合照送牟款	10,000.00
4/6	去冬董事煤炭費	215,000.00	4/2	神州國光集	30,000.00
4/6	又行員煤炭費	215,000.00	4/6	家用	400,000.00
4/15	本月薪	520.00	4/9	虞恭公碑等四種	120,000.00
4/15	加成數	494,000.00	4/15	扣制服工料	30,000.00
4/15	基本數	140,000.00	4/15	林春華奠敬	60,000.00
4/15	特別辦公費	170,000.00	4/15	本月中膳	36,000.00
4/15	米貼	975,000.00	4/15	家用及購置儲金	3,773,240.00
4/15	一至四月加薪	160.00			
4/15	同上加成數	152,000.00			
4/15	本年第一次補助	1,817,560.00			
4/15	董事夫馬費	150,000.00			
				本月餘存	4,260,332.00
	總計	8,719,572.00		總計	8,719,572.00

月日	收入要目	收入數額	月日	支出要目	支出數額
5/1	上月結存	4,260,332.00	5/15	下半月火食	18,000.00
5/15	本月薪	560.00	5/15	衍訓褲	112,500.00
5/15	加成數	1,008,000.00	5/15	儲金	33,600.00
5/15	基本數	340,000.00	5/15	聚餐	50,000.00
5/15	公費	170,000.00	5/15	張氏贍養費	3,000,000.00
5/15	米貼	1,482,000.00	5/15	尾差	460.00
5/15	董事夫馬費	150,000.00			
5/15	德芳交來	200,000.00			
				本月餘存	4,396,332.00
	總計	7,610,892.00		總計	7,610,892.00

月日	收入要目	收入數額	月日	支出要目	支出數額
6/1	前月餘存	4,396,332.00	6/7	青年會會費	100,000.00
6/14	本月薪	560.00	6/14	儲金	67,428.00
6/14	加成數	1,008,000.00	6/14	扣制服	32,000.00
6/14	基本數	340,000.00	6/14	麵八袋	1,004,000.00
6/14	公費	170,000.00	6/14	咖嘰布五碼	125,000.00
6/14	米貼	1,482,000.00	6/14	裱畫	120,000.00
6/14	考勤加薪	3,000,560.00	6/14	本月中膳	52,900.00
6/14	尾差	208.00	6/14	家用	400,000.00
6/16	董事交通費	150,000.00	6/14	家用	500,000.00
6/16	又特別交通費	1,500,000.00	6/16	家用	1,650,000.00
6/21	存息	52,000.00	6/20	振祥青島用	500,000.00
			6/20	上月京滬添置衣物	2,082,000.00
			6/20	同鄉會捐	220,000.00
			6/21	請健夫觀戲	30,000.00
			6/21	介壽堂禮份	150,000.00
			6/21	公宴牟中珩	54,000.00
			6/28	家用	350,000.00
				本月結存	4,662,332.00
	總計	12,099,660.00		總計	12,099,660.00

月日	收入要目	收入數額	月日	支出要目	支出數額
7/1	上月餘存	4,662,332.00	7/6	會計學社聚餐	20,000.00
7/1	補五六兩月公費	280,000.00	7/8	靈岩寺碑	30,000.00
7/1	補上月考勤加薪	140,000.00	7/11	南京購奶瓶等	218,000.00
7/15	本月薪	560.00	7/11	癬水	5,000.00
7/15	加成數	1,008,000.00	7/12	珂瓓版帖七種	160,000.00
7/15	基本數	340,000.00	7/15	儲金	67,428.00
7/15	米貼	2,208,000.00	7/15	一日所得學生捐	44,900.00
7/15	公費	310,000.00	7/15	一至六月黨費月捐	49,200.00
7/15	董事交通費	150,000.00	7/15	又特別捐	50,000.00
			7/15	公請楊縣長洪普	46,000.00
			7/15	家用	3,000,000.00
			7/15	尾差	32.00
			7/18	補茶葉航空費	33,000.00
			7/22	話劇票	30,000.00
			7/31	東洋美術史	30,000.00
			7/31	急就篇、玄秘塔	100,000.00
				藥水	5,000.00
				本月結存	5,030,332.00
	總計	8,918,892.00		總計	8,918,892.00

月日	收入要目	收入數額	月日	支出要目	支出數額
8/1	上月結存	5,030,332.00	8/4	學生用書等	46,000.00
8/15	本月薪	560.00	8/4	石室秘寶	110,000.00
8/15	加成數	1,008,000.00	8/4	硃墨	10,000.00
8/15	基本數	440,000.00	8/7	同鄉會捐	100,000.00
8/15	米貼	2,457,000.00	8/7	理髮	20,000.00
8/15	公費	310,000.00	8/7	郵票	3,000.00
8/15	本年第二次補金	4,215,560.00	8/15	儲金	67,428.00
8/15	董事夫馬費	150,000.00	8/15	益文校友聚餐	71,000.00
			8/15	父親上海用	500,000.00
			8/15	扇面捐	50,000.00
			8/15	郵票	5,000.00
			8/15	家用	8,000,000.00
			8/15	尾差	42.00
			8/26	經史百家雜鈔	30,000.00
			8/26	孔穎達碑	20,000.00
			8/26	照片	19,000.00

月日	收入要目	收入數額	月日	支出要目	支出數額
			8/28	法蘭絨（除德芳付50萬）	117,650.00
			8/30	洗髮	10,000.00
				本月結存	4,423,332.00
	總計	13,611,452.00		總計	13,611,452.00

月日	收入要目	收入數額	月日	支出要目	支出數額
9/1	上月結存	4,432,332.00	9/6	家用	1,000,000.00
9/6	補 5-8 月董監費	1,200,000.00	9/6	理髮	10,000.00
9/6	同上，上半年補助金	1,000,000.00	9/6	麻交布尾數	10,000.00
9/15	本月薪	560.00	9/11	公請俞濟民	70,000.00
9/15	加成數	1,008,000.00	9/11	襯衣三件	240,000.00
9/15	基本數	440,000.00	9/15	公請季勳等	45,000.00
9/15	米貼	2,457,000.00	9/15	儲金	72,428.00
9/15	公費	310,000.00	9/15	家用	2,000,000.00
9/15	董事夫馬費	450,000.00	9/15	縫工兩套	1,600,000.00
			9/15	尹送禮賞役	400,000.00
			9/15	尾差	132.00
			9/17	贈牟采庭	500,000.00
			9/17	電影票	12,000.00
			9/20	零食	10,000.00
			9/23	濟京飛機票	940,000.00
				本月結存	
	總計			總計	

月次	收入數額	支出數額	揭存數額
上年	1,511,422.00		
一月	6,027,500.00	3,020,590.00	3,006,910.00
二月	1,892,520.00	1,356,520.00	536,000.00
三月	1,965,820.00	2,629,820.00	-664,000.00
四月	4,329,240.00	4,459,240.00	-130,000.00
五月	3,350,560.00	3,264,560.00	136,000.00
六月	7,703,328.00	7,437,328.00	266,000.00
上半年合計	25,268,968.00	22,118,058.00	3,150,910.00
七月	4,256,560.00	3,888,560.00	368,000.00
八月	8,581,120.00	9,179,120.00	-598,000.00
九月			
十月			
十一月			
十二月			
下半年合計			
本年總計			
本年一月平均			
本年一日平均			
上年總計比較			
摘要			

吳墉祥簡要年表

1909 年	出生於山東省棲霞縣吳家村。
1914-1924 年	入私塾、煙台模範高等小學（11 歲別家）、私立先志中學。
1924 年	加入中國國民黨。
1927 年	入南京中央黨務學校。
1929 年	入中央政治學校（國立政治大學前身）財政系。
1933 年	大學畢業，任大學助教講師。
1937 年	任職安徽地方銀行。
1945 年	任山東省銀行總經理。
1947 年	任山東齊魯公司常務董事兼董事會秘書長。當選第一屆棲霞國民大會代表。
1949 年 7 月	乘飛機赴台，眷屬則乘秋瑾輪抵台。
1949 年 9 月	與友協力營救煙台聯中校長張敏之。
1956 年	任美國援華機構安全分署高級稽核。
1965 年	任台達化學工業公司財務長。
1976 年	退休。
2000 年	逝世於台北。

民國日記 23

吳墉祥戰後日記（1947）

The Post-War Diaries of Wu Yung-hsiang, 1947

原　　著	吳墉祥
主　　編	馬國安
總 編 輯	陳新林、呂芳上
執行編輯	林弘毅
文字編輯	李佳若
封面設計	陳新林
排　　版	溫心忻

出 版 者　　開源書局出版有限公司

香港金鐘夏慤道 18 號海富中心
1 座 26 樓 06 室
TEL：+852-35860995

民國歷史文化學社

10646 台北市大安區羅斯福路三段
37 號 7 樓之 1
TEL：+886-2-2369-6912
FAX：+886-2-2369-6990

銷 售 處　　源流成文化 股份有限公司

10646 台北市大安區羅斯福路三段
37 號 7 樓之 1
TEL：+886-2-2369-6912
FAX：+886-2-2369-6990

初版一刷	2019 年 12 月 31 日
定　　價	新台幣 370 元
	港　幣　95 元
	美　元　14 元
I S B N	978-988-8637-37-9
印　　刷	長達印刷有限公司

台北市西園路二段 50 巷 4 弄 21 號
TEL：+886-2-2304-0488